AULA INTERNACIONAL 3

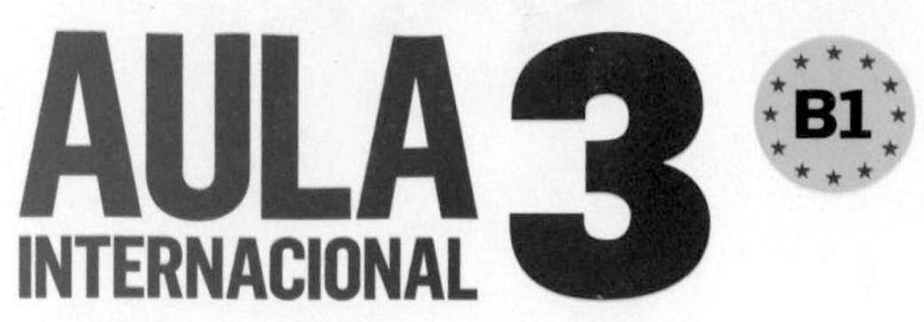

CURSO DE ESPAÑOL NUEVA EDICIÓN

Autores: Jaime Corpas, Agustín Garmendia, Carmen Soriano

Coordinación pedagógica: Neus Sans

Coordinación editorial y redacción: Núria Murillo, Paco Riera

Diseño: Besada+Cukar

Maquetación: Besada+Cukar, Guillermo Bejarano

Ilustraciones: Alejandro Milà **excepto:** Núria Frago (págs. 104 y 175), Enrique López Lorenzana (págs. 106 y 107), Albert Ramón Puig (págs. 22 y 23), Paco Riera (págs. 38, 78 y 91) y Roger Zanni (págs.12, 29, 41, 52, 64, 89, 146, 149, 176, 226 y 232)

Fotografías:
cubierta Miguel Raurich/Iberimage; **unidad 1** pág. 10 Cristian Castellana, Sandro Bedini, pág. 11 Sandro Bedini, Difusión, pág. 13 franckreporter/Istockphoto, pág. 15 Sandro Bedini, pág. 16 Ingo Bartussek/Fotolia, pág. 18 Diego Vito Cervo/Dreamstime, pág. 19 Phillip Gray/Dreamstime, Lourdes Muñiz, Wonderlane/Flickr pág. 20 www.coveralia.com, www.actualidadliteratura.com, pág. 21 www.notodo.com, www.megustaleer.com; **unidad 2** pág. 24 www.lahora.com.ec, www.ultimahora.es, www.elpais.com.uy, pág. 25 www.argentino.com.ar, pág. 26 moodboard/123RF, crstrbrt/123RF, majcot/123RF, Galina Peshkova/123RF, Rancz Andrei/123RF, Syda Productions/123RF, pág. 30 pepmiba/Fotolia, pág. 31 joserpizarro/Fotolia, pág. 32 www.cartelespeliculas.com, www.montreuxjazz.com; **unidad 3** pág. 34 philpell/Istockphoto, anthill/Photaki, Sandro Bedini, pág. 35 georgeclerk/Istockphoto, terres.madteam.net, hohl/Istockphoto, Sandro Bedini, pág. 36 Cristian Castellana, pág. 37 goodluz/123RF, JackF/Istockphoto, pepmiba/Istockphoto, pág. 39 Kota, pág. 40 interplanetary/Fotolia, jcarillet/Istockphoto, UygarGeographic/Istockphoto, kycstudio/Istockphoto, franckreporter/Istockphoto, Paco Romero/Istockphoto, pág. 42 www.mybalcony.com, edurivero/Istockphoto, pág. 43 Martin Barraud/Stone/Getty Images, pág. 44 Denis Bocquet/Flickr, www.bizarro.fm, www.origenoticias.com, Eneas/Flickr; **unidad 4** pág. 47 Cristian Castellana, L_amica/Fotolia, pág. 48 www.cartelespeliculas.com, pág. 49 www.huffingtonpost.es, www.fanisetas.com, www.chicadelatele.com, www.ligafutbol.net, www.rtve.es, www.todotele.com, www.lasexta.com, www.telecinco.es, pág. 50 www.planetadelibros.com, pág. 51 www.cartelespeliculas.com, pág. 52 www.picstopin.com, pág. 55 ensup/123RF, pág. 56 Quino/Editorial Lumen, melosine1302/Fotolia; **unidad 5** pág. 58 Ministerio de Salud y Protección Social (Colombia), www.ayudaenaccion.org, Consejo de la Comunicación (México), pág. 60 Wavebreak Media/Photaki, Andres Rodriguez/Fotolia, Xavier Gallego Morel/Fotolia, pressmaster/Fotolia, pág. 62 Nickodemo/Flickr, pág. 63 aroas/123RF, pág. 64 TheEstrellaDamm/Youtube, ConoceCocaCola/Youtube, pág. 67 Médicos Sin Fronteras, pág. 68 Hartemink/Dreamstime, gudella/123RF, Colón/Pilar Rodríguez/Youtube, Sabritas/spotenlinea/Youtube, Dos pinos/Garnier BBDO/Youtube, El almendro/Pau Torres/Youtube, pág. 69 Telecom/Leonel Reyes Mata/Youtube, Sprite/PabloTintorero/Youtube; **unidad 6** pág. 70 A Syn/Flickr, EdStock/Istockphoto, pág. 71 Cristian Marin/Dreamstime, Arturo Limon/Dreamstime, Paco Ayala/Photaki, pág. 73 blueskybcn/Istockphoto, EduardoLuzzatti/Istockphoto, Marco Manieri/Dreamstime, pág. 74 Celina Bordino, pág. 75 jorge franco hoyos/Photaki, pág. 76 Alberto Loyo/Photaki, pág. 79 Pepe Colsa/Photaki, pág. 80 www.fotografiaencurs.org, www.trotta.es; **unidad 7** pág. 82 Sandro Bedini, Okea/Fotolia, pág. 83 Sandro Bedini, pág. 84 mirabella/Fotolia, www.medievalarchives.com, Caziopeia/Istockphoto, Aleksandr Lukin/Dreamstime, Difusión, Okea/Fotolia, Lars Christenen/123RF, pág. 85 Cristian Castellana, William Perugini/123RF, Ingrampublishing/Photaki, Alexander Oshvintsev /Dreamstime, Difusión, pág. 88 Cristian Castellana, pág. 90 Saul Tiff, Sandro Bedini, CEFutcher/Istockphoto, pág. 91 Andres Rodriguez/Dreamstime, pág. 92 manaemedia/123RF, radub85/123RF; **unidad 8** pág. 94 McKay Savage/Flickr, www.colombia.travel, pág. 95 Tijs Zwinkels/Flickr, kozumel/Flickr, CIAT/Flickr, Irene Serrano/Flickr, pág. 96 Jakobradlgruber/Dreamstime, Slava296/Dreamstime, pág. 97 www.docstoc.com, Rawpixel/Istockphoto, dolve/Istockphoto, onikum/Istockphoto, Rawpixel/Istockphoto, Chrismatos/Flickr, pág. 98 PLBernier/Istockphoto, pág. 99 Celina Bordino, .Luc./Flickr, www.tasteofargentina.com, McKay Savage/Flickr, Ruth L/Flickr, pág. 102 www.elperiodicodearagon.com, pág. 103 Priscila/Flickr, ANGELOUX/Flickr, kmulleroo/Flickr, Alfredo Miguel Romero/Flickr, pág. 104 www.anagrama-ed.es, www.kint.com; **unidad 9** pág. 108 Kota, Darko64/Dreamstime, pág. 112 Zedcreations/Dreamstime, Perfume316/Dreamstime, Milacroft/Dreamstime, Deyangeorgiev/Dreamstime, Goodshoot/Thinkstock, pág. 114 Juanmonino/Istockphoto, pág. 116 GeorgeDolgikh/Thinkstock, www.alfaguara.com/es; **unidad 10** pág. 118 onikum/Istockphoto, W Worldwide/Flickr, pág. 120 Martín Azúa, pág. 121 www.archiproducts.com, www.ahorrototal.com, Dio5050/Dreamstime, gawriloff/Fotolia, gavran333/Fotolia, EuToch/Istockphoto, Africa Studio/Fotolia, pág. 123 www.diariofemenino.com, www.notitarde.com, www.cosasdemujeres.com.uy, pág. 124 Smaglov/Istockphoto, www.losblogsdemaria.com, www.ibilimenaje.com, pág. 126 www.nuevodiarioweb.com.ar, luxpresso.com, www.positive-magazine.com, www.diariofemenino.com, Yap Kee Chan/Dreamstime, pág. 128 www.recursosacademicos.net, www.pedrocurto.com, www.fountainpennetwork.com, domin_domin/Istockphoto, www.aztecatrends.com, gbrundin/Istockphoto, pág. 129 Lasse Kristensen/Photaki, www.3tres3.com, Rosane Marinho/Wikimedia Commons; **unidad 11** pág. 130 Daniel Ormad/Photaki, youngvet/Istockphoto, www.urbanrulesbcn.com, william87/Fotolia, www.eatwith.com, www.alcampo.es, www.ecoalf.com, pág. 132 SAGARPA/Flickr, www.azurmendi.biz, pág. 133 Ferran Cerdans Serra/Flickr, pág. 134 Celina Bordino, pág. 135 Celina Bordino, pág. 136 Gorka Valencia/Flickr, Nauris Haritonovs/Istockphoto, www.circulaseguro.com, zothen/Istockphoto, pág. 139 www.ecoal2.com, Alpha/Flickr, www.alicanteactualidad.com, Steve Estvanik/Dreamstime, pág. 140 www.smartscities.com, Alberto Loyo/Photaki, www.portalviajar.com; **unidad 12** pág. 142 www.fotogramas.es, www.revistavanityfair.es, www.motorpress-iberica.es, www.esquire.es, www.micasarevista.com, www.mujeresreales.es, Fernando Gregory/Dreamstime, Andrew Ostrovsky/Photaki, pág. 144 Danilo Mongiello/Dreamstime, Tr3gi/Dreamstime, pág. 145 Cristian Castellana, www.srugulo.info, pág. 147 Dave Kiddy/Flickr, pág. 148 kupicoo/Istockphoto, pág. 150Peter Hamza, vcstimeless/Istockphoto, David Schiersner/Flickr, duncan1890/Istockphoto, pág. 151 Anastasiia-Ku/Istockphoto, MaryLB/Istockphoto, MaryLB/Istockphoto, marrishuanna/Istockphoto, pág. 152 www.gallerie-arte.it, Salvador Dalí/www.wikipaintings.org, pág. 153 Frida Kahlo/www.wikipaintings.org, www.knowthecountry.org; **MÁS EJERCICIOS** pág. 158 caracterdesign/Istockphoto, pág. 159 Ingo Bartussek/Fotolia, pág. 164 Korisei/Dreamstime, dubova/Fotolia, Huating/Dreamstime, Sergey Nivens/Fotolia, Ingrampublishing/Photaki, ewastudio/123RF, Ysbrand Cosijn/123RF, www.diarioorc.com, Pablo Blanes/Photaki, pág. 166 joserpizarro/Fotolia, pág. 169 Tan Wei Ming/Dreamstime, Aprescindere/Dreamstime, Netfalls/Dreamstime, Ingrampublishing/Photaki, Pathastings/Dreamstime, Karramba Production/Fotolia, pág. 171 franckreporter/Istockphoto, Kadettmann/Dreamstime, pág. 172 Asociación de san Jorge, pág. 176 www.megustaleer.com, pág. 181 www.cazarecetas.com, pág. 183 www.agente-k.com, pág. 188 smorrish/Istockphoto, pág. 195 www.vanguardia.com.mx, pág. 201 www.raspas.com.br, pág. 205 Jamie Harris, pág. 208 Dmytro Konstantynov/Istockphoto, pág. 210 Jaume Meneses/Flickr, Luis García/Wikimedia Commons, themaisonette.net, pág. 213 ibphoto/Fotolia, Nolight/Fotolia, kornienko/Fotolia, Victor Georgiev/Istockphoto, Adam Ciesielski, pág. 214 Dainis Derics/Dreamstime, Baikonur/Wikimedia Commons, Oronoz/COVER, pág. 216 Jordi Delgado/Istockphoto, Aerogondo/Istockphoto, pág. 217 Celina Bordino, pág. 222 Arian Zwegers/Wikimedia Commons

Locuciones: Moritz Alber, Carlota Alegre, Mireia Aliart, Antonio Béjar, Celina Bordino, Ginebra Caballero, Iñaki Calvo, Cristina Carrasco, Alícia Carreras, César Chamorro, Mª Isabel Cruz, Nohelia Díaz Villarreal, Paulina Fariza, Pablo Garrido, Olatz Larrea, Hernán Leiva, Mila Lozano, Joel León, Eva Llorens, Luis Luján, Lynne Martí, Caro Miranda, Carmen Mora, Edith Moreno, Lourdes Muñiz, Núria Murillo, Jorge Peña, Javier Príncep, Paco Riera, Mamen Rivera, Leila Salem, Laia Sant, Juan José Surace, Víctor Torres, Sergio Troitiño, David Velasco

Asesores de la nueva edición:
Agnès Berja (BCN Languages), José Luis Cavanillas (CLIC Sevilla), Yolanda Domínguez (Universidad de Málaga), Carmen Soriano (International House Barcelona), Beatriz Arribas (Instituto Cervantes de Varsovia), Gemma Linares (Centro de Lenguas de la Universidad de Tubinga), Silvia López y Juan Francisco Urbán (Instituto Cervantes de Orán), Rosana Paz (Universidad de Santiago de Compostela)

Agradecimientos: Pablo Garrido, Sagar Fornies, Oscar García Ortega, Tere Liencres, Lourdes Muñiz, Ernesto Rodríguez

ISBN: 978-84-15640-11-0
Depósito legal: B 04764-2014
Reimpresión: febrero 2017
Impreso en España por Cayfosa

Centro de Investigación y Publicaciones de Idiomas, S. L.

C/ Trafalgar, 10, entlo. 1ª
08010 Barcelona
Tel. (+34) 93 268 03 00
Fax (+34) 93 310 33 40
editorial@difusion.com

www.difusion.com

AULA INTERNACIONAL 3

NUEVA EDICIÓN

Jaime Corpas
Agustín Garmendia
Carmen Soriano

Coordinación pedagógica
Neus Sans

CÓMO ES
AULA INTERNACIONAL NUEVA EDICIÓN

Aula internacional nació con la ilusión de ofrecer una herramienta moderna, eficaz y manejable con la que llevar al aula de español los enfoques comunicativos más avanzados. La respuesta fue muy favorable: miles de profesores han confiado en este manual y muchos cientos de miles de alumnos lo han usado en todo el mundo. **Aula internacional Nueva edición** es una rigurosa actualización de esa propuesta: un manual que mantiene el espíritu inicial, pero que recoge las sugerencias de los usuarios, que renueva su lenguaje gráfico y que incorpora las nuevas tecnologías de la información. Gracias por seguir confiando en nosotros.

10 DE DISEÑO

EN ESTA UNIDAD VAMOS A **DISEÑAR UN OBJETO QUE SOLUCIONE UN PROBLEMA DE LA VIDA COTIDIANA**

RECURSOS COMUNICATIVOS
- describir las características y el funcionamiento de algo
- opinar sobre objetos

RECURSOS GRAMATICALES
- los superlativos en **ísimo/-a/-os/-as**
- algunos modificadores del adjetivo: **excesivamente**, **demasiado**...
- las frases exclamativas: **¡qué...!** **¡qué... tan / más...!**
- las frases relativas con preposición
- uso del indicativo y del subjuntivo en frases relativas

RECURSOS LÉXICOS
- vocabulario para describir objetos (formas, materiales...)
- vocabulario para valorar el diseño de objetos

EMPEZAR

1. UN HOTEL EN PUERTO RICO P. 210, EJ. 1

Mira el reportaje y lee estos comentarios que han escrito algunas personas sobre el diseño de Patricia Urquiola. ¿Estás de acuerdo con lo que dicen?

"Yo lo veo demasiado lujoso. Además, hay demasiados colores. No sé, no me acaba de convencer."
Lucas

"¡Qué hotel más bonito! ¡Me encantan las lámparas y las sillas! Es realmente una maravilla."
Aída

"Es bonito, pero francamente, no me parece nada especial. Y seguro que es carísimo."
Carla

"Me parece que hay un equilibrio entre tradición y modernidad, entre lujo y sencillez."
Ricardo

PARA COMUNICAR
Yo también / Yo no lo veo muy / tan lujoso...
Para mí también / no es lujoso...
A mí también me parece bonito / una maravilla...
A mí tampoco me convence / me parece bonito...

- *Yo estoy de acuerdo con Lucas. A mí me parece que hay demasiados colores.*
- *Pues yo lo encuentro muy alegre.*

118 | ciento dieciocho

Patricia Urquiola diseña los interiores del hotel W Hotels Retreat & Spa en Vieques Island (Puerto Rico)

EMPEZAR

En esta primera doble página de la unidad se explica qué tarea van a realizar los estudiantes y qué recursos comunicativos, gramaticales y léxicos van a incorporar. Los alumnos entran en la temática de la unidad con una actividad que les ayuda a activar sus conocimientos previos y les permite tomar contacto con el léxico de la unidad.

COMPRENDER

En esta doble página se presentan textos y documentos muy variados (páginas web, correos electrónicos, artículos periodísticos, folletos, tests, anuncios, etc.) que contextualizan los contenidos lingüísticos y comunicativos básicos de la unidad. Frente a ellos, los estudiantes desarrollan fundamentalmente actividades de comprensión.

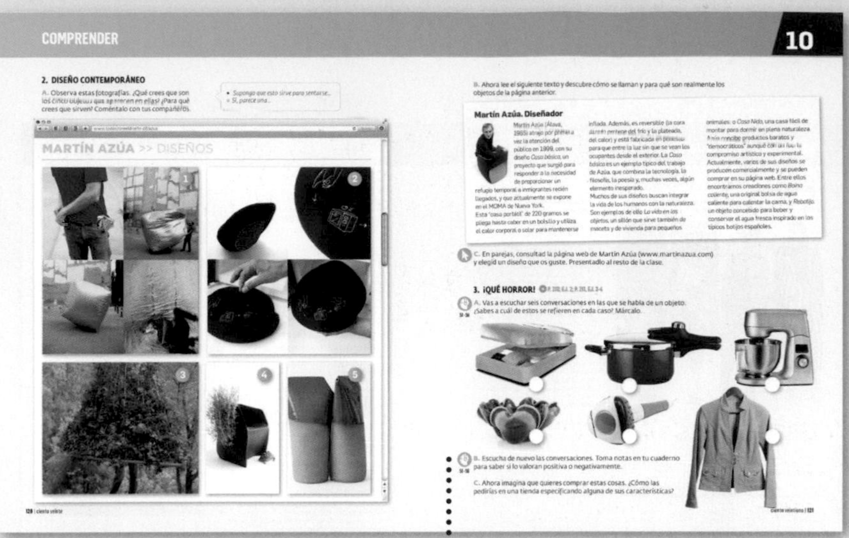

Este icono indica en qué actividades hay un **documento auditivo**.

28-30

Esta referencia indica qué ejercicios de la sección *Más ejercicios* están más relacionados con cada actividad.

EXPLORAR Y REFLEXIONAR

En estas cuatro páginas los estudiantes realizan un trabajo activo de observación de la lengua –a partir de muestras o de pequeños corpus– y practican de forma guiada lo aprendido.

Los estudiantes descubren así el funcionamiento de la lengua en sus diferentes niveles (morfológico, léxico, funcional, discursivo, etc.) y refuerzan su conocimiento explícito de la gramática.

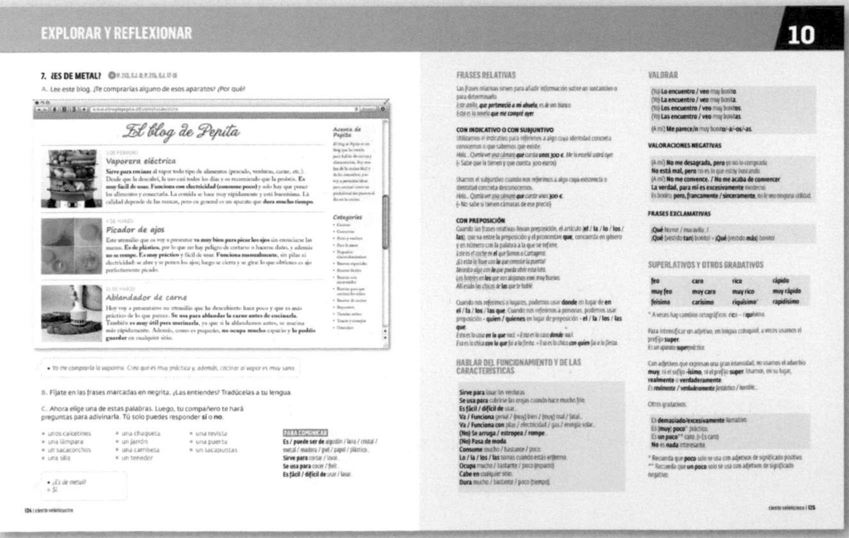

En la última página de esta sección se presentan esquemas gramaticales y funcionales a modo de consulta. Con ellos se persigue la claridad, sin renunciar a una aproximación comunicativa y de uso a la gramática.

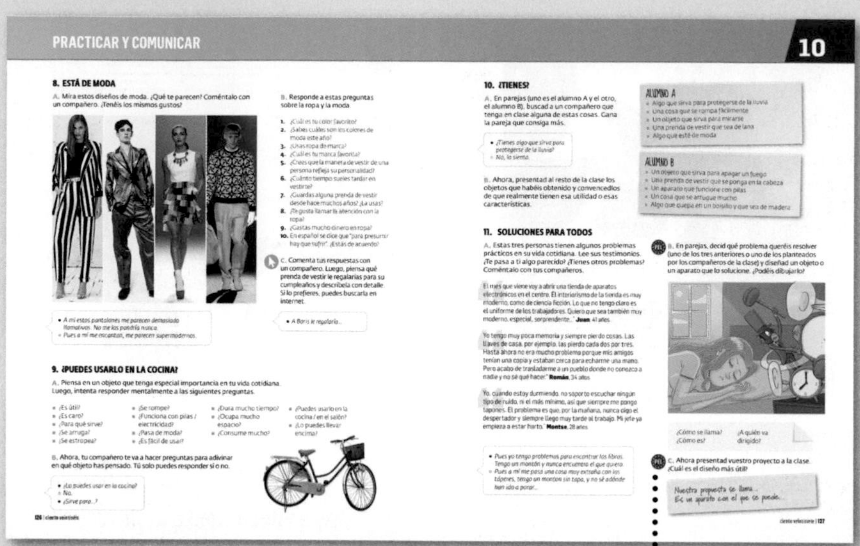

PRACTICAR Y COMUNICAR

Esta sección está dedicada a la práctica lingüística y comunicativa, e incluye propuestas de trabajo muy variadas.

El objetivo es que los estudiantes experimenten el funcionamiento de la lengua a través de microtareas comunicativas en las que se practican los contenidos presentados en la unidad. Muchas de las actividades están basadas en la experiencia del alumno: sus observaciones y su percepción del entorno se convierten en material de reflexión intercultural y en un potente estímulo para la interacción comunicativa en el aula. Al final de esta sección, se proponen una o varias tareas que implican diversas destrezas y que se concretan en un producto final escrito u oral que el estudiante puede incorporar al Portfolio.

Este icono indica algunas actividades que podrían ser incorporadas al **portfolio** del estudiante.

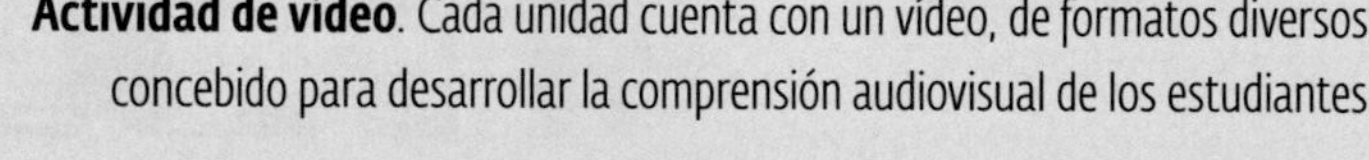

Actividad de vídeo. Cada unidad cuenta con un vídeo, de formatos diversos, concebido para desarrollar la comprensión audiovisual de los estudiantes.

VIAJAR

La última sección de cada unidad incluye materiales que ayudan al alumno a comprender mejor la realidad cotidiana y cultural de los países de habla hispana.

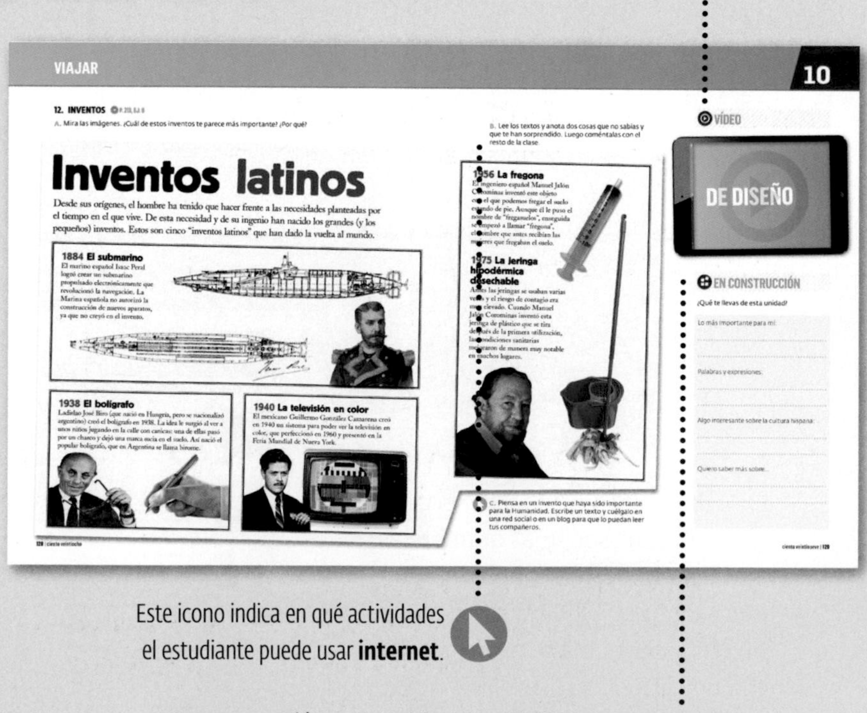

Este icono indica en qué actividades el estudiante puede usar **internet**.

En construcción. Actividad final de reflexión en la que el estudiante recoge lo más importante de la unidad.

El libro se completa con las siguientes secciones:

MÁS EJERCICIOS

Seis páginas de ejercicios por unidad. En este apartado se proponen nuevas actividades de práctica formal que estimulan la fijación de los aspectos lingüísticos de la unidad. Los ejercicios están diseñados de modo que los alumnos los puedan realizar de forma autónoma, aunque también se pueden utilizar en la clase para ejercitar aspectos gramaticales y léxicos de la secuencia.

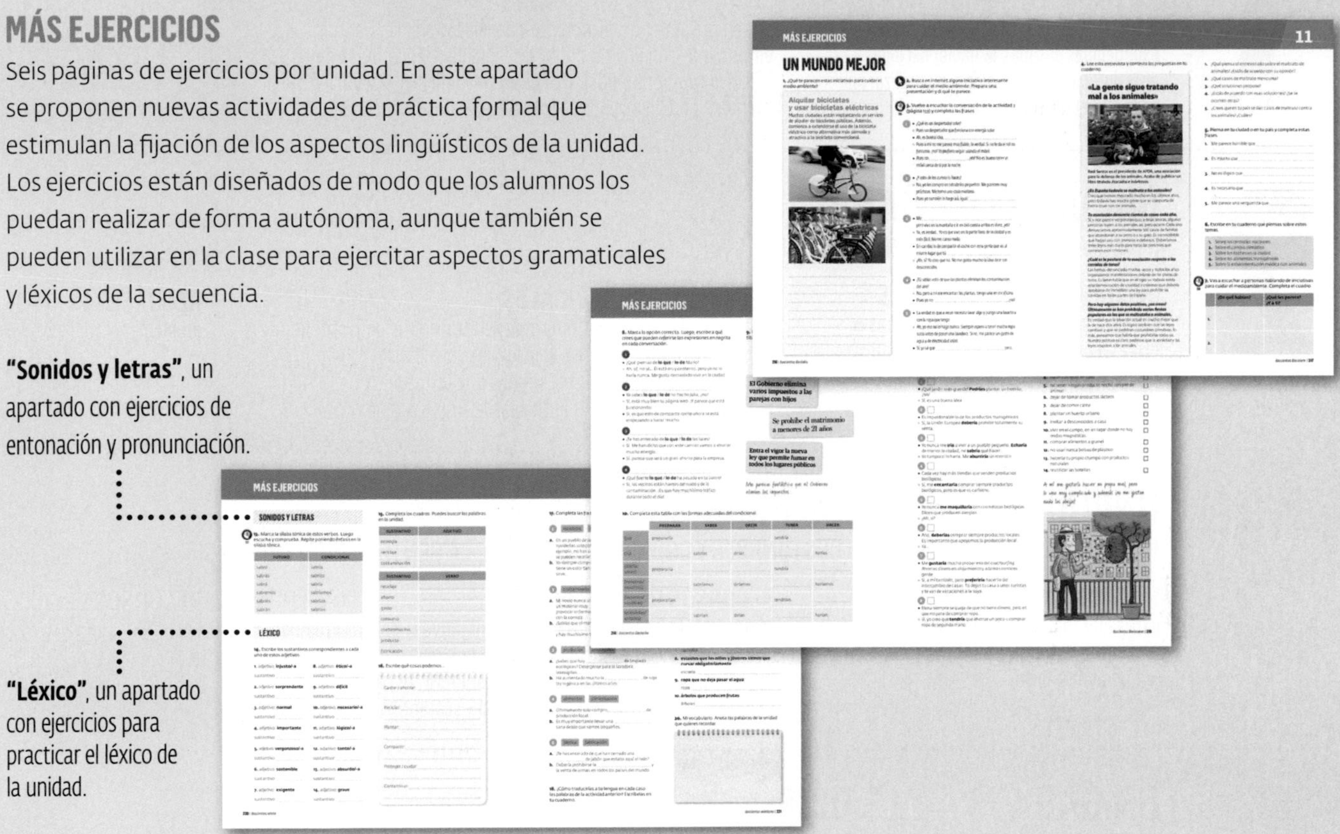

"Sonidos y letras", un apartado con ejercicios de entonación y pronunciación.

"Léxico", un apartado con ejercicios para practicar el léxico de la unidad.

MÁS GRAMÁTICA

Además de la página de gramática incluida en cada unidad, el libro cuenta con una sección que aborda de forma más extensa y detallada todos los puntos gramaticales de este nivel.

Se incluye, asimismo, una serie de modelos de conjugación verbal para todos los tiempos estudiados en este nivel.

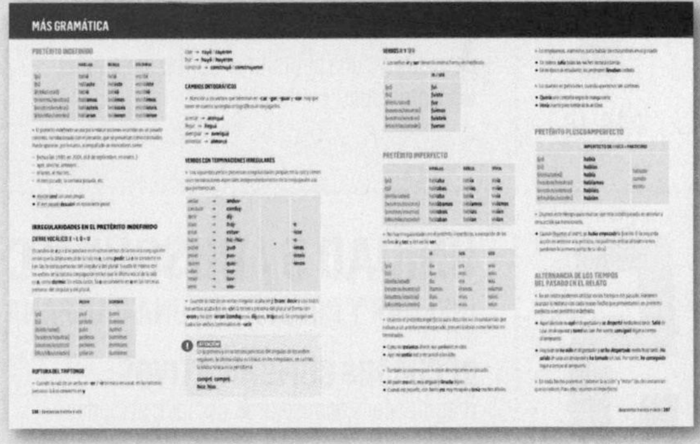

AULAINTERNACIONAL.DIFUSION.COM

Vídeos
Audios
Actividades para practicar los contenidos de cada unidad
Evaluaciones autocorregibles
Glosarios
Transcripciones
Soluciones de las actividades de Más ejercicios

1 VOLVER A EMPEZAR

EMPEZAR

1. BUENAS INTENCIONES

A. En una revista han preguntado a sus lectores cuáles son sus buenas intenciones para el año que empieza. Léelas. ¿Cuál te parece la más fácil de cumplir? ¿Y la más difícil?

- *A mí me parece muy difícil dejar de fumar.*
- *Sí, a mí también. Yo lo he intentado muchas veces y nunca lo he conseguido.*

B. ¿Qué otras buenas intenciones tiene la gente normalmente?

- *Empezar a comer mejor, dejar de enfadarse por tonterías...*

PARA COMUNICAR

Dejar de... **Empezar a...** **Volver a...**	estudiar trabajar fumar
Terminar de...	leer / estudiar / comer
Seguir...	estudiando / trabajando / fumando

BUENAS INTENCIONES DE PRINCIPIO DE AÑO

ENERO 01

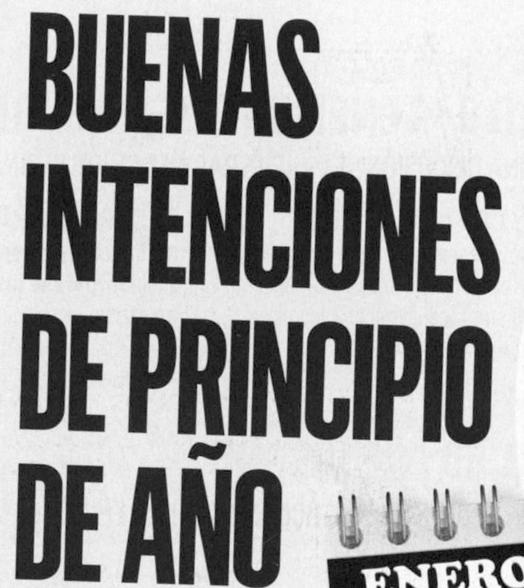
FRAN, 45 AÑOS

Cuando empieza el nuevo año, todos intentamos cambiar alguna cosa de nuestras vidas. Puede ser un pequeño o un gran cambio, pero lo cierto es que no es fácil cumplir esos buenos propósitos de principio de año...

"He dejado de fumar."

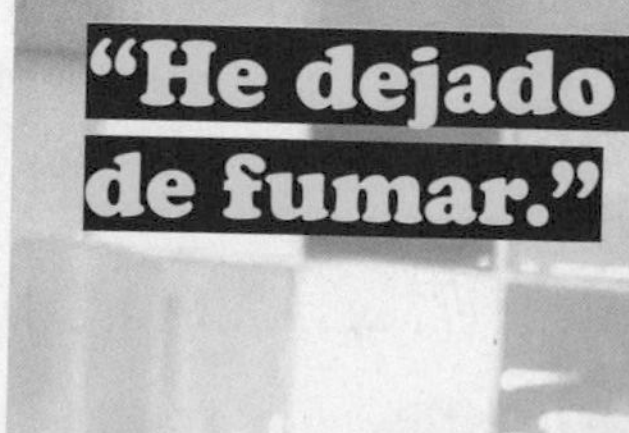
LAURA, 43 AÑOS

EN ESTA UNIDAD VAMOS A

ESCRIBIR LA CARTA DE PRESENTACIÓN DEL CANDIDATO IDEAL PARA UN PUESTO DE TRABAJO

RECURSOS COMUNICATIVOS

- hablar de hábitos en el presente
- relatar experiencias pasadas
- hablar del inicio y de la duración de una acción
- localizar una acción en el tiempo

RECURSOS GRAMATICALES

- el pretérito perfecto y el pretérito indefinido
- algunas perífrasis: **empezar a** + infinitivo / **acabar de** + infinitivo / **terminar de** + infinitivo / **volver a** + infinitivo / **dejar de** + infinitivo / **llevar** + gerundio / **seguir** + gerundio
- **desde** / **desde que** / **desde hace**

RECURSOS LÉXICOS

- trabajo
- hechos de la vida de una persona

"He empezado a hacer deporte."
ESTEBAN, 56 AÑOS
"He vuelto a estudiar. Estoy haciendo un curso en una universidad a distancia."
SILVIA, 34 AÑOS
"Acabo de apuntarme a un curso de alemán".
Klipp und Klar
IKER, 36 AÑOS
"Quiero terminar de leer el Quijote".
"Sigo haciendo lo mismo, yo no he cambiado".
Cervantes

2. PROMOCIÓN DEL 2002 P. 156, EJ. 1

A. Todas estas personas están en una fiesta de exalumnos de la universidad. Lee las conversaciones y, luego, contesta las preguntas.

PROMOCIÓN
Laura: *Oye, ¿qué tal el doctorado? ¿Lo has terminado?*
Belén: *¡No! ¡Qué va! Todavía no. Es que acabo de tener un hijo y, bueno, ya sabes...*
Laura: *¿Ah, sí? ¡Enhorabuena!*
Gerardo: *¿Y ahora qué estás haciendo?*
Julián: *Pues sigo trabajando en Chile, pero el año que viene vuelvo.*
Inma: *¿Sabes? Mario se ha vuelto a casar.*
Abel: *¿Otra vez? ¿Con quién?*
Inma: *Pues con una chica de Santander muy maja.*
Eva: *¿Sigues viviendo en Alcalá?*
Pili: *No, hace un par de años me fui a vivir a Montanilla, un pueblecito. Es que ahora trabajo en casa.*
Chus: *Acabo de conseguir el trabajo de mi vida. En "Médicos Mundi".*
Tere: *¡Qué envidia! Yo llevo un montón de años trabajando en el mismo lugar y estoy más harta...*
Ana: *¿Cuánto hace que vives en Inglaterra?*
Andrés: *Pues ya hace quince años. Al principio, estuve viviendo en York y luego me trasladé a Londres.*
Luis: *¿Qué sabes de Juan?*
Marta: *Pues está muy bien. Montó una empresa, la vendió por un montón de dinero y ha dejado de trabajar.*
Luis: *¿Ah sí? ¡Qué suerte!, ¿no?*

1. ¿Quién ha dejado de trabajar? ....
2. ¿Quién se ha ido a vivir a un pueblo? ....
3. ¿Quién se ha vuelto a casar? ....
4. ¿Quién lleva muchos años trabajando en la misma empresa? ....
5. ¿Quién vive fuera de España desde hace quince años? ....
6. ¿Quién acaba de tener un niño? ....
7. ¿Quién sigue trabajando en Chile? ....

01

B. Ahora vais a escuchar los diálogos. Luego, en parejas o grupos de tres, vais a representarlos.

C. Vas a hacer una entrevista a un compañero para obtener más información sobre él. Aquí tienes algunas opciones, pero puedes añadir otras.

Familia	¿Tienes hermanos? ¿Tienes novio/-a? ¿Estás casado/-a?
Estudios	¿Cuánto tiempo hace que estudias español? ¿Has estudiado otros idiomas?
Trabajo	¿Trabajas? ¿En qué? ¿Te gusta tu trabajo?
Residencia	¿Dónde vives? ¿Te has mudado de casa muchas veces?
Aficiones	¿Qué te gusta hacer en tu tiempo libre? ¿Cuál es la última película que has visto? ¿Practicas algún deporte? ¿Desde cuándo? ¿Sabes tocar algún instrumento? ¿Cuál?

- *¿Tienes hermanos, Dominique?*
- *Sí, un hermano y una hermana.*

3. DE VUELTA A CASA

A. Álvaro quiere volver a España y escribe a un amigo para pedirle consejo. Lee su mail y piensa cuál de estos trabajos puede hacer en España. ¿Y si va a tu país? ¿Crees que puede encontrar trabajo?

- portero de discoteca
- profesor de español
- profesor de Historia
- traductor
- dietista
- profesor de yoga
- director de una agencia de viajes
- gerente de un tablao flamenco
- guía turístico
- enfermero
- dependiente en una tienda

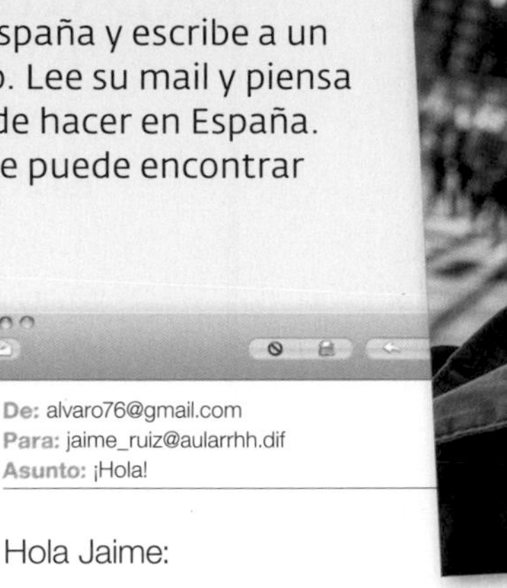

De: alvaro76@gmail.com
Para: jaime_ruiz@aularrhh.dif
Asunto: ¡Hola!

Hola Jaime:

¡Fue genial verte el otro día en la fiesta de Paco! Como te dije, tengo ganas de quedarme en España después de estos años en el extranjero. Por cierto, ¿sigue en pie tu oferta de ayudarme a buscar trabajo? Te cuento un poco lo que he hecho por si tienes alguna idea.

Como sabes, después de la universidad estuve trabajando un año de cocinero en un barco holandés. Fue una época genial. En el 2005 me fui a Sydney y allí estuve trabajando primero de camarero, luego de cuidador de perros, después de socorrista en una piscina y, al final, de profesor de español, aunque la verdad es que creo que no me apetece volver a hacer ninguna de esas cosas.

Después decidí irme a Japón. Allí aprendí japonés y trabajé de guía turístico para europeos, sobre todo para españoles. Y además (no te lo vas a creer) estuve dando clases de flamenco. Gané bastante dinero y dejé de trabajar una temporada. Luego, me trasladé a Alemania y allí me matriculé en un programa de doctorado de Historia de las religiones. Cuando acabé, me dieron una beca como colaborador en la Universidad de Heidelberg y estos últimos tres años he estado dando clases en la universidad.

La verdad es que he hecho un poco de todo, ya lo ves. Ahora necesito un trabajo a tiempo parcial porque todavía no he acabado la tesis. Llevo dos años escribiéndola y quiero terminar de redactarla.

Oye, pues nada, intento llamarte mañana y hablamos, ¿vale?

Un abrazo,

Álvaro

- *Yo creo que en España puede trabajar de guía turístico para japoneses, por ejemplo. Habla japonés, ¿no?*

B. ¿Tienes experiencias similares a las de Álvaro? Escribe tres cosas que has hecho en el ámbito del trabajo y de los estudios. Luego, coméntalo con tus compañeros.

Hace unos años trabajé en una tienda de ropa.

C. Imagina que buscas empleo. ¿Qué puedes hacer con tu experiencia? Coméntalo con tu compañero.

- *Yo puedo trabajar de dependiente en tiendas de ropa porque trabajé cuatro años en Benetton y además me gusta mucho la moda.*
- *Pues yo soy abogado, pero puedo hacer de camarero, por ejemplo, porque hace cuatro años trabajé en una cafetería.*

4. CONTRATO INDEFINIDO P. 156, EJ. 2-3; P. 157, EJ. 4

A. Una multinacional está buscando a un director financiero. Observa el anuncio y la información sobre dos candidatos que ya trabajan en la empresa. Decide con tu compañero cuál es el más adecuado para el puesto.

Grupo multinacional líder en el sector químico precisa:

DIRECTOR ADMINISTRATIVO / FINANCIERO PARA SU SEDE EN EL CAIRO (EGIPTO)

Se requiere

- Estudios superiores
- Dominio del inglés y conocimientos de árabe
- Experiencia en dirección de equipos
- Experiencia internacional
- Flexibilidad horaria
- Disponibilidad para viajar

Nombre: Petra Lorente

- **Hace** 6 años **que** trabaja en la empresa.
- Acabó la carrera de Económicas **hace** 8 **años**.
- **Hace** poco ha acabado un máster de Gestión empresarial.
- **Desde que** está al mando de su departamento, ha conseguido duplicar los beneficios.
- Viaja menos **desde que** nació su hija.
- Habla inglés y estudia árabe **desde hace** tres años.
- Vive en Madrid **desde** 2009.

Nombre: Pedro Domínguez

- **Hace** 2 años **que** trabaja en la empresa.
- Acabó la carrera de Administración de empresas **hace** 3 **años**.
- **Desde que** dirige su departamento, la coordinación del equipo ha mejorado.
- Habla inglés. Estudia francés **desde hace** 4 años.
- Se casó **hace** un año. **Hace** tres meses nació su primer hijo.
- Ha estado a cargo de las exportaciones al Norte de África **desde que** entró en la empresa.
- Vivió en Alejandría **de** 2007 **a** 2010. **Desde** 2011 vive en Barcelona.

B. Fíjate en las estructuras que están en negrita. ¿Entiendes cómo funcionan?

C. Completa estas frases con información sobre ti mismo.

Vivo en .... **desde** ....

Estudio español **desde hace** ....

Hace .... que hemos empezado la clase.

5. ES VEGETARIANA DESDE EL AÑO 1996 P. 158, EJ. 8

A. Completa las siguientes frases con información sobre Lidia.

1980	Nace en Madrid.
1996	Se hace vegetariana.
1998-2003	Estudia en la escuela de Interpretación Nancy Tuñón de Barcelona.
2000-2004	Funda con unos compañeros la compañía de teatro La clande y hace giras por España.
2005-2006	Trabaja en Sri Lanka con Payasos sin Fronteras. Empieza a hacer yoga y a estudiar sánscrito.
2007-actualidad	Vive en Vigo y es profesora de interpretación en la Escuela Superior de Arte dramático. También es profesora de yoga. Va a la India cada verano y sigue estudiando sánscrito. De vez en cuando participa en obras de teatro con la compañía La Clande.

Nació en Madrid **hace** .... años.

Es vegetariana **desde hace** .... años.

Hace .... años **que** vive en Vigo.

Estudia sánscrito **desde** ....

Hace .... años **que** hace yoga.

Desde que vive en Vigo ....

B. Haz un resumen de los acontecimientos más importantes de tu vida. Luego, intercámbialo con un compañero y escribe cinco frases sobre su vida, usando **desde**, **desde hace**, **hace que.**

6. ÉPOCA DE CAMBIOS P.157, EJ. 7; P. 158, EJ. 9-10

A. Lee estos testimonios y escoge uno de los títulos propuestos para cada uno.

Marta

- Esclava de sus hijos
- Maternidad responsable
- El primer hijo

Ana

- La vida empieza a los 65
- Volver a trabajar
- La triste tercera edad

Historias de mujeres: **época de cambios**

Los expertos coinciden en que adaptarse a los cambios es fundamental para vivir feliz. Dos mujeres nos cuentan cómo han cambiado sus vidas en el último año y cómo han sabido adaptarse a una nueva situación.

MARTA VEGA. Acaba de nacer su primera hija. "Ser madre es una experiencia increíble. Te cambia la vida." La niña **lleva** dos horas **llorando**, pero Marta está encantada. Desde que ha recuperado sus 59 kilos de peso y **ha vuelto a trabajar** es otra mujer. "Lo peor fue **dejar de fumar**". Su vida social no se ha interrumpido radicalmente. "Es verdad que no puedes salir tanto como antes, pero compensa. Además, mi marido y yo **seguimos saliendo** a cenar fuera una vez por semana como antes."

ANA SORIANO. Estuvo trabajando en una fábrica durante más de cuarenta años. Cuando **dejó de trabajar**, hace dos años, tuvo una pequeña depresión. "Cuando eres viejo, la gente piensa que no vales para nada, pero es mentira. Yo **sigo teniendo** la misma fuerza y las mismas ganas de vivir que a los veinte." Ahora sale con sus amigas y **ha empezado a viajar**. Con los viajes para la tercera edad ha estado en Canarias y en Mallorca. También **ha terminado de reformar** una casa en el pueblo de sus padres y está aprendiendo a pintar. "Quiero recuperar el tiempo perdido."

B. Fíjate en las expresiones en negrita. Todas son perífrasis. Completa el cuadro.

VERBO PRINCIPAL	PREPOSICIÓN (A / DE / Ø)	INFINITIVO O GERUNDIO
empezar	....	....
acabar	de	infinitivo
volver	....	....
dejar	....	....
seguir	....	....
llevar	....	....
terminar	....	....

C. Escribe en tu cuaderno:

- Una cosa que has dejado de hacer en los últimos meses.
- Una cosa que has empezado a hacer hace poco.
- Una cosa que has vuelto a hacer en el último año.
- Una cosa que hacías el año pasado y sigues haciendo este año.
- Una cosa que llevas mucho tiempo haciendo.
- Una cosa que has terminado de hacer hace poco.

D. Ahora coméntalo con tus compañeros. ¿Tenéis cosas en común?

- *Yo llevo mucho tiempo saliendo con mi novia, he dejado de trabajar, he empezado a estudiar español...*

7. UNA CARTA DE PRESENTACIÓN P. 157, EJ. 5-6; P. 159, EJ. 13

A. Mira este anuncio de trabajo y la carta que ha enviado Lucía Jiménez. ¿Cuáles crees que son sus puntos fuertes y sus puntos débiles como candidata al puesto?

Oferta de empleo
SE NECESITA SECRETARIO/-A DE DIRECCIÓN
(para empresa en Tenerife)
Requisitos:
· Titulado/-a universitario/-a
· Excelente nivel oral y escrito de inglés y de francés
· Experiencia mínima de dos años en un cargo similar
· Incorporación inmediata
· Se valorarán conocimientos de otros idiomas

Apreciados señores:

Les escribo con relación al anuncio publicado por *El País* con fecha de domingo 21 de septiembre para solicitar el puesto de secretaria de dirección en su empresa.

Como pueden ver en mi C.V., en 2007 me licencié en Filología francesa. Inmediatamente después hice unas prácticas en París en Impocafé, una empresa de importación de café. Al acabar las prácticas, conseguí un puesto como secretaria en las oficinas de la Unión Europea en Estrasburgo. Trabajé en el Departamento de traducción español > francés durante dos años. Hace unos meses, debido al traslado de mi pareja a la filial española de la empresa en la que trabaja, volví a Málaga, donde resido actualmente.

Creo que mi formación y mi experiencia hacen de mí una candidata idónea al puesto que ustedes ofrecen. Tengo, además, nociones de inglés y de alemán y soy una persona responsable, trabajadora y con voluntad de progresar.

Quedo a la espera de sus noticias.

Atentamente,

Lucía Jiménez

B. ¿La carta de Lucía es formal o informal? ¿En qué lo notas?

C. Subraya en la carta:

- Las palabras en las que vemos que escribe de **usted**.
- Las fórmulas para saludar y despedirse.

D. Busca en la carta de presentación palabras o expresiones que quieren decir lo mismo que las siguientes.

Pedir: ....

Cuando acabé: ....

Vivo: ....

A causa de: ....

Conocimientos básicos: ....

Espero respuesta: ....

HABLAR DE LA DURACIÓN

HACE + CANTIDAD DE TIEMPO + QUE + VERBO

- ***Hace** más de tres años **que** vivo en España. ¿Y tú?*
- *Yo, **hace** ocho años.*

DESDE HACE + CANTIDAD DE TIEMPO

*No veo a Carlos **desde hace** un año.*

MARCAR EL INICIO DE UNA ACCIÓN

DESDE + FECHA

- *¿**Desde cuándo** estudias español?*
- ***Desde** enero.*

DESDE QUE + VERBO

- *Está en Granada **desde que** empezó el curso.*
- ***Desde que** ha aprobado el examen, está más tranquila.*

LOCALIZAR UNA ACCIÓN EN EL TIEMPO

PRETÉRITO PERFECTO / INDEFINIDO + HACE + CANTIDAD DE TIEMPO

- ***Ha conseguido** el trabajo **hace** muy poco tiempo, ¿no?*
- *Sí, **hace** solo un par de meses, creo.*

LÉXICO: EL TRABAJO P. 161, EJ. 19-21

PERSONAS

candidato/-a · director/-a · trabajador/-a

EMPRESAS

la sede de / **la filial de** : una empresa

una empresa de : exportación / transporte

CONTRATOS

contrato : **indefinido** / **temporal** / **a tiempo parcial**

COSAS QUE HACEMOS

dirigir / **montar** : una empresa

trabajar en / **hacer prácticas en** : una empresa

conseguir un / **cambiar de** : trabajo

estar al mando de : un equipo de trabajadores / un departamento

estar dispuesto/-a a : viajar / trabajar horas extras / trabajar el fin de semana

PERÍFRASIS P. 159, EJ. 11; P. 161, EJ. 18

Una perífrasis es una combinación de dos verbos, uno en forma personal y el otro en forma no personal (infinitivo, gerundio o participio), a veces unidos por una preposición.

LLEVAR + GERUNDIO

Esta perífrasis sirve para expresar la duración de una acción.

***Lleva** más de siete años **saliendo** con Marta.*
(= Hace más de siete años que sale con Marta.)

EMPEZAR A + INFINITIVO

Expresa el inicio de una acción.

- *¿Cuándo **empezaste a trabajar** aquí?*
- *En mayo de 2000.*

SEGUIR + GERUNDIO

Expresa la continuidad de una acción.

***Seguimos yendo** al cine una vez a la semana.*

VOLVER A + INFINITIVO

Expresa la repetición de una acción.

- *¿**Has vuelto a tener** problemas con el coche?*
- *Por suerte, no. Ahora funciona perfectamente.*

DEJAR DE + INFINITIVO

Expresa la interrupción de una acción.

***Dejé de estudiar** a los dieciséis años.*

ACABAR DE + INFINITIVO

Sirve para referirse a una acción que ha sucedido recientemente.

***Acabo de conseguir** el trabajo de mi vida.*

TERMINAR DE + INFINITIVO

Expresa el fin de una acción.

***He terminado de leer** el libro que me regalaste.*

ESTAR + GERUNDIO P. 159, EJ. 12

Usamos **estar** + gerundio para presentar una acción en su desarrollo. Cuando el verbo **estar** está en pretérito perfecto o en pretérito indefinido, presentamos esa acción como concluida.
*Esta mañana **he estado paseando** con un amigo.*
*El mes pasado **estuve viajando** por Alemania.*

Utilizamos estos tiempos con expresiones referidas a periodos temporales cerrados.
*He estado **todo el fin de semana** durmiendo.*
*Ayer estuve hablando **un rato** con mi jefe.*

8. ¿TRABAJO O VIDA PERSONAL? P. 160, EJ. 14

A. ¿Le das más importancia al trabajo o a tu familia y amigos? Responde este cuestionario y descúbrelo.

1. ¿Cuándo miraste por última vez tu correo de trabajo fuera del trabajo?
a. Hace cinco minutos.
b. Hace unas semanas.
c. Hace meses.

2. ¿Te llevas trabajo a casa?
a. Sí, casi siempre.
b. Sí, a veces.
c. No, nunca.

3. Si no tienes tiempo de hacer algo, ¿pides ayuda a tus compañeros de trabajo?
a. No, yo lo hago mejor.
b. A veces, pero prefiero hacerlo yo.
c. Sí, claro.

4. ¿Hablas mucho de trabajo con tus amigos?
a. Desde que empecé mi nuevo trabajo, sí, porque me encanta.
b. Bastante, es que me cuesta desconectar.
c. No, a mis amigos no les interesa mi trabajo.

5. Si una reunión con tu jefe va a terminar tarde y tú has quedado con tu pareja, ¿qué haces?
a. Llamo y retraso la cita.
b. Depende. Si la reunión es importante, cancelo la cita.
c. Le digo a mi jefe que tengo que marcharme y continuamos al día siguiente.

6. ¿Cuántas horas trabajas al día?
a. Llevo unos meses trabajando más de nueve horas.
b. Ocho horas al día, pero si algún día hay más trabajo, me quedo más tiempo.
c. Ocho horas al día, ni más ni menos.

7. ¿Cuál fue la última vez que fuiste de vacaciones?
a. No me acuerdo... Hace más de tres años.
b. Hace unos meses.
c. Hace poco, y ya estoy pensando en las próximas...

Mayoría de respuestas A
Eres adicto al trabajo. Cada vez te exiges más y no puedes parar. El trabajo se ha convertido en el centro de tu vida, pero piensa que seguramente te estás perdiendo muchas cosas. Descansa un poco.

Mayoría de respuestas B
El trabajo es importante para ti, pero sabes que tu familia y tus amigos lo son más. Trabajas con moderación: si es necesario, trabajas más horas, pero intentas buscar momentos para descansar y dedicarte a otras cosas.

Mayoría de respuestas C
Para ti el trabajo es un modo de ganarte la vida, nada más. Cuando sales del trabajo, ya no piensas en él hasta el día siguiente. ¡Tus aficiones, tus amigos y tu familia son lo más importante!

B. Ahora lee los resultados. ¿Estás de acuerdo? Coméntalo con tus compañeros.

9. MIS COMPAÑEROS Y YO

Fíjate en esta ficha y busca en la clase a personas que respondan afirmativamente. Añade otras tres preguntas usando perífrasis de la unidad. ¿Con quién tienes más cosas en común?

- *¿Has dejado de comer carne?*
- *Sí, no como carne desde hace un año.*

Busca a alguien que...

- Ha dejado de comer carne.
- Sigue viviendo con sus padres.
- Lleva más de un año saliendo con alguien.
- Otros:

10. CAMBIOS + P. 160, EJ. 17

A. Aquí tienes una serie de cosas que pueden cambiar la vida. ¿Cuáles te han pasado a ti? En parejas, pensad qué otras cosas pueden cambiar la vida de alguien.

- casarse
- enamorarse
- acabar los estudios
- cumplir 18 años
- estudiar en el extranjero
- trasladarse a otra ciudad
- tener un hijo
- hacer un viaje
- cambiar de trabajo
- divorciarse
- mudarse de casa
- quedarse en el paro

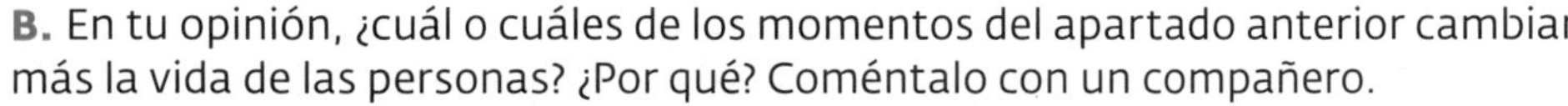

B. En tu opinión, ¿cuál o cuáles de los momentos del apartado anterior cambian más la vida de las personas? ¿Por qué? Coméntalo con un compañero.

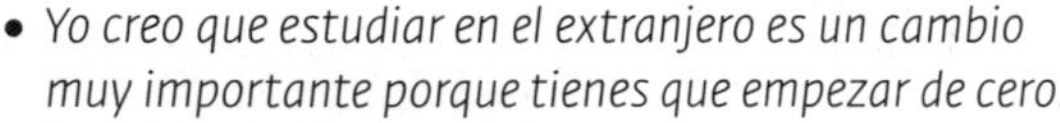

- *Yo creo que estudiar en el extranjero es un cambio muy importante porque tienes que empezar de cero.*

02

C. Ahora vas a escuchar una conversación entre dos personas que hablan de momentos que han cambiado sus vidas. Completa el cuadro.

	¿QUÉ PASÓ?	¿EN QUÉ CAMBIÓ SU VIDA?
MAR		
DARÍO		

11. CANDIDATOS IDEALES

A. Vas a escribir una carta de presentación para un puesto de trabajo, pero primero, entre todos vais a escribir una lista de trabajos interesantes que os gustaría hacer.

- Farero/-a en una isla desierta
- Dj en una discoteca de Ibiza
- Médico/-a en Alaska...

PEL

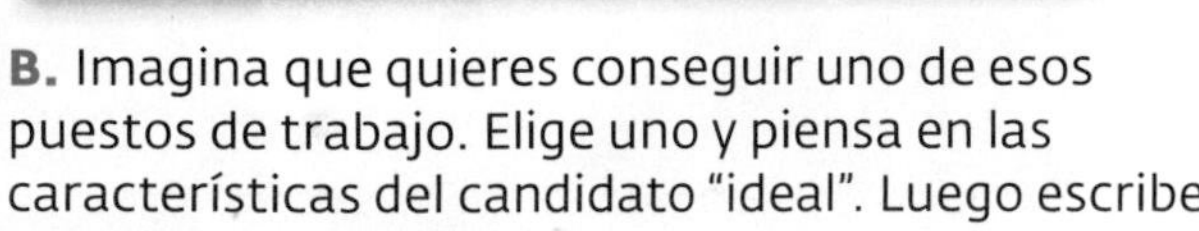

B. Imagina que quieres conseguir uno de esos puestos de trabajo. Elige uno y piensa en las características del candidato "ideal". Luego escribe tu carta de presentación.

Estudios
Idioma
Experiencia laboral
Aficiones
...

C. En parejas, vais a leer dos cartas de presentación de dos de vuestros compañeros. ¿Están bien escritas? ¿Creéis que los candidatos pueden conseguir el puesto de trabajo? Contádselo al resto de compañeros.

CRITERIOS DE EVALUACIÓN

¿Da la información pertinente para ser contratado?	
¿La carta está bien estructurada?	
¿Usa fórmulas de saludo y despedida adecuadas?	
¿Se dirige al interlocutor de forma adecuada?	
¿Usa un léxico pertinente?	

12. DÍAZ Y VENEGAS

P. 160, EJ. 15

A. Una revista ha publicado un reportaje sobre dos personajes del mundo hispano. Lee uno de ellos y hazle un resumen a tu compañero.

B. Comenta con tus compañeros quién ha tenido la vida más...

- interesante
- exótica
- activa
- sencilla
- tranquila
- independiente
- segura
- peligrosa
- exitosa
- familiar

C. Aquí tienes algunos testimonios de los dos personajes, extraídos de varias entrevistas. ¿Podrías identificar quién ha dicho cada cosa?

1. "Yo no vivo el súper estrellato en el mundo de la música. Ni pienso así, ni me rodeo de gente que piensa así. Soy completamente normal, me gustan las cosas cotidianas."
2. "Todos tenemos la obligación de hacer algo por la gente que sufre en Haití."
3. "Yo era *delivery* de mesas de billar. Esa vaina pesa mucho. Hice eso diez años. Así pagué la universidad. Trabajaba *full time* y estudiaba en la noche."
4. "Me gustan los llamados subgéneros, las novelas de terror, de ciencia ficción... Aunque lo que más me gusta leer son los libros de historia. Precisamente me interesa esa conexión: los subgéneros exploran los aspectos menos conocidos de la historia de un modo que no está al alcance de la literatura realista."
5. "Yo soy fronteriza, y eso me hace ser una persona muy abierta, es normal para mí escuchar música de dos países tan distintos."
6. "Cuando hablo español soy otro, mi personalidad es distinta, más ligera."

D. Imagina que puedes entrevistar a uno de los dos. ¿A quién escogerías? ¿Qué preguntas le harías? Puedes buscar más información en internet.

DOS HISPANOAMERICANOS QUE TRIUNFAN EN SUS PROFESIONES

LOCALES Y

Nació en Tijuana, México, en 1970. Desde muy pequeña le ha interesado la música. Formó parte de Tijuana No!, una banda de ska y reggae, y comenzó su carrera como solista en 1997 con su álbum *Aquí*. Sus dos primeros discos tuvieron mucho éxito en su país, pero el que le dio fama internacional fue *Sí* (2003), por el que recibió importantes premios internacionales. En sus siguientes discos ha ido experimentando y su estilo ha evolucionado hacia ritmos más actuales, aunque no ha perdido su inconfundible toque personal, muy mexicano pero también muy universal. Se calcula que Venegas ha vendido más de diez millones de discos y es muy popular gracias también a sus muchas colaboraciones con otros artistas latinos y su participación en bandas sonoras. Es destacable también su labor humanitaria. En 2009 fue nombrada "Embajadora de Buena Voluntad" por UNICEF. También participa en campañas a favor del desarrollo de América Latina y de la mejora de la situación de las mujeres. Participó en el disco a favor de los damnificados del terremoto de Haití en 2010.

UNIVERSALES

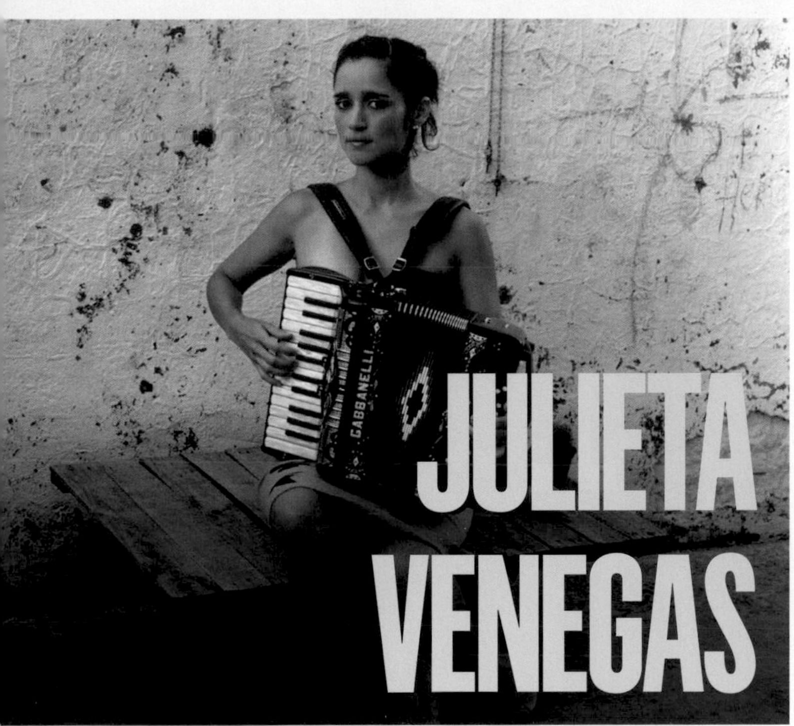

Nació en Santo Domingo (República Dominicana) en 1968. Se crió con su madre y sus abuelos mientras su padre trabajaba en Estados Unidos y, a los seis años, se reunió con su padre en Nueva Jersey. Desde pequeño fue un gran lector, se licenció en Inglés en la Rutgers University e hizo un Máster en Bellas artes en la Cornell University.

Su primer libro, una colección de cuentos titulada *El ahogado*, se publicó en 1996; pero su salto a la fama mundial fue en 2007 con su primera novela, *La maravillosa vida breve de Óscar Wao*, que le valió el Premio Pulitzer además de muchos otros galardones. Díaz escribe en inglés, pero en sus obras usa mucho el spanglish, una mezcla de español e inglés. Así, refleja la lengua que utilizan muchos latinos en Estados Unidos y su pertinencia a las dos culturas, la hispana y la estadounidense.

En su obra, con influencias de Vargas Llosa, Roberto Bolaño o Toni Morrison, Díaz describe la dura realidad de los emigrantes hispanoamericanos en los EE. UU., lo que no le impide mostrar un gran sentido del humor. Es un gran defensor de los derechos de los inmigrantes y participa activamente en organizaciones de Nueva York. Junot Díaz es editor de literatura en la Boston Review y sigue trabajando como profesor de escritura creativa en la Universidad de Siracusa y en el Instituto Tecnológico de Massachusetts (MIT).

JUNOT DÍAZ
La maravillosa vida breve de Óscar Wao

1

VÍDEO aulainternacional.difusion.com

EN CONSTRUCCIÓN

¿Qué te llevas de esta unidad?

Lo más importante para mí:

....

....

Palabras y expresiones:

....

....

Algo interesante sobre la cultura hispana:

....

....

Quiero saber más sobre...

....

....

Cómo voy a recordar y practicar lo que he aprendido:

....

....

2 MAÑANA

EMPEZAR

1. LA CIUDAD DEL FUTURO

A. Una revista ha publicado estas dos imágenes de ciudades del futuro. ¿A cuál de ellas se refiere cada una de estas frases?

- Los coches volarán.
- Habrá mucha contaminación.
- Habrá muchos molinos de energía eólica.
- Viviremos en pisos pequeños en grandes rascacielos.
- Habrá muchas zonas verdes.
- Las ciudades serán islas y generarán su propia energía.

B. ¿Y tú cómo te imaginas la ciudad del futuro? ¿Cuál de las afirmaciones anteriores crees que es más probable?

- *Yo creo que en las ciudades del futuro no habrá más zonas verdes.*
- *Pues yo creo que seguramente viviremos en pisos muy pequeños.*

EN ESTA UNIDAD VAMOS A

IMAGINAR CÓMO SEREMOS DENTRO DE UNOS AÑOS

RECURSOS COMUNICATIVOS

- hablar de acciones y situaciones futuras
- expresar condiciones
- formular hipótesis sobre el futuro

RECURSOS GRAMATICALES

- **si** + presente de indicativo, futuro; **depende de** + sustantivo; **depende de si** + presente de indicativo
- la forma y algunos usos del futuro imperfecto
- **seguramente** / **seguro que** / **supongo que** + futuro
- marcadores temporales para hablar del futuro

RECURSOS LÉXICOS

- problemas del mundo
- hechos de la vida de una persona

¿Cómo será la ciudad del futuro?

Ya tenemos el resultado del concurso "¿Cómo te imaginas la ciudad del futuro?". Estas son las dos propuestas ganadoras.

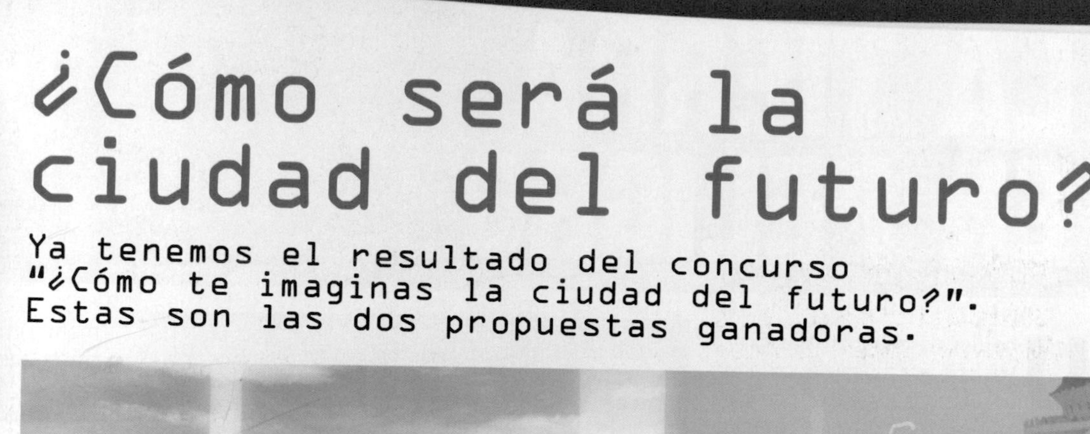

2

2. UN FUTURO DIFÍCIL P. 166, EJ. 15; P. 167, EJ. 16

A. ¿Cuáles crees que son los problemas más graves que tiene el mundo actualmente? Coméntalo con tus compañeros.

B. Ahora, lee el siguiente texto sobre uno de los principales problemas que amenazan a la humanidad e intenta resumirlo en un párrafo.

Uno de los peligros más graves que amenazan el mundo en el siglo XXI es el cambio climático. La temperatura media global de la Tierra está aumentando a un ritmo acelerado y eso está afectando al medio ambiente. Según los científicos, ya se están notando los efectos: aumento del nivel del mar, sequías más graves en algunos países de Asia y África, lluvias más intensas, tsunamis, grandes incendios forestales...

Si no logramos frenar el cambio climático, las consecuencias pueden ser catastróficas. Pero muchos gobiernos no están aún completamente implicados en la lucha contra el cambio climático. Sobre todo algunos, que están interesados en el deshielo del Océano Ártico y en las rutas comerciales que se abrirán entre Asia y Europa (sin pasar por el Canal de Suez) si eso ocurre.

Las preguntas son obvias: ¿resistirá la Tierra el calentamiento global? ¿Hasta cuándo podremos disponer de un recurso tan necesario e importante como el agua? ¿Podremos luchar contra los intereses económicos que impiden encontrar soluciones? Lo que está claro es que tenemos que hacer algo, y pronto.

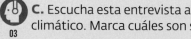

C. Escucha esta entrevista a una experta en el cambio climático. Marca cuáles son sus pronósticos.

03

- Las industrias tendrán que pagar cada vez más impuestos por la emisión de combustibles fósiles.
- En algunos países la gente tendrá que emigrar.
- En muchos países estará prohibido usar el coche.
- La gente que vive en zonas de costa estará en peligro.
- Habrá una nueva guerra mundial.
- Desaparecerán muchas especies.

D. Vais a trabajar en grupos. ¿Cuál de estas soluciones os parece mejor? ¿Tenéis otras propuestas?

- Concienciar a la sociedad sobre el impacto del calentamiento global.
- Usar menos el coche.
- Obligar a las industrias a pagar impuestos por la emisión de gases de efecto invernadero.

- *Para nosotros, la mejor solución es...*

3. EL AÑO PERSONAL P. 167, EJ. 17

A. ¿Qué sabes de la Numerología? ¿Sabes en qué año personal estás viviendo? Lee la primera parte de este texto y descúbrelo.

B. Ahora lee las predicciones correspondientes a tu año personal. ¿Cómo va a ser? ¿Qué cosas harás? ¿Crees que es verdad? Coméntalo con tus compañeros.

www.numerologia.dif

La Numerología y los años personales

La Numerología fue creada en la antigua Grecia por Pitágoras, filósofo y matemático que vivió en el siglo VI a. C.
Según la Numerología, toda persona vive ciclos de nueve años. Cada uno de esos años puede ser muy diferente en cuanto a sentimientos, necesidades, objetivos…

¿Cómo sabemos en qué año personal estamos?

Debemos realizar una suma muy sencilla partiendo de la fecha de nacimiento y del año en que vivimos. Por ejemplo, si usted nació un 3 de diciembre, los números correspondientes son 3 y 12 (diciembre), que suman 15. A este número (15) le sumamos el año en el que estamos, pero reducido a una cifra. Por ejemplo: 2014 = 2 + 0 + 1 + 4 = 7. Finalmente, del número resultante (15 + 7 = 22) sumamos las cifras que lo componen (2 + 2 = 4).

AÑO PERSONAL 1

Empezará una etapa totalmente nueva. Cambiará su vida desde el punto de vista sentimental o comenzará un ciclo nuevo de libertad después de una separación. Probablemente cambiará de empleo, de residencia o de país.

AÑO PERSONAL 2

Seguramente pasarán cosas importantes en el amor y en la amistad: nuevos amigos, nueva pareja. Asimismo, durante este año podrán romperse relaciones que hasta ahora eran estables.

AÑO PERSONAL 3

Durante este año posiblemente viajará, estudiará algo nuevo… Tendrá muchas ganas de conocer cosas nuevas y de pasarlo bien. Además, tendrá éxito en el trabajo o en los estudios, pero para ello tendrá que arriesgar y ser innovador. Seguramente durante este año disfrutará de momentos muy felices.

AÑO PERSONAL 4

Probablemente este año trabajará más de lo necesario y no logrará los resultados esperados. Tendrá poco tiempo para descansar, por lo que tendrá que cuidar su salud. Eso sí, es un buen año para hacer negocios: vender la casa, por ejemplo. Posiblemente sus parientes le pedirán ayuda, y sus amigos, dinero.

AÑO PERSONAL 5

Este es un año básicamente de cambios. Seguramente cambiará de residencia, de pareja, de trabajo… Por eso, debe intentar estar tranquilo y no tomar decisiones precipitadas. Este año habrá muchas oportunidades, pero tendrá que ir paso a paso.

AÑO PERSONAL 6

Es el año de la responsabilidad. Tendrá obligaciones respecto a su familia, a su trabajo y a sus amistades. Muchas personas, en un año personal seis, comprarán una casa o la reformarán, tendrán una mascota nueva o plantarán árboles.

AÑO PERSONAL 7

Muchas personas en un año siete se encontrarán más solas que en otros años, con más tiempo para estudiar, reflexionar, tomar decisiones importantes en su vida. Si tiene hijos, probablemente este año se irán de su casa. Quizá cambiará de religión o comenzará cursos de yoga, de meditación, o se interesará por la astrología y el tarot.

AÑO PERSONAL 8

Podrá tener dificultades económicas este año, por lo que debe intentar hacer planes muy realistas al comenzarlo. Posiblemente también tendrá algún problema de salud. Cuídese. Las preocupaciones por el dinero podrán afectar a las relaciones personales.

AÑO PERSONAL 9

Este año terminará todo lo que quería hacer y probablemente no empezará nada nuevo. Es un año para tomar conciencia de los propios aciertos y errores, para recuperar la salud y para prepararse para el próximo ciclo. Es, en definitiva, un año de puntos finales. Si se ha peleado con alguien, hará las paces.

- *Según el texto, este año cambiaré de casa, y es verdad, voy a cambiar de casa dentro de un mes.*

EXPLORAR Y REFLEXIONAR

4. EL FUTURO P. 162, EJ. 1-3; P. 164, EJ. 7

A. Algunos científicos han hecho las siguientes predicciones para los próximos 100 años. ¿Crees que sucederán?

1. Nada probable	2. Poco probable	3. Bastante probable	4. Muy probable	5. Seguro que sucede

- **Podremos** predecir y evitar los atascos de tráfico con modelos matemáticos.
- No **tendremos** contraseñas. Para identificarnos, **usaremos** otros métodos como el reconocimiento de la retina o de la voz.
- **Haremos** *zoom* con las lentes de contacto.
- Los ordenadores **serán** muy pequeños, del tamaño de una goma de borrar.
- **Viviremos** hasta los 150 años.
- **Cultivaremos** la mayoría de los alimentos en los océanos.
- **Nos comunicaremos** con otros humanos por telepatía.
- **Habrá** una única moneda para todos los países del mundo.
- Nuestros cerebros **estarán** conectados con ordenadores.

B. Fíjate en cómo se forma el futuro y marca qué verbos del apartado anterior son regulares y cuáles son irregulares.

REGULARES			IRREGULARES
HABLAR	COMER	ESCRIBIR	SALIR
hablar**é**	comer**é**	escribir**é**	saldr**é**
hablar**ás**	comer**ás**	escribir**ás**	saldr**ás**
hablar**á**	comer**á**	escribir**á**	saldr**á**
hablar**emos**	comer**emos**	escribir**emos**	saldr**emos**
hablar**éis**	comer**éis**	escribir**éis**	saldr**éis**
hablar**án**	comer**án**	escribir**án**	saldr**án**

C. En parejas, intentad conjugar los verbos irregulares que habéis encontrado en el apartado A.

- *Hacer: haré, harás, hará....*
- *Haremos, haréis, harán...*

5. ANA Y LUPE

P. 163, EJ. 4; P. 166, EJ. 13-14

A. Ana es una persona muy optimista; en cambio Lupe es muy pesimista. ¿Quién crees que ha dicho las siguientes frases?

	Ana	Lupe
Si voy a la fiesta, seguro que me aburriré.		
Si voy a la fiesta, me lo pasaré muy bien.		
Si vamos en coche, podremos ver el paisaje.		
Si vamos en coche, llegaremos muy cansados.		
Si vamos a Finlandia, podremos ver la aurora boreal.		
Si vamos a Finlandia, pasaremos mucho frío.		

B. Para expresar una condición sobre el futuro podemos usar esta estructura. Completa los espacios con los tiempos verbales.

Si + ..., ...

C. Ahora continúa estas frases teniendo en cuenta la personalidad de Ana y Lupe.

1. Ana: "Si dejo este trabajo, ..."
2. Lupe: "Si dejo este trabajo, ..."
3. Ana: "Si compro la lotería, ..."
4. Lupe: "Si compro la lotería, ..."
5. Ana: "Si llueve mañana, ..."
6. Lupe: "Si llueve mañana, ..."

6. DEPENDE DE SI...

P. 163, EJ. 5

A. Fíjate en estas formas de expresar condición. ¿Entiendes cuándo usamos **depende de** y cuándo **depende de si**?

1
- ¿Vais a ir de vacaciones a Japón?
- No sé, **depende del** dinero.

2
- ¿Vais a ir a la playa el domingo?
- **Depende de si** hace buen tiempo.

B. Imagina que te hacen estas preguntas. Escribe tus respuestas.

1.
- ¿Vas a hacer algún viaje al extranjero este año?
- No sé, **depende** de la visa
  de si me aprueben la visa

2.
- ¿Vas a salir este fin de semana?
- No sé, **depende** de si hay fiesta

3.
- ¿Vas a ir al cine esta semana?
- No sé, **depende** de si sale la película

4.
- ¿Vas a seguir estudiando español?
- No sé, **depende** del los cursos

7. SEGURAMENTE

04

A. Irene se va a ir a vivir a Australia. Escucha la conversación que tiene con una amiga y contesta las siguientes preguntas.

- ¿Qué hará allí?
- ¿Tiene miedo de algo?
- ¿Piensa seguir estudiando? ¿Cuándo?

B. ¿Qué tienen en común estas frases de la conversación? Coméntalo con tu compañero.

- **Seguramente** no podré viajar mucho porque no tendré dinero.
- **Supongo** que será fácil encontrar una granja para trabajar como voluntaria.
- **Creo que** buscaré trabajo como voluntaria en algún proyecto.
- **Probablemente** me dedicaré a aprender bien inglés.
- **Estoy segura de que** me encantará.
- **Seguro que** aprenderás un montón.
- **Posiblemente** pediré un visado de estudiante y estudiaré allí.

C. Completa estas frases hablando de tus planes para el próximo año. Piensa en tu familia, tu trabajo, tus estudios, tu vivienda...

Seguramente ....

....

Supongo que ....

....

Creo que ....

....

Estoy seguro/-a de que ....

....

Posiblemente ....

....

Seguro que ....

....

8. LA AGENDA DE PAULA P. 164, EJ. 8

A. Hoy es el día 20 de mayo. Mira los documentos de Paula y completa estas frases con sus planes para el futuro.

1. Pasado mañana ....
....
2. Este sábado ....
....
3. El martes que viene ....
....
4. Dentro de dos meses ....
....

B. ¿Y tú? ¿Tienes planes para los próximos meses? Cuéntaselos a tus compañeros.

- *Yo la próxima semana voy a hacer un curso de fotografía.*

HABLAR DEL FUTURO

Podemos referirnos al futuro usando el presente de indicativo cuando presentamos el resultado de una decisión firme o queremos garantizar el cumplimiento de una acción.
No te preocupes. Mañana se lo ***digo****.*

También podemos referirnos al futuro mediante la construcción **ir a** + infinitivo, normalmente para hablar de decisiones, de planes o de acciones futuras muy vinculadas con el momento en el que hablamos.
- *¿Qué* ***vais a hacer*** *este fin de semana?*
- ***Vamos a ir*** *a la playa*

Usamos el futuro imperfecto cuando queremos hacer predicciones sobre el futuro.
Este año ***tendrás*** *dificultades económicas.*
Mañana ***subirán*** *las temperaturas.*

FUTURO IMPERFECTO

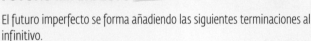

El futuro imperfecto se forma añadiendo las siguientes terminaciones al infinitivo.

VERBOS REGULARES

	HABLAR
(yo)	hablar**é**
(tú)	hablar**ás**
(él/ella/usted)	hablar**á**
(nosotros/nosotras)	hablar**emos**
(vosotros/vosotras)	hablar**éis**
(ellos/ellas/ustedes)	hablar**án**

VERBOS IRREGULARES

tener	→ **tendr-**	venir	→ **vendr-**	+	-é
salir	→ **saldr-**	hacer	→ **har-**		-ás
haber	→ **habr-**	decir	→ **dir-**		-á
poner	→ **pondr-**	querer	→ **querr-**		-emos
poder	→ **podr-**	saber	→ **sabr-**		-éis
					-án

MARCADORES TEMPORALES PARA HABLAR DEL FUTURO

mañana	**esta** mañana / tarde / noche / semana / ...
pasado mañana	**dentro de** dos años / unos años / ...
el sábado	**el** lunes / mes / año / ... **que viene**
este jueves/año / mes / siglo / ...	**el** lunes / mes / año / ... **próximo**

El año que viene *acabaré la carrera.*
Dentro de dos años *por aquí pasará una carretera.*

RECURSOS PARA FORMULAR HIPÓTESIS SOBRE EL FUTURO

Seguramente	
Probablemente	
Posiblemente	+ futuro imperfecto
Seguro que	
Supongo que	

Seguramente *llegarán tarde.*
Probablemente *volverán muy cansados después de la excursión.*
El PJN ***posiblemente*** *ganará las elecciones.*
Seguro que *nos veremos pronto.*
Supongo que *iremos de vacaciones a Mallorca, como siempre.*

EXPRESAR UNA CONDICIÓN

SI + PRESENTE, FUTURO
Si estudias *todos los días,* ***aprobarás*** *el examen.*

SI + PRESENTE, PRESENTE
Si llueve *mañana,* ***me quedo*** *en casa.*

DEPENDE DE + SUSTANTIVO
- *¿Vendrás a Ibiza?*
- *No sé...* ***Depende de*** *mi trabajo.*

DEPENDE DE SI + PRESENTE DE INDICATIVO
- *¿Saldrás del trabajo a las seis?*
- ***Depende de si*** *termino el informe.*

¿Qué vas a hacer este fin de semana?
Depende. Si hay nieve, iremos a esquiar, pero si no, nos quedaremos en casa.

9. ¿QUÉ CREES QUE HARÁ?

Francisco está de vacaciones en su casa de Mallorca. ¿Qué crees que hará en cada una de estas situaciones? Coméntalo con tu compañero.

1. Si mañana hace mal tiempo...
2. Si llegan sus padres por sorpresa a pasar un par de días...
3. Si esta noche conoce a una chica interesante...
4. Si toma demasiado el sol y se quema...
5. Si esta noche va al casino y gana 100 000 euros...
6. Si le llama su jefe y le dice que tiene que volver a trabajar...

- *Si mañana hace mal tiempo, supongo que se quedará en casa leyendo o viendo la tele.*

10. LOS EXPERTOS OPINAN P. 164, EJ. 9

A. Estas son algunas de las predicciones que los científicos han hecho para el futuro. ¿Con cuáles de ellas estás más de acuerdo? Coméntalo con tu compañero.

- *Yo también pienso que las lenguas minoritarias desaparecerán, porque...*
- *Hombre, eso depende de los gobiernos. Si...*

Las lenguas minoritarias desaparecerán.
Solo habrá libros electrónicos.
Se producirán grandes catástrofes naturales.
Habrá transporte aéreo individual.
El consumo de drogas será legal en casi todos los países.
No habrá pensiones de jubilación.
Las tabletas desaparecerán.

PEL **B.** ¿Qué otras cosas creéis que sucederán? En grupos, elegid uno de estos temas u otro y escribid vuestros pronósticos para el futuro.

Transporte	Trabajo
Familia	Educación
Medio ambiente	Salud

C. Presentádselo al resto de la clase. ¿Están de acuerdo con vuestras predicciones?

11. EL FUTURO DE EVA

P. 166, EJ. 12

05

A. Eva ha ido a ver a una adivina para saber cómo será su futuro. Escucha la conversación. ¿Cuáles de las siguientes cosas predice la adivina? Márcalo.

- Vivirá en un país extranjero.
- Será muy rica.
- Será famosa.
- Volverá a la universidad dentro de unos años.
- Tendrá dos hijos.
- Será feliz en su vejez.
- Conocerá a una persona que la querrá mucho.
- Vivirá en el campo.

B. Ahora vamos a imaginar cómo seremos dentro de 25 años. En parejas, vais a escribir cómo será la vida de dos compañeros de la clase. Primero, tenéis que hacerles preguntas para conocerlos mejor. Tened en cuenta los siguientes aspectos:

Familia
Trabajo
Aspecto físico
Situación económica
Lugar de residencia
...

- *¿Te gustaría vivir en un país extranjero?*
- *Sí, en Estados Unidos, en Nueva York.*
- *¿Quieres casarte algún día?*
- *Sí, pero depende de si conozco a alguien...*

C. Escribid predicciones para vuestros compañeros.

Dentro de 25 años Roberta será muy rica porque será la directora de una empresa multinacional. Vivirá en un apartamento precioso en Manhattan con su marido...

D. Ahora, leed vuestras predicciones a toda la clase. ¿Están de acuerdo vuestros compañeros?

- *Nosotros creemos que dentro de 25 años Roberta será muy rica porque...*

12. UNA CANCIÓN DE DESAMOR

A. Lee la letra de esta canción. ¿Quiénes son los protagonistas? ¿Qué crees que les pasa?

B. ¿Cuál de las tres estrofas crees que es el estribillo? Escucha la canción en internet y compruébalo.

Un año de amor
Luz Casal

Lo nuestro se acabó
y te arrepentirás
de haberle puesto fin
a un año de amor.
Si ahora tú te vas
pronto descubrirás
que los días son eternos
y vacíos sin mí.

Y de noche, y de noche,
por no sentirte solo
recordarás nuestros días felices,
recordarás el sabor de mis besos,
y entenderás en un solo momento
qué significa un año de amor.

¿Te has parado a pensar
lo que sucederá,
todo lo que perderemos
y lo que sufrirás?
Si ahora tú te vas,
no recuperarás
los momentos felices
que te hice vivir.

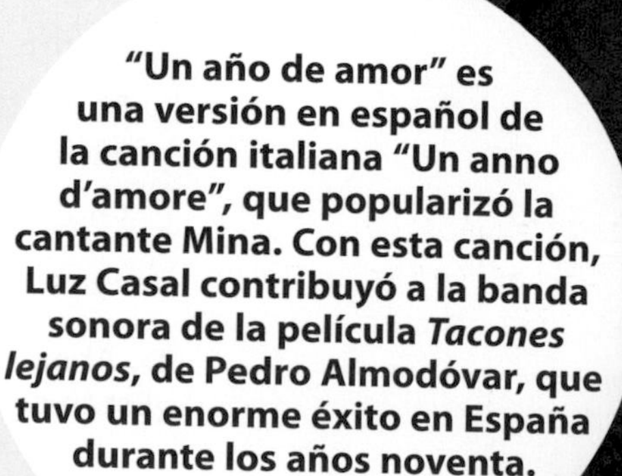

"Un año de amor" es una versión en español de la canción italiana "Un anno d'amore", que popularizó la cantante Mina. Con esta canción, Luz Casal contribuyó a la banda sonora de la película *Tacones lejanos*, de Pedro Almodóvar, que tuvo un enorme éxito en España durante los años noventa.

C. En grupos, escribid vuestra versión de la canción.

Lo nuestro se acabó
Y te arrepentirás
de ....
....
....
Si ahora tú te vas
pronto descubrirás
que ....
....
....

Y de noche, y de noche,
por no sentirte solo
recordarás ....
recordarás ....
y entenderás ....
....
....

¿Te has parado a pensar
lo que sucederá,
todo lo que perderemos
y lo que sufrirás?
Si ahora tú te vas,
no recuperarás
....
....
....

D. Escuchad otras canciones de Luz Casal. Elegid una que os guste y ponedla en clase. Explicad a vuestros compañeros por qué os gusta.

VÍDEO aulainternacional.difusion.com

EN CONSTRUCCIÓN

¿Qué te llevas de esta unidad?

Lo más importante para mí:
....
....

Palabras y expresiones:
....
....

Algo interesante sobre la cultura hispana:
....
....

Quiero saber más sobre...
....
....

Cómo voy a recordar y practicar
lo que he aprendido:
....
....

3 PROHIBIDO PROHIBIR

EMPEZAR

1. SEÑALES

A. Mira las fotografías. ¿En qué lugares están estas señales?

B. ¿Sabes qué significan?

- No se puede fumar.
- No se admiten perros.
- Está prohibido beber alcohol en la calle.
- No está permitido coger setas.
- Está prohibido tocar la bocina.
- No se puede entrar con pantalones cortos o camisetas sin mangas.
- Está prohibido entrar con comida o bebida en el establecimiento.
- Prohibido hacer fuego.

C. ¿Has visto alguna vez señales como estas? ¿Estaban en los mismos lugares?

- *En mi país, no hay señales de "prohibido fumar" en los bares porque se puede fumar, pero sí que hay en edificios públicos, en aeropuertos...*

EN ESTA UNIDAD VAMOS A

HACER UN ARTÍCULO SOBRE LAS COSTUMBRES Y CÓDIGOS SOCIALES DE LA GENTE DE NUESTRO PAÍS

RECURSOS COMUNICATIVOS

- expresar prohibición
- expresar obligatoriedad
- expresar impersonalidad
- hablar de hábitos

RECURSOS GRAMATICALES

- **lo normal** / **lo habitual** / **lo raro** es + infinitivo
- **soler** + infinitivo
- cuantificadores: **todo el mundo** / **la mayoría (de...)** / **muchos** / **algunos**...
- **es obligatorio** / **está prohibido** / **está permitido** + infinitivo, **se prohíbe/n** / **se permite/n** + sustantivo

RECURSOS LÉXICOS

- costumbres sociales
- vocabulario del trabajo y la escuela

2. ¿QUÉ SABES DE LOS ESPAÑOLES? + P. 172, EJ. 14

A. ¿Qué crees que hacen la mayoría de los españoles en las situaciones que plantea este cuestionario? Puedes marcar más de una opción o no marcar ninguna y proponer otra. Luego, coméntalo con un compañero.

CÓMO RELACIONARSE EN ESPAÑA Y NO MORIR EN EL INTENTO

1. Un español te invita a una fiesta. Te ha dicho que empieza a las 23 h.

- **a.** Llegas a las 23 h.
- **b.** Llegas a las 23:30 h.
- **c.** Llegas antes de las 23 h.

2. Unos amigos españoles te han invitado a comer en su casa.

- **a.** Al día siguiente, llamas por teléfono o envías una tarjeta para dar las gracias.
- **b.** Durante la comida, dices que todo está muy bueno y, al despedirte, propones cenar en tu casa algún día.
- **c.** Al despedirte, dices "gracias por la cena".

3. Estás por primera vez de visita en casa de los padres de un amigo español y te ofrecen quedarte a comer.

- **a.** Dices "sí, gracias".
- **b.** Dices "no, gracias", pero, si insisten, aceptas la invitación.
- **c.** Dices "no, gracias" y das una excusa.

4. Es tu cumpleaños y un amigo español te hace un regalo.

- **a.** Lo guardas y lo abres en otro momento.
- **b.** Lo abres y dices que te gusta mucho.
- **c.** Lo abres y dices que no te gusta.

5. Has estado cenando en casa de unos amigos, pero ya son las 22:30 h de la noche y mañana trabajas.

- **a.** Te levantas y dices: "me voy".
- **b.** Dices que es muy tarde y que te tienes que ir. Te levantas y te vas.
- **c.** Dices que es muy tarde y que te tienes que ir, pero aún te quedas un rato más hablando.

6. Llamas a un amigo a su trabajo y contesta otra persona.

- **a.** Dices tu nombre y preguntas si puedes hablar con tu amigo.
- **b.** Preguntas si está tu amigo y luego, si tu interlocutor te pregunta quién eres, dices tu nombre.
- **c.** Le dices: "perdona, llamo más tarde".

7. Vas a un restaurante con tres amigos españoles. A la hora de pagar...

- **a.** Dividís la cuenta en cuatro partes.
- **b.** Dividís la cuenta en cuatro partes, pero, si alguien ha comido menos, paga un poco menos.
- **c.** Pedís la cuenta por separado y cada uno paga lo que ha tomado.

8. Unos amigos españoles van por primera vez a tu casa.

- **a.** Les enseñas todas las habitaciones del piso.
- **b.** Los llevas directamente al salón o al comedor y no les enseñas nada más.
- **c.** Les enseñas las habitaciones solo si te lo piden.

B. Lee esta información y comprueba tus respuestas del cuestionario. ¿Hay algo que te sorprende? ¿Cómo se hace en tu país? Comentadlo en parejas.

http//como_relacionarse_en_españa.dif

8 cosas que debes tener en cuenta en España

En España no es normal llegar a una fiesta antes de la hora prevista. En general, la gente suele llegar media hora o una hora más tarde. Si te invitan a una cena o a una comida, se puede llegar un poco más tarde, pero no mucho más de un cuarto de hora.

En España no es habitual llamar o enviar una tarjeta para dar las gracias después de una comida en casa de unos amigos. Lo normal es elogiar los platos durante la comida y sugerir un próximo encuentro, pero no se suele dar las gracias al despedirse.

En España, cuando alguien recibe un regalo, lo abre delante de la persona que se lo ha hecho, le da las gracias y, normalmente, dice algo positivo como, por ejemplo, "¡Qué bonito!".

En España es habitual tardar en despedirse. Es frecuente anunciar que nos queremos ir y seguir hablando un buen rato. No está muy aceptado irse inmediatamente. Si alguien lo hace, da la sensación de que no está a gusto o de que está enfadado.

En situaciones de cierta formalidad, la mayoría de los españoles no acepta quedarse a comer después de un primer ofrecimiento. Lo normal es dar una excusa y decir, por ejemplo, que te esperan para comer en otro lugar. Normalmente solo te quedas si insisten mucho.

En España, no es habitual decir tu nombre cuando haces una llamada. La mayoría de la gente suele preguntar primero por la persona con la que quiere hablar y, luego, si tu interlocutor te pregunta "¿De parte de quién?", dices tu nombre.

En la mayoría de las situaciones informales en España, lo normal es pagar "a escote", es decir, se divide la cuenta a partes iguales. No se suele pedir la cuenta por separado.

En España, cuando alguien visita una casa por primera vez, es típico enseñarle todas las habitaciones. No se suele llevar a los invitados únicamente al salón. Además, en ese recorrido por las distintas habitaciones, los invitados suelen elogiar la casa y la decoración.

- *Me sorprende lo de enseñar la casa. Aquí no enseñamos todas las habitaciones a los invitados.*

3. ME CHOCÓ MUCHO...

06-08

A. En un programa de televisión han entrevistado a extranjeros que viven en España. Escúchalos y anota qué costumbres de los españoles les sorprendieron al llegar a España.

MARKUS, ALEMÁN (41 AÑOS)

....

....

DANIÈLE, FRANCESA (59 AÑOS)

....

....

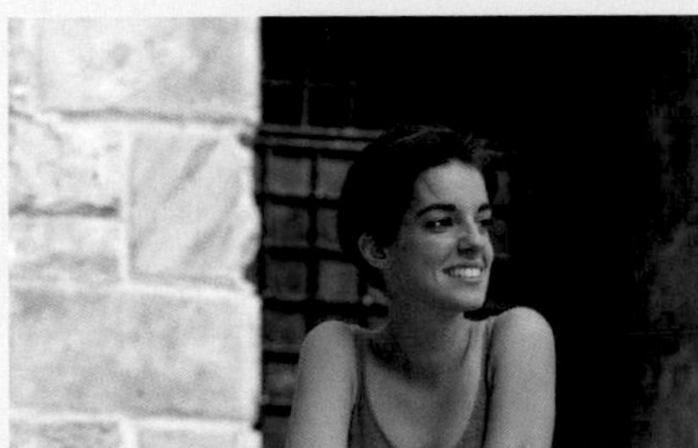

VERO, ARGENTINA (26 AÑOS)

....

....

B. ¿Te has encontrado en alguna situación parecida? Cuéntaselo a tu compañero.

- *Sí, a mí una vez me invitaron a una fiesta y llegué el primero.*

4. PROHIBIDO FUMAR + P. 168, EJ. 1-3; P. 173, EJ. 18

A. Relaciona estas frases con las señales de la derecha.

1. **No se admiten** cheques.
2. **Se ruega** silencio.
3. Recordamos a todos los empleados que **es obligatorio** tener el móvil desconectado en horario de trabajo.
4. **No se permiten** las bebidas alcohólicas.
5. **Está prohibido** hacer fotografías durante la actuación.
6. **Prohibida** la venta de alcohol a menores de 16 años.
7. **No se permite** jugar a la pelota.
8. **No se admiten** perros.
9. **Prohibido** fumar.
10. **No están permitidas** las visitas después de las 20 h.
11. **Se debe** mantener el cinturón de seguridad abrochado.
12. **Está prohibida** la entrada a las personas ajenas a esta obra.
13. **Está prohibido** el paso con carritos de niño.
14. **Es obligatorio** el uso del casco.

B. Observa las estructuras en negrita. Luego, dibuja cinco señales y escribe las frases correspondientes para colgar en lugares de tu casa (tu habitación, el baño...) o de tu barrio.

1. **No se permite** ....
2. **No se permiten** ....
3. **No se admite** ....
4. **No se admiten** ....
5. **Se ruega** ....
6. **Es obligatorio** ....
7. **Está prohibido** ....
8. **Está prohibida** ....
9. **No está permitido** ....
10. **No está permitida** ....

Está prohibido pisar la alfombra del comedor con zapatos.

5. EN EL COLEGIO + P. 169, EJ. 5-6, P. 170, EJ. 7-8

09

A. Rubén tiene 14 años y acaba de cambiar de colegio. Escucha la conversación y marca las cosas que están prohibidas, las que están permitidas y las que son obligatorias en su nuevo colegio.

	ESTÁ PROHIBIDO	ESTÁ PERMITIDO	ES OBLIGATORIO
Llegar tarde a clase			
Quedarse a comer en el colegio			
Mascar chicle en clase			
Tener el móvil conectado en clase			
Utilizar la calculadora en la clase de matemáticas			
Consultar el diccionario en la clase de inglés			
Tutear al profesor			
Llevar uniforme			

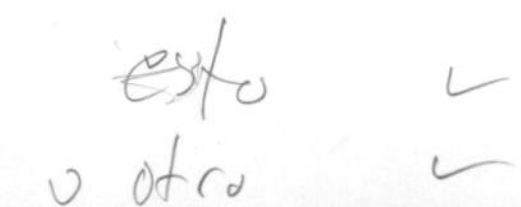

09

B. Completa estas frases que dice Rubén con las siguientes expresiones. Luego escucha de nuevo la conversación y comprueba.

nos obligan a	nos obligan a	nos dejan	nos dejan	nos deja

- No .... utilizar la calculadora...
- Edu .... usar el diccionario hasta en los exámenes...
- .... quedarnos a comer en la escuela.
- .... tener el móvil apagado.
- ¡Y tampoco .... comer chicle!

C. ¿Qué cosas están prohibidas, están permitidas y son obligatorias normalmente en las escuelas de tu país? Comentadlo en grupos.

> • *En casi todas las escuelas de mi país es obligatorio llevar uniforme.*

6. EN EL TRABAJO + P. 169, EJ. 4; P. 171, EJ. 11

A. Estas diez frases hacen referencia a cuestiones relacionadas con el mundo del trabajo. ¿Cuáles crees que son verdad en España? Coméntalo con tu compañero.

1. **Todos** los trabajadores tienen 15 días de vacaciones cuando se casan.
2. En **la mayoría de** las empresas, cuando alguien se casa o tiene un hijo, los compañeros suelen hacerle un regalo.
3. En **algunas** empresas se suele trabajar los sábados por la mañana.
4. En **casi todas** las empresas, los trabajadores reciben el sueldo semanalmente.
5. **Casi todos** los trabajadores tienen dos pagas extras al año: una en junio y la otra en diciembre.
6. **Todos** los trabajadores tienen, como mínimo, un mes de vacaciones al año.
7. **Muchas** empresas pagan un seguro médico privado a sus trabajadores.
8. **Casi ninguna** empresa cierra en agosto por vacaciones.
9. A media mañana, en **todas** las empresas, los empleados tienen un descanso para desayunar.
10. **Casi todas** las empresas tienen una cantina donde comen los trabajadores a mediodía.

B. Intenta ordenar estas expresiones de más (8) a menos (1).

- ○ La mayoría de las empresas
- ○ Casi ninguna empresa
- ○ Muchas empresas
- ○ Pocas empresas
- ○ Casi todas las empresas
- ○ Ninguna empresa
- ○ Todas las empresas
- ○ Algunas empresas

C. Subraya en las frases del apartado A las formas del verbo **soler**. ¿Entiendes qué significa? ¿Qué tipo de palabra aparece detrás de ese verbo?

D. Ahora escribe cinco frases sobre el mundo del trabajo en tu país. Utiliza las expresiones del apartado A.

7. LO NORMAL ES... P. 170, EJ. 9-10

A. Lee los textos. ¿Conoces otros países donde esas cosas son habituales?

¿QUÉ Y CÓMO COME LA GENTE?

Seis personas nos hablan de costumbres gastronómicas de los países donde viven.

"Se come con palillos y a todas horas del día. La gente come mucho de pie, en la calle, en sitios de comida rápida. A veces no tardan más de 10 o 15 minutos en comer."
Gerardo, Shanghái

"Aquí la gente sale mucho a cenar fuera. Y es habitual no terminar lo que hay en el plato porque siempre ponen muchísima comida. Ah, y es muy normal empezar a bailar a media comida, cuando ponen música. Eso me encanta."
Nerea, Beirut

"Los fines de semana mucha gente sale a tomar un brunch. Y cuando hace sol, las terrazas están llenas. Hay una especie de puré que se llama "stoemp" y que es muy típico. Normalmente te lo sirven con bacon."
Ana, Bruselas

"Aquí la gente se reúne mucho con amigos o familiares los fines de semana para hacer un asado. Los argentinos te invitan muy fácilmente a un asado, incluso cuando casi no te conocen. Vas allí, tomas algo mientras se hace la carne, charlas con la gente, luego comes y sigues hablando..."
Pol, Buenos Aires

"Aquí es normal comer pasta una o dos veces al día. La pasta es riquísima, especialmente cuando la hacen en casa. También se toma mucho café, incluso por la noche, antes de acostarse. Y no es nada raro tomar helado en invierno; el helado en Italia está buenísimo."
Elías, Roma

"Cuando vas a un restaurante, tienes que dejar propina, por lo menos un 20%; si no lo haces, hasta te miran mal. En los sitios de comida rápida no funciona así, ahí se paga justo lo que cuesta la comida. También es curiosa la cantidad de envases de plástico que usan, y además muy grandes."
Omar, Boston

- *En Inglaterra también se toma el brunch los fines de semana por la mañana.*

B. En estas frases de los textos hay recursos que sirven para expresar impersonalidad. Tradúcelas a tu lengua. ¿Cómo expresas lo mismo?

- **Se come** con palillos.
- Aquí **es normal comer** pasta una o dos veces al día.
- Aquí **la gente sale** mucho a cenar fuera.
- **Es habitual no terminar** lo que hay en el plato porque siempre **ponen** muchísima comida.
- **Vas** allí, **tomas** algo mientras se hace la carne, **charlas** con la gente, luego **comes** y **sigues** hablando...

EXPRESAR PROHIBICIÓN

Generalmente se usan las siguientes construcciones.

SE + 3ª PERSONA (SINGULAR O PLURAL)
Se prohíbe/n + infinitivo / sustantivo
No se permite/n + infinitivo / sustantivo
No se admite/n + sustantivo
No se puede + infinitivo

ESTÁ/N + PROHIBIDO / PERMITIDO
(Está/n) Prohibido/-a/-os/-as + infinitivo / sustantivo
No está/n permitido/-a/-os/-as + infinitivo / sustantivo

*En este restaurante **está prohibido** cantar.*
***No se permite** hacer fotos durante la actuación.*
***No está permitido** usar el teléfono móvil en clase.*
*En este edificio **no se puede** entrar sin identificación.*

En la lengua oral, para expresar prohibición solemos preferir las construcciones con infinitivo. Es habitual la forma **no dejan** + infinitivo.

*En mi cole **no dejan** llevar gorra.*

EXPRESAR OBLIGATORIEDAD

Es obligatorio + infinitivo
Es / Son obligatorio/-a/-os/-as + sustantivo

*En mi trabajo **es obligatorio** usar guantes.*
***Es obligatoria** la aceptación de las condiciones.*

HABLAR DE HÁBITOS

(No) Es normal / habitual / frecuente / raro + infinitivo
Lo normal / habitual es + infinitivo

*En España **lo normal es** pagar a escote.*
*En mi país **no es muy habitual** tomar café después de las comidas.*

Para hablar de hábitos usamos también **soler** + infinitivo.

	SOLER	
(yo)	**su**elo	**+ infinitivo**
(tú)	**su**eles	
(él/ella/usted)	**su**ele	
(nosotros/nosotras)	solemos	
(vosotros/vosotras)	soléis	
(ellos/ellas/ustedes)	**su**elen	

*En España la gente **suele** acostarse tarde.*

Para opinar, valorar o aconsejar, podemos usar esta estructura.

Es bueno / malo / aconsejable / interesante / fácil + infinitivo

*En mi país **es aconsejable** dejar un 10% de propina.*

CUANTIFICADORES

Todo el mundo	**Algún(o)/-a/-os/-as** (+ sust.)
(Casi) todo/-a/-os/-as (+ sust.)	**Poco/-a/-os/-as** (+ sust.)
La mayoría (**de** + sust.)	(Casi) **nadie**
Mucho/-a/-os/-as (+ sust.)	**Ningún(o)/-a** (+ sust.)
La mitad (**de** + sust.)	

*En mi clase **todo el mundo** estudia mucho.*
***Todas** las empresas cierran los domingos.*
*En España **la mayoría de** la gente vive en las ciudades.*
***Muchos** jóvenes españoles viven con sus padres.*
***La mitad de** los alumnos de esta escuela son griegos.*
***Algunas** tiendas cierran a las 22 h.*
***Poca** gente viaja al extranjero.*
*En mi casa, **casi nadie** se acuesta antes de las 23 h.*
***Ningún** trabajador ha recibido la paga extra en verano.*

EXPRESAR IMPERSONALIDAD

Existen varios recursos para no especificar quién realiza la acción. Uno de ellos es la estructura **se** + verbo en 3ª persona (singular / plural).
*En España **se cena** bastante tarde.*

Cuando el verbo es reflexivo, no se puede usar la estructura anterior. En estos casos, aparece un sujeto colectivo o difuso.
*En mi país **la gente se acuesta** muy temprano.*

También se puede usar la 3ª persona del plural.
*En Italia **comen** pasta casi todos los días.*

También podemos usar la 2ª persona del singular, sobre todo en la lengua oral.
*En mi país, **si sacas** buenas notas, **te dan** una beca.*

8. ¿BUENOS ESTUDIANTES?

A. Tenéis que averiguar cuántos estudiantes hacen estas cosas. Cada estudiante hace una pregunta y los demás levantan la mano.

	¿CUÁNTOS?
Hacer siempre los deberes	
Hablar siempre español en clase	
Leer periódicos o libros y ver películas en español	
Practicar el español fuera de clase	
Escuchar música española en casa	
Consultar habitualmente gramáticas y diccionarios	
Navegar por webs que están en español	
Otra:	

B. Ahora, en parejas tenéis que redactar las conclusiones.

Casi toda la clase escucha música española en casa...

PARA COMUNICAR

(Casi) toda la clase
La mayoría
Algunos
(Casi) nadie

9. UN EXTRATERRESTRE DE VISITA EN LA TIERRA

A. 4D-2 es una extraterrestre que está visitando la Tierra. Lee estos fragmentos de un informe que ha escrito sobre algunas fiestas. ¿Sabes a qué fiesta se refiere en cada caso?

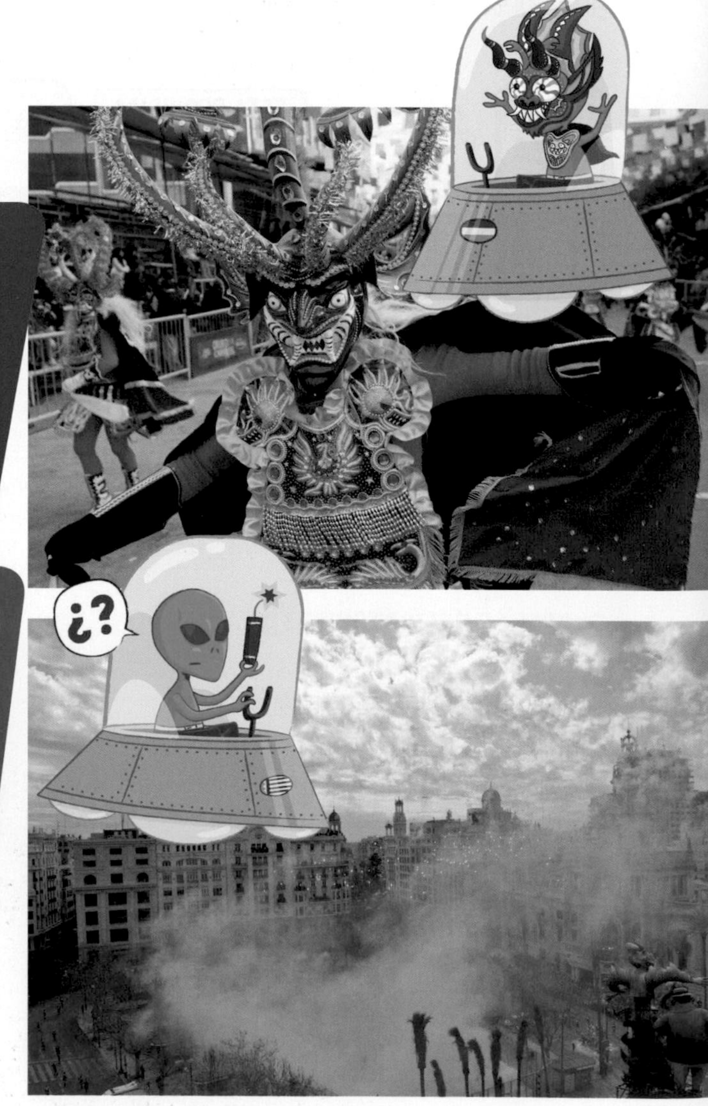

PLANETA TIERRA - ZONA 3F - DÍA 2

En febrero, durante más de una semana, en una ciudad que se llama Oruro, la gente desfila por la calle y todo el mundo ríe y baila. La gente se viste con ropas muy raras (que se llaman disfraces) y se pone máscaras. Hay un gran baile en el que participan más de 400 personas que van vestidas de muchos colores y ¡tienen cuernos!

PLANETA TIERRA - ZONA 8H - DÍA 28

En una ciudad que se llama Valencia tienen una fiesta muy rara. Hacen explotar unas cosas que llaman "tracas" y que hacen tanto ruido que pueden dejar sordo a cualquiera. En casi todas las calles tienen unas esculturas de cartón muy grandes y muy bonitas. Las exponen durante unos días y, una noche, las queman todas a la vez.

B. 4D-2 también ha visitado tu país y tiene que escribir un informe como el anterior sobre algunas fiestas o tradiciones. ¿Puedes escribir ese informe?

10. LAS NORMAS DE LA CLASE

A. En parejas, tenéis que elaborar las diez normas de la clase. Tened en cuenta los siguientes aspectos.

- *Están prohibidos los exámenes sorpresa.*

Los derechos y los deberes del profesor y de los alumnos | Los deberes | La ropa | Los descansos | El comportamiento (durante la clase) | La comida | La puntualidad | La asistencia

B. Ahora tenéis que poneros todos de acuerdo y elaborar una única lista, que podéis colgar en una pared de la clase.

11. COSTUMBRES

A. Lee estas cosas que son habituales en España. ¿Es igual en vuestro país? ¿Os sorprende alguna información? Comentadlo en grupos.

- La gente suele preparar las vacaciones con poca antelación.
- Se celebran las fiestas importantes con la familia.
- Se suele comer con la familia los domingos.
- Normalmente, se enseña toda la casa a los invitados que nos visitan por primera vez.
- Se suele tomar café después de comer.
- Mucha gente invita a tomar algo a los amigos el día de su santo y de su cumpleaños.
- Muchos españoles desayunan poco en casa y vuelven a desayunar a media mañana.
- Se suele cenar después de las 21 h.
- Se come pan en las comidas.
- Muchas tiendas cierran en agosto.
- La mayoría de la gente tiene vacaciones en agosto.
- Mucha gente va de compras por la tarde, después del trabajo, de 19 h a 21 h.

- *Aquí lo normal es preparar los viajes con mucha antelación, ¿no?*
- *Bueno, sí...*

B. Entre todos vais a escribir un artículo dando consejos a los españoles que viajan a vuestro país. En parejas o grupos, elegid uno de estos ámbitos y haced una lista de cosas habituales que pueden sorprender a los visitantes.

Comidas
Fiestas
Trabajo
Pareja y amigos
Horarios
Vacaciones
Invitaciones y visitas

C. Ahora, cada grupo redacta su parte del artículo. Podéis acompañarlo con fotografías.

PARA COMUNICAR

Es (muy / bastante) normal / habitual / frecuente / raro...
No es (muy) normal / habitual / frecuente / raro...
La mayoría de la gente / Casi todo el mundo / Casi nadie...
Es obligatorio / Está prohibido / No está permitido...

D. Poned en común vuestros textos. ¿Qué grupo ha dado los mejores consejos?

12. DÍA DE LOS MUERTOS P. 172, EJ. 13

A. ¿Sabes algo de la celebración del Día de muertos en México? Mira las fotografías y coméntalo con tus compañeros.

B. Ahora lee este texto y toma nota de cinco cosas que no sabías sobre esta fiesta. Luego, en grupos de tres, ampliad vuestra lista con lo que han escrito vuestros compañeros.

LA MUERTE NO ES EL FIN

El Día de Muertos es una celebración de enorme importancia en México. Tiene lugar cada año del 31 de octubre al 2 de noviembre y es probablemente la tradición mexicana más conocida en el mundo. ¿Cómo es?

La muerte en la cultura mexicana

En otras culturas la muerte es algo siempre triste, un tema tabú del que no se habla. En México se vive de manera muy distinta, la muerte se ve como algo cotidiano que se ve con humor o incluso con alegría. Para la cultura mexicana, la muerte no es un final, sino una transición de una dimensión a otra, en la que los muertos viven.

Grafiti en una calle

Origen

Como muchas otras fiestas y celebraciones de América Latina, el Día de Muertos tiene su origen en las culturas indígenas. Según la tradición, los muertos vuelven al mundo una vez al año para visitar a sus seres queridos. Por esa razón, esos días se viven de una manera tan festiva. Por su antigüedad e importancia cultural, la fiesta ha sido declarada Patrimonio Cultural de la Humanidad por la UNESCO.

Los altares y las ofrendas

Una parte muy importante de la fiesta son las ofrendas: en las casas se instalan altares en honor a los familiares muertos. Los altares son espectaculares, decorados con velas, flores y fotos. Las familias se sientan durante ese día ante los altares para recordar a sus seres queridos. También se colocan en los altares las comidas y bebidas preferidas de los muertos para darles la bienvenida.

Unos esqueletos

Los esqueletos y calaveras

No puede faltar en esta celebración los símbolos de la muerte: esqueletos y calaveras. Están en todo, incluso en los dulces tradicionales que se comen en estos días. En las pastelerías venden calaveras de azúcar o chocolate y el famoso "pan de muerto", un pan azucarado que es el dulce más popular del país.

Cementerios

Las calles también están decoradas con flores y con los símbolos tradicionales de la fiesta: los esqueletos y calaveras. La última noche de la fiesta se celebra en los cementerios. Las tumbas se llenan de flores y velas y la gente se reúne para comer y beber con los familiares muertos. A veces incluso se canta y se baila, lo que sirve para despedirse de los seres queridos de una manera alegre hasta el próximo año.

Fiesta en el cementerio

C. ¿Hay fiestas o tradiciones de tu país que son conocidas en el extranjero? ¿Cuál crees que es el motivo?

D. Escribe un texto explicando en qué consiste una fiesta o tradición de tu país. Acompáñalo de fotografías.

VÍDEO

aulainternacional.difusion.com

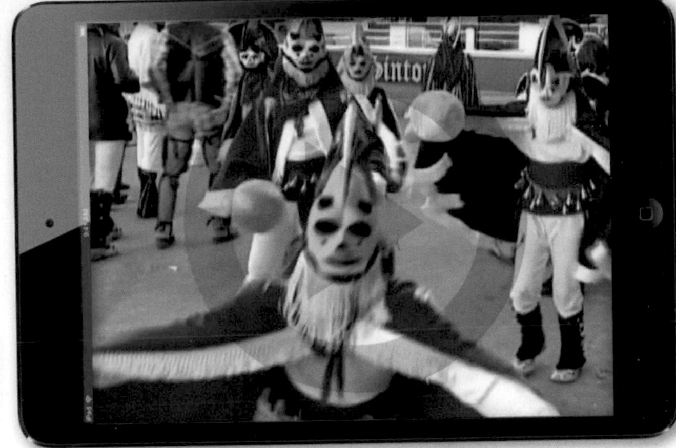

EN CONSTRUCCIÓN

¿Qué te llevas de esta unidad?

Lo más importante para mí:

....

....

Palabras y expresiones:

....

....

Algo interesante sobre la cultura hispana:

....

....

Quiero saber más sobre...

....

....

Cómo voy a recordar y practicar lo que he aprendido:

....

....

4 VA Y LE DICE...

EMPEZAR

1. CONTAR COSAS ES HUMANO

P. 178, EJ. 16

A. Una revista ha publicado un reportaje sobre el placer de narrar. ¿Qué crees que cuentan las personas que ves en las fotografías?

- un chiste
- un cotilleo
- el argumento de una película
- un episodio de una serie

B. Escucha fragmentos de las conversaciones y comprueba.

10-13

2:15 AM
EL PLACER
DE NARRAR...
Y DE
ESCUCHAR

El filósofo José Antonio Marina publicó un artículo en *La Vanguardia* titulado "El arte de narrar", en el que decía que los seres humanos sentimos la necesidad de contar y escuchar historias, porque nuestro cerebro es esencialmente social.

EN ESTA UNIDAD VAMOS A

ESCRIBIR LA SINOPSIS DE UNA PELÍCULA

RECURSOS COMUNICATIVOS

- relatar en presente
- resumir el argumento de un libro o una película
- contar anécdotas
- entender chistes

RECURSOS GRAMATICALES

- algunos conectores para relatar: **(y) entonces**, **en aquel momento**, **al final**, **de repente**, **de pronto**, etc.
- **porque**, **como**, **aunque**, **sin embargo**
- la forma y los usos de los pronombres de OD y OI

RECURSOS LÉXICOS

- géneros (cine, televisión, literatura...)
- léxico del cine y la televisión

Afirmaba también que dedicamos gran parte de nuestras conversaciones a cotillear, ya que nos encanta saber cosas sobre la vida de los demás.

Piense por un momento en las conversaciones que mantuvo ayer. ¿Habló con un amigo de lo que le ha ocurrido hace poco a otro amigo? ¿Le contó a alguien una película que ha visto recientemente? ¿Le leyó un cuento a su hijo? ¿Algún compañero de trabajo le contó un chiste? O, si no, salga a la calle y mire a su alrededor: en una plaza, en un bar, en el metro... siempre verá a gente hablando y contándose cosas.

2. CLÁSICOS + P. 174, EJ. 1

A. Un periódico ha hecho una encuesta entre sus lectores para saber cuál es su película preferida basada en una obra de la literatura universal. Estos son los resultados. ¿Has visto alguna de estas películas? ¿Has leído los libros?

- *Yo, de adolescente, leí casi todos los libros de Harry Potter.*
- *Pues yo he visto casi todas las películas. Son muy divertidas.*

www.españa_hoy/clasicos

El ranking de nuestros lectores

14.256 VOTOS Basada en *El señor de los anillos* de J. R. R. Tolkien

12.315 VOTOS Basada en *Frankenstein* de Mary Shelley

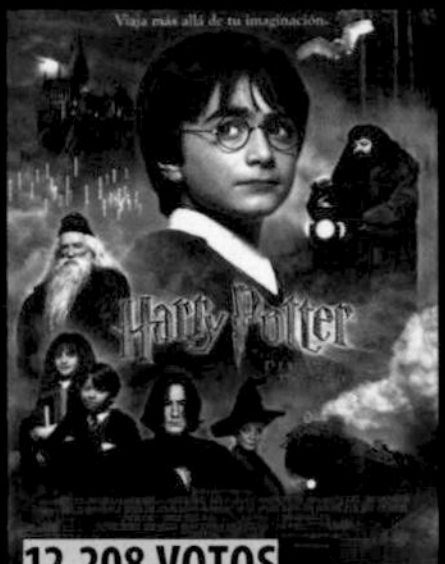

12.208 VOTOS Basada en *Harry Potter* de J. K. Rowling

10.986 VOTOS Basada en *La sirenita* de Hans Christian Andersen

10.123 VOTOS Basada en *La Ilíada* de Homero

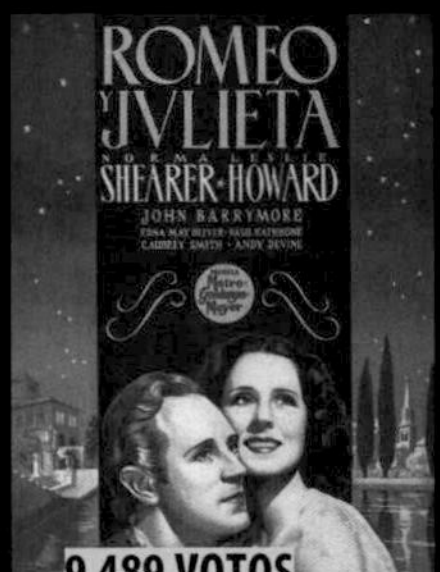

9.489 VOTOS Basada en *Romeo y Julieta* de William Shakespeare

9.325 VOTOS Basada en *2001, una odisea espacial* de Arthur C. Clarke

8.164 VOTOS Basada en *El nombre de la rosa* de Umberto Eco

7.002 VOTOS Basada en *El caso Bourne* de Robert Ludlum

6.975 VOTOS Basada en *L.A. Confidential* de James Ellroy

B. ¿Sabes de qué género son las películas anteriores?

una película **de** amor / **de** aventuras / **de** ciencia ficción / **de** dibujos animados / **de** acción / **de** terror / **del** oeste
policíaca / histórica / romántica
una comedia
un drama

- La sirenita *es una película de dibujos animados, ¿no?*

14

C. Vas a escuchar a dos personas hablando de dos de estas películas. Toma notas: ¿de qué películas hablan? ¿Cuál es el argumento de la película?

D. ¿Cuáles son tus películas favoritas? ¿De qué género son? Resume el argumento a tus compañeros.

- *Una de mis películas favoritas es* X-Men 2. *Es una película de ciencia ficción y de acción muy buena. Va de...*

3. ¿QUÉ PONEN HOY? P. 174, EJ. 3

A. Esta semana en las televisiones españolas puedes ver algunos de estos programas. ¿Qué tipo de programas son? Coméntalo con tus compañeros.

ESTA SEMANA RECOMENDAMOS...

SALVADOS

Domingo, a las 21:30 h | laSexta

Nueva temporada de Salvados. En este primer programa, Jordi Évole entrevista al periodista y escritor Arturo Pérez-Reverte, que hablará de la actitud de los españoles ante la crisis y del "miedo de los españoles al cambio".

PASAPALABRA

De lunes a viernes, a las 20 h | Telecinco

Programa presentado por Christian Gálvez. Esta semana en Pasapalabra hay nuevos invitados: María Esteve y Leticia Dolera. ¿Conseguirán los concursantes adivinar todas las palabras de la última prueba y llevarse el bote?

ISABEL

Lunes, a las 22:30 h | tve1

Serie histórica situada en la época de los Reyes Católicos, Fernando e Isabel. En el capítulo de esta semana, la reina Isabel descubre que su marido le ha sido infiel con una de sus damas, Beatriz de Osorio. Además, los reyes deciden implantar la Inquisición.

FÚTBOL: EL CLÁSICO

Sábado, a las 21:00 h | tve1

Partido de liga entre el Fútbol Club Barcelona y el Real Madrid en el Santiago Bernabéu. Es la primera vez que se enfrentan en esta liga.

LOS SIMPSON

De lunes a viernes, a las 14 h | Antena 3

Las peripecias de una familia americana de clase media: Homer y Marge y sus tres hijos, Bart, Lisa y Maggie.

INFORME SEMANAL

Sábado, a las 23:30 h | tve1

Informe Semanal ha estado en Lampedusa y ha hablado con algunos de los supervivientes y de los testigos de la tragedia vivida por los emigrantes ilegales. ¿Qué puede hacer la UE para evitar una nueva tragedia?

CORAZÓN

De lunes a viernes, a las 14:30 h | tve1

Programa presentado por Elena S. Sánchez y Carolina Casado, con información sobre la vida de los famosos, noticias sobre eventos sociales y reportajes sobre el mundo de la moda.

EL DOCUMENTAL DE LA 2: MARÍA Y YO

Viernes, a las 22h | La 2

Esta semana, documental sobre el autismo: la historia de Miguel Gallardo, autor del cómic *María y yo*, y su hija autista.

B. ¿Qué programa te gustaría ver? ¿Por qué? Si necesitas más información, puedes buscarla en internet.

C. ¿Qué tipo de programas te gustan más? ¿Qué programas tienen éxito en vuestro país? Comentadlo en parejas.

- *Aquí todo el mundo ve* Striscia la notizia.
- *Sí, pero a mí no me gusta, me parece muy sexista. Yo solo veo películas y a veces algún reportaje interesante.*

PARA COMUNICAR

un programa **de** actualidad / **de** entrevistas / **de** humor

un programa musical
un concurso
un magacín
un documental
un informativo

una película
una serie
una retransmisión deportiva
dibujos animados

4. UNA NOVELA

P. 174, EJ. 4; P. 176, EJ. 8

A. *El tiempo entre costuras* es una novela de mucho éxito en España. Lee su argumento y ordena estos hechos.

- Se queda sola en Tánger y debe dinero.
- Su padre le da dinero.
- Monta su propio negocio en Tetuán.
- Se convierte en espía para los ingleses.
- Se marcha de España con Ramiro.

http://blogdelibrosmasvendidos.blogspot.com.es/

María Dueñas
El tiempo entre costuras
Una traición y dos guerras devastaron su pasado, una identidad encubierta la precipitó al futuro

El tiempo entre costuras
Amor y misterio en época de guerras

Sira es costurera y vive con su madre en Madrid, en los años previos a la guerra civil. Su vida cambia cuando se enamora de Ramiro, un vendedor de máquinas de escribir: rompe su compromiso con su novio y se va a vivir con él. Un día, su madre le dice que su padre quiere conocer**la**. Sira descubre entonces que su padre es un ingeniero de buena familia que **las** abandonó cuando su madre se quedó embarazada. Cuando **lo** conoce, su padre le pide disculpas por lo que hizo y le da un sobre con dinero y unas joyas, diciéndole que esa es su herencia. Ese mismo día, Sira se **lo** entrega todo a Ramiro, en quien confía ciegamente.

Poco antes del inicio de la guerra civil, Ramiro y Sira se van a vivir a Tánger. Durante un tiempo, viven allí felizmente, pero, un día, Ramiro **la** abandona, dejándole solo una carta en la que le pide perdón. Sira se da cuenta de que las joyas de la familia de su padre han desaparecido: Ramiro se **las** ha robado.

Sola y desesperada, se traslada a Tetuán. Allí monta un taller de alta costura para poder pagar las deudas que le ha dejado Ramiro. Es así como entra en contacto con personas de la diplomacia europea, como Rosalinda Fox –la amante de un general español–, o Marcus Logan, un misterioso periodista inglés. Sira **los** ve con frecuencia y empieza poco a poco a moverse en un mundo de conspiraciones y espionaje. Un día, su amiga Rosalinda le propone abrir un taller de costura en Madrid con el objetivo de espiar a las mujeres de los nazis que viven en la capital. Sira **lo** hace y, durante meses, trabaja para los ingleses y les facilita toda la información que consigue. Pero su misión se complica en un viaje que tiene que hacer a Portugal...

B. Fíjate en el tiempo verbal que se usa en el texto. Es el mismo que se usa en la mayoría de resúmenes de películas, programas de televisión y series. ¿Es igual en tu lengua?

C. Escribe en estos cuadros a qué se refieren los pronombres de OD (marcados en negrita en el texto) y los pronombres de OI (que están subrayados en el texto).

PRONOMBRES DE OD

UNA COSA O PERSONA (MASCULINA SINGULAR): LO	Cuando **lo** conoce → ....
UNA COSA O PERSONA (FEMENINA SINGULAR): LA	Ramiro **la** abandona → ....
UNA FRASE O UNA PARTE DEL DISCURSO: LO	Sira **lo** hace → ....
UNA COSA O PERSONA (MASCULINA PLURAL): LOS	Sira **los** ve con frecuencia → ....
UNA COSA O PERSONA (FEMENINA PLURAL): LAS	**las** abandonó → ....

PRONOMBRES DE OI

UNA COSA O PERSONA (SINGULAR): LE	su padre le pide disculpas → ....
UNA COSA O PERSONA (PLURAL): LES	les facilita toda la información que consigue → ....

D. Ahora fíjate en la frase "Ramiro se las ha robado". ¿A quién se refiere **se**?

5. SINOPSIS P. 174, EJ. 2

A. Lee las sinopsis de estas películas. ¿Te gustaría ver alguna? ¿Por qué?

LAS MEJORES PELÍCULAS DEL CINE ARGENTINO

LAS CLÁSICAS

***La historia oficial* (1985), Luis Puenzo**
Durante la dictadura militar argentina, Alicia, una profesora de historia, y su marido, un empresario, adoptan a una niña llamada Gaby. **Aunque** Alicia no sospecha que Gaby es hija de desaparecidos, varios acontecimientos la llevarán a descubrirlo y a cuestionar "la historia oficial".

***Esperando la carroza* (1985), Alejandro Doria**
Mamá Cora vive con su hijo Jorge y su nuera Susana. **Como** tienen problemas económicos y la relación entre las dos mujeres no es muy buena, Susana no quiere que viva con ellos. Un día, en una reunión familiar, se discute sobre el futuro de Mamá Cora. **Pero** todo cambia cuando se enteran de que otra mujer mayor se ha suicidado.

LAS MÁS RECIENTES

***Elsa & Fred* (2005), Marcos Carnevale**
Alfredo es un hombre serio y responsable, que queda viudo y se muda a un apartamento más pequeño. Allí conoce a Elsa, su vecina, una mujer anciana, **pero** llena de vitalidad y con una imaginación desbordante. Elsa le demostrará que el tiempo que le queda es precioso y debe disfrutarlo.

***El secreto de sus ojos* (2009), J. J. Campanella**
Benjamín Espósito, un agente judicial jubilado, empieza a recordar un caso de asesinato que investigó años atrás **porque** quiere escribir una novela. Revivir esa historia le trae recuerdos muy duros. **Sin embargo**, gracias a eso Espósito logra estar por fin con Irene, una mujer a la que ha querido durante años.

B. Fíjate en los conectores marcados en negrita. ¿Cuáles crees que sirven para expresar la causa de un acontecimiento? ¿Cuáles expresan un contraste entre ideas?

C. Estas son las sinopsis de dos películas españolas. Subraya los conectores adecuados.

En la ciudad sin límites
(2002), Antonio Hernández

Víctor llega a París, donde toda la familia se ha reunido **porque / sin embargo / como** el padre se está muriendo. Víctor sorprende un día a su padre tirando su medicación e intentando escapar de la clínica. **Aunque / Sin embargo / Pero** el padre intenta esconder lo que está sintiendo, Víctor decide investigar por su cuenta y descubre un secreto oculto durante años.

El laberinto del Fauno
(2006), Guillermo del Toro

En el año 1944, Ofelia, una niña de 13 años, se traslada a un pueblo a vivir con el nuevo marido de su madre, un capitán del ejército franquista. **Aunque / Como / Porque** se siente muy sola, se refugia en su imaginación. Una noche, descubre las ruinas de un laberinto y se encuentra con un fauno, que le dice que ella es una princesa que debe volver a su reino mágico. **Sin embargo / Como / Aunque**, la misión no será fácil. Una historia emocionante, en la que se mezclan fantasía y realidad.

6. ¿DE QUÉ VA?

15

A. Vas a escuchar a una persona hablando de una serie de la televisión colombiana. Elige las opciones correctas.

- **Va de** una familia que se muda de casa / un grupo de amigos en la escuela / una chica que se enamora de su jefe.
- La serie **cuenta** la historia de una chica que no es muy guapa / una familia que tiene problemas económicos / unos policías de Bogotá.
- **Es una** comedia / drama / intriga política.
- **Salen** personajes muy populares interpretándose a sí mismos / actores españoles / actrices de teatro.
- **Los actores son** muy malos / muy famosos / muy buenos.
- La serie **está** muy bien / muy mal.
- **Está ambientada en** la redacción de una revista / una escuela / México.
- **Vale la pena**, sobre todo la última temporada / las primeras temporadas / los primeros capítulos.

B. Fíjate en las expresiones marcadas en negrita en el apartado anterior. ¿Cómo las traducirías a tu lengua?

7. CHISTES P. 177, EJ. 12-13

A. Lee este chiste. ¿Lo entiendes? ¿Te hace gracia?

Resulta que están jugando al fútbol el equipo de los elefantes contra el equipo de los gusanos. Cuando faltan diez minutos para acabar el partido, los elefantes van ganando 50-0. **De repente**, anuncian un cambio en el equipo de los gusanos y sale el ciempiés. El ciempiés mete un gol tras otro y el partido acaba 50-100.
Al final, un elefante se acerca a un gusano y le dice:
- ¡Qué gran jugador! ¿Por qué no lo habéis sacado antes?
- **Es que** estaba terminando de atarse los zapatos...

B. Fíjate ahora en las palabras que están en negrita. Son conectores y sirven para enlazar ideas, acontecimientos, etc. ¿Podrías colocar los conectores adecuados en estas frases?

1. Hoy no podré a ir a clase, ... tengo que ir al médico.
2. Estaba en el sofá y .... llamaron a la puerta.
3. Intenté hablar con el director muchas veces, y no pude, pero .... conseguí reunirme con él.
4. • ¡A que no sabes qué me ha pasado!
   ○ No.
   • Pues .... he ido a casa de Ana y cuando he llegado...

RELATAR EN PRESENTE

Cuando resumimos obras de ficción o contamos chistes, o a veces cuando relatamos anécdotas, usamos el presente.
***Es** una película muy buena. **Va** de una chica muy tímida que **trabaja** en un café y un día **conoce** a....*
***Están** tres hormigas bailando debajo de una palmera y, de repente, **cae** un coco...*
*¿Sabes qué me pasó ayer? Pues nada, que **salgo** de clase y **me encuentro** con Clara.*

CONECTORES P. 176, EJ. 9; P. 177, EJ. 11

Para organizar un relato utilizamos conectores.

Conectores que secuencian la acción:

de repente **de pronto**	**(y) entonces** **en aquel momento**	**al final**

*La chica está en una tienda y **de repente** entran unos atracadores. **En aquel momento** pasa por allí un coche de policía y los polis se paran. **Entonces**...*

Conectores que explican la causa de los acontecimientos:

como	**porque**	**es que***

*Sira se va a Tánger con Ramiro **porque** está enamorada de él.*
***Como** está enamorada de Ramiro, se va a Tánger con él.*

***Es que** se usa en la lengua oral para introducir una justificación.

- *¿No has visto el capítulo de hoy?*
- *No, **es que** estaba terminando de preparar la cena.*

Conectores para expresar el contraste entre ideas:

pero	**sin embargo**	**aunque**

*El padre de la protagonista se opone a su relación con Tomás, **sin embargo** ellos siguen viéndose en secreto.*
***Aunque** el padre de la protagonista se opone a su relación con Tomás, ellos siguen viéndose en secreto.*

PRONOMBRES DE OD Y DE OI
P. 174, EJ. 5; P. 175, EJ. 6-7; P. 176, EJ. 10

Cuando un elemento ya ha sido mencionado o está claro por el contexto, para no repetirlo usamos los pronombres de OD y de OI.

OBJETO DIRECTO (OD)

El objeto directo es la persona o cosa que recibe de manera directa la acción expresada por el verbo.

- *¿Qué sabes **del último libro de Mendoza**?*
- *No **lo** he leído, pero dicen que está muy bien.*

- *Hoy Rosa me ha contado **unos chistes muy buenos**.*
- *Sí, a mí también me **los** ha contado.*

- *¿Y **Laura**?*
- *Ayer **la** vi, está muy bien.*

- *¿Y **las revistas**?*
- ***Las** he dejado en mi habitación.*

Los pronombres aparecen también cuando el OD es mencionado antes del verbo.
***Al protagonista** de la novela **lo** meten en la cárcel.*

*En la película **la historia la** cuenta una abuela.*

El pronombre de OD **lo** también puede sustituir toda una frase o una parte del discurso.

- ***¿Te ha tocado la lotería?***
- *Sí, pero nadie **lo** sabe.*

La forma **lo** también puede sustituir al atributo de verbos como **ser**, **estar** o **parecer**.
*Ana ahora es **muy simpática**, pero antes no **lo** era.*

OBJETO INDIRECTO (OI)

El objeto indirecto es la persona (y con menos frecuencia, la cosa) destinataria final de la acción del verbo.

- *¿**Marcos** sabe que estás aquí?*
- *No, no **le** he dicho nada todavía.*

*He ido a casa de **mis padres** y **les** he llevado un regalo.*

En español casi siempre usamos los pronombres de OI incluso cuando no hemos mencionado antes el elemento al que se refieren.
*¿Qué **le** has comprado **a Marta** por su cumpleaños?*
*Todas las noches **les** cuento un cuento **a mis hijos**.*

Cuando los pronombres de OI **le** o **les** aparecen junto a los de OD, se convierten en **se**.

- *¿**Le** has contado **el chiste** a Ana?*
- *Sí, ya **se lo** conté ayer.*

- *¿**Les** has dicho **que nos vamos**?*
- *No. ¿**Se lo** puedes decir tú?*

LÉXICO: HABLAR DE GÉNEROS

P. 179, EJ. 17, 20

UNA PELÍCULA
una película de aventuras / **de** animación / histórica...
un musical / un documental / un drama / una comedia

UN PROGRAMA DE TELEVISIÓN
una programa de actualidad / **de** humor / musical...
un concurso / un magacín / un documental / un informativo

LITERATURA
una novela de ciencia ficción / **de** misterio / **de** terror / policíaca...
un cuento / un relato corto / una obra de teatro / un libro de poesía

8. ¿QUÉ HACES CUANDO...? P. 179, EJ. 18-19

¿Cómo actúas en estas situaciones? Coméntalo con tu compañero. ¿Él hace lo mismo?

- Cuando empiezo un libro y me parece horrible...
- Cuando veo una película y me gusta mucho...
- Cuando me dejan libros o discos...
- Cuando alguien me cuenta un secreto...
- Cuando me hace gracia un chiste...
- Cuando no me gusta el/la novio/-a de un/-a amigo/-a...
- Cuando me piden un libro o una película...
- Cuando no entiendo una palabra en español...
- Cuando tengo un problema grave...
- Cuando encuentro algo que no es mío...
- Cuando no sé cómo ir a un lugar en la ciudad en la que estoy...
- Cuando un amigo íntimo me pide dinero...

PARA COMUNICAR

a veces normalmente siempre no nunca	le/se les/se	lo la los las	recomiendo pregunto digo digo la verdad devuelvo acabo busco comento vuelvo a ver / leer dejo pido consejo	a mis amigos/-as a mis compañeros/-as a mis padres a mi profesor a alguien en la calle a nadie a todo el mundo

- *Yo, cuando empiezo un libro y me parece horrible, normalmente lo dejo, no lo acabo.*
- *Pues yo normalmente lo acabo.*

9. Y ENTONCES...

A. Aquí tenéis el principio de una historia. Entre todos vais a inventar la historia completa y os vais a grabar contándola. El profesor decide por turnos quién continúa. En cada intervención deberéis usar como mínimo uno de los siguientes conectores: **de repente**, **(y) entonces**, **como**, **porque**.

B. Escuchad la grabación. ¿Tiene sentido la historia? ¿Es divertida? ¿Cómo podéis mejorarla?

ES UN DÍA DE JULIO Y HACE MUCHO CALOR. MARIO SE DESPIERTA DESPUÉS DE LA SIESTA CON MUCHA SED. VA A LA COCINA A BEBER UN VASO DE AGUA Y...

10. ADIVINA, ADIVINANZA

A. Formad equipos. Cada equipo piensa en cinco títulos de películas, obras de teatro, cuentos o novelas. Tienen que ser muy conocidos. Vuestro profesor os ayudará a saber cuál es el título en español.

B. Ahora vais a preparar cinco tarjetas con el argumento de las obras que habéis pensado.

C. Leedles vuestras tarjetas a otro equipo. Si adivinan de qué obra se trata, ganan un punto, si no, no se suma ningún punto.

ADIVINA ADIVINANZA
CINE
Es una película musical ambientada en el París de 1900. Cuenta la historia de una bailarina de un famoso cabaret, que quiere convertirse en actriz y que se enamora de un joven escritor.

11. GUIONISTAS

PEL **A.** Imaginad que vais a hacer una película. En parejas, elegid uno de estos títulos u otro que os guste y preparad un resumen detallado de la historia, de diez líneas como mínimo.

Piensa en:
El / la protagonista y los personajes principales
El lugar o lugares donde ocurre la historia
El argumento

- *¿Te gusta alguno de estos títulos?*
- *No sé. ¿Qué te parece "Las españolas los prefieren rubios?"*
- *Sí, vale. ¿Y de qué puede ir?*
- *Es la historia de un chico rubio que...*

B. Para la producción de la película, tenéis que decidir los siguientes puntos.

- Qué actores y actrices necesitáis
- En qué localizaciones grabaréis las escenas
- Quién será el director o la directora
- Qué música usaréis como banda sonora

C. Ahora tenéis que presentar vuestra película al resto de compañeros.

PARA COMUNICAR

La película **se titula**...
Está ambientada en...
El / **la** protagonista **es**...
La historia **ocurre** / **pasa** en...
Va de / **Trata de**...

- *Os vamos a presentar una película de amor y aventuras que se titula "Las españolas los prefieren rubios".*
- *Va de un chico holandés, Hans, que decide ir a pasar dos meses en España para aprender español.*

12. HUMOR Y ESTEREOTIPOS

A. Lee los chistes de gallegos y de argentinos en los cuadros rojos. ¿Qué imagen crees que se da de cada uno de ellos? Puedes usar los siguientes adjetivos.

- tonto
- creído
- inculto
- egocéntrico

B. Lee los textos y resume en dos frases el origen de ambos estereotipos.

Estereotipos *latinos*

Todas las culturas tienden a explicar el comportamiento del "otro", el que no pertenece a su cultura, a través de estereotipos. Los estereotipos se transmiten y se fijan a través de los medios de comunicación, la educación, las leyendas... y los chistes.

Los "gallegos"

En Argentina, los chistes de "gallegos" son muy populares. Esos chistes no se refieren solo a los habitantes de Galicia, sino en general a todos los españoles. Eso es así porque dentro de la oleada migratoria española que llegó a América a fines del siglo XIX y principios del XX, la comunidad gallega fue la más numerosa, y en países como Argentina y Cuba se empezó a llamar "gallegos" a todos los españoles. Esos inmigrantes que se instalaron en grandes ciudades modernas como Buenos Aires eran personas de origen campesino, pobres y a menudo de bajo nivel educativo. Así se creó el estereotipo de "gallego" inculto y bruto, pero honrado y buena persona.

Manolito, el personaje del cómic Mafalda, del dibujante argentino Quino, es hijo de un inmigrante español y tiene las típicas características del "gallego". Este estereotipo también está presente en películas y obras de teatro.

C. ¿Hay chistes parecidos en tu cultura? ¿Se pueden aplicar a otras nacionalidades u orígenes los chistes que has leído? ¿A cuáles?

D. Busca en internet chistes de catalanes, vascos, madrileños y mexicanos. ¿Cómo los representan? Cuéntaselo a tus compañeros.

Los argentinos

En España y algunos países de América Latina, los argentinos tienen fama de engreídos. Eso puede ser debido a que durante la primera mitad del siglo xx Buenos Aires era una ciudad rica y cosmopolita y sus habitantes tenían un nivel cultural y económico muy elevado. En sus viajes al extranjero, parece que algunos de ellos mostraban aires de superioridad y se ganaron la antipatía de los otros hispanos.

Los mismos argentinos también han contribuido a crear esta imagen, como se ve en la letra de algunos tangos:
"No hay nadie en el mundo entero que baile mejor que yo.
No hay ninguno que me iguale para enamorar mujeres".
(fragmento de "El Porteño", 1903)

LOS CHISTES DE ARGENTINOS

Le pregunta un argentino a un gallego:
—Che, ¿sabés cuál es el país más cercano al cielo?
—Argentina, supongo... —responde el gallego irritado.
—No, che, no... ¡Es Uruguay, que está al lado de Argentina!

Un niño argentino le dice a su padre:
—Papá, papá, de mayor quiero ser como tú.
—¿Por qué? —pregunta el papá.
—Para tener un hijo como yo.

LOS CHISTES DE GALLEGOS

¿Cómo reconoces a un gallego en un salón de clases?
Porque es el único que cuando el maestro borra la pizarra, él borra su cuaderno.

Ayer fallecieron cuatro gallegos: dos en un asesinato y dos en la reconstrucción de los hechos.

VÍDEO

aulainternacional.difusion.com

EN CONSTRUCCIÓN

¿Qué te llevas de esta unidad?

Lo más importante para mí:

....

....

Palabras y expresiones:

....

....

Algo interesante sobre la cultura hispana:

....

....

Quiero saber más sobre...

....

....

Cómo voy a recordar y practicar lo que he aprendido:

....

....

5 BUSQUE Y COMPARE

EMPEZAR

1. CAMPAÑAS PUBLICITARIAS

P. 184, EJ. 12-13

A. Aquí tienes carteles de tres campañas institucionales. Marca el objetivo que crees que tiene cada campaña.

- Luchar contra la violencia machista.
- Concienciar sobre la importancia de preservar el medio ambiente.
- Promover la lectura.
- Prevenir riesgos para la salud durante el verano.
- Fomentar buenos hábitos de salud.
- Recaudar fondos para ayuda humanitaria.

B. ¿Cuál te gusta más? ¿Por qué?

- *A mí me gusta la campaña para fomentar buenos hábitos de salud, es muy simpática.*
- *Pues a mí me gusta esta de...*

Mejor
usa las
escaleras
Naciones Unidas
Programa Mundial de Alimentos
Prosperidad para todos
Ministerio de Salud y Protección Social
plan a
actividad física
1

CAMPAÑA DEL MINISTERIO DE SALUD Y PROTECCIÓN SOCIAL DE COLOMBIA

EN ESTA UNIDAD VAMOS A

DISEÑAR Y PRESENTAR UNA CAMPAÑA PUBLICITARIA

RECURSOS COMUNICATIVOS

- recomendar y aconsejar
- dar instrucciones
- describir un anuncio

RECURSOS GRAMATICALES

- la forma y algunos usos del imperativo afirmativo y negativo
- la colocación de los pronombres reflexivos y de OD / OI

RECURSOS LÉXICOS

- publicidad: valores, soportes, elementos de un anuncio
- tareas del hogar

2
DILE AL HAMBRE QUE SE METE CON ALGUIEN DE SU TAMAÑO
Cada noche en el mundo 300 millones de niños se van a la cama con hambre. En España más de 2 millones de niños viven bajo el umbral de la pobreza.
Únete a Ayuda en Acción para luchar contra la pobreza infantil, también en España.
Apadrina ahora.
Ayuda en Acción
dilealhambre.org
ayudaenaccion
LEER ES PADRISISÍSIMO.
LEE AL MENOS 20 MINUTOS
diviertetelyendo.com
Consejo de la Comunicación
Voz de las Empresas
3

CAMPAÑA DE LA ONG AYUDA EN ACCIÓN (ESPAÑA)

CAMPAÑA DEL CONSEJO DE LA COMUNICACIÓN DE MÉXICO

2. LA PUBLICIDAD HOY P. 185, EJ. 15

A. Lee esta entrevista a un experto en publicidad y subraya las afirmaciones con las que estás de acuerdo. Luego, coméntalo con tus compañeros.

ENTREVISTA

Joaquín Linares, un publicista con más de 30 años de experiencia, nos habla del presente y del futuro de la publicidad

Sr. Linares, ¿cómo es la publicidad hoy?
Actualmente, ya no sirve solo la presentación de la marca y del producto. Los consumidores quieren ver otros valores. Después del lujo, la ambición y la agresividad de las campañas de los años 80 y 90, se inició una tendencia más ética y respetuosa con el medio ambiente. Hoy en día vende lo ecológico, lo que es solidario, lo políticamente correcto... Además, internet ha cambiado el mundo de la publicidad, aunque, por supuesto, se siguen haciendo campañas en los soportes de siempre: televisión, radio, vallas publicitarias...

¿Qué efecto ha tenido internet en la publicidad?
Internet permite conocer mejor las necesidades de los consumidores. También obliga a las marcas a ser más responsables y cuidadosas con su imagen y a calcular los efectos de sus campañas. A través de las redes sociales como Facebook o Twitter, los consumidores pueden expresar mucho más fácilmente sus opiniones y eso es algo que las marcas tienen que tener en cuenta. La gente hoy en día hace mucho más caso de lo que opinan los otros consumidores que de los anuncios... Y las empresas lo saben.

"Internet ha cambiado el mundo de la publicidad."

¿Tiene futuro la publicidad?
¡Claro que tiene futuro! La publicidad es una herramienta imprescindible, no solo para los empresarios que venden productos, sino también para las instituciones que necesitan comunicarse con el público. Cada vez más, los gobiernos, los organismos públicos y las ONG lanzan campañas para concienciar a la gente de que existe un problema y proponer una solución. Esa es la idea básica. E internet ofrece más posibilidades que nunca: las empresas e instituciones ponen anuncios en los buscadores principales, como Google y YouTube, y apuestan por las redes sociales, no solo para informar sobre sus productos, sino también para conocer las opiniones de los consumidores.

¿La publicidad es arte?
El publicista combina muchos ingredientes: las imágenes, los textos, los elementos relacionados con la marca, como el logotipo, etc. y usa esa combinación para impactar al observador. A veces, eso es casi arte.

Uno de los recientes trabajos de Linares, realizado para la marca de ropa infantil Bobby, una campaña que ha tenido mucha difusión en las redes sociales.

- *Yo también creo que hoy en día las marcas tienen que ser más cuidadosas con su imagen.*

B. Vuelve a leer el texto y busca palabras o expresiones de las siguientes categorías. ¿Sabes otras?

Elementos de un anuncio	Personas relacionadas con la publicidad	Objetivos de la publicidad	Valores o connotaciones transmitidos por la publicidad
la marca	los consumidores	impactar	el lujo

3. UN ANUNCIO + P. 180, EJ. 1

A. Este anuncio pertenece a una campaña de una empresa telefónica. ¿Qué ves? ¿Qué te sugiere? Completa la ficha.

¿QUÉ VEMOS?

1. Logotipo: Unet
2. Qué ofrece: ....
3. Eslogan: ....
4. Soporte
   - ☐ prensa escrita ☐ televisión
   - ☐ radio ☐ internet
   - ☐ ....
5. ¿Cómo describe el producto?
   - ☐ de manera objetiva
   - ☐ muestra indirectamente sus ventajas
   - ☐ lo compara con otros
6. ¿Cómo es el texto?
   - ☐ técnico ☐ poético
   - ☐ humorístico ☐ ....
7. ¿Qué tipo de texto imita?
   - ☐ un cuento ☐ una conversación
   - ☐ una carta ☐ una postal

¿QUÉ NOS SUGIERE?

1. ¿Te gusta? ¿Por qué?
   ....
   ....
   ....
   ....
2. ¿El eslogan es fácil de recordar?
3. ¿A qué tipo de público se dirige?
   - ☐ hombres ☐ jóvenes
   - ☐ mujeres ☐ niños
   - ☐ ....
4. ¿A qué valores se asocia el producto?
   - ☐ belleza
   - ☐ éxito social
   - ☐ amor y amistad
   - ☐ libertad
   - ☐ solidaridad
   - ☐ ....

→ Venga cariño, un beso.
→ MUA MUA
→ BUENO, VA, CUELGA.
→ No, cuelga TÚ.
→ NO, PRIMERO TÚ.
→ Bueno, YA CUELGO.
→ UN ÚLTIMO BESO.
→ MUA
→ VA, CUELGA.
→ NO, TÚ.
→ LOS DOS.
→ Vale, los dos.
→ PERO CUELGA, ¿EH?

ÚNETE A LA COMUNICACIÓN

Ahora con Unet conseguirás tarifas más baratas incluso en llamadas de fijo a móvil (0,10 € minuto).

Unet

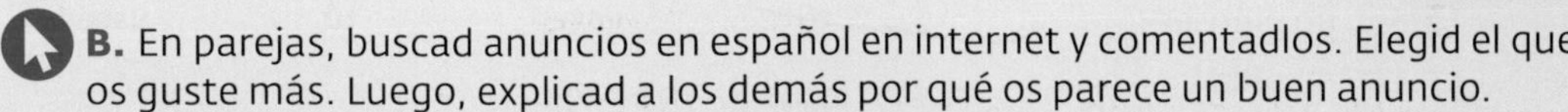

B. En parejas, buscad anuncios en español en internet y comentadlos. Elegid el que os guste más. Luego, explicad a los demás por qué os parece un buen anuncio.

- *A nosotros nos gusta mucho este anuncio de...*

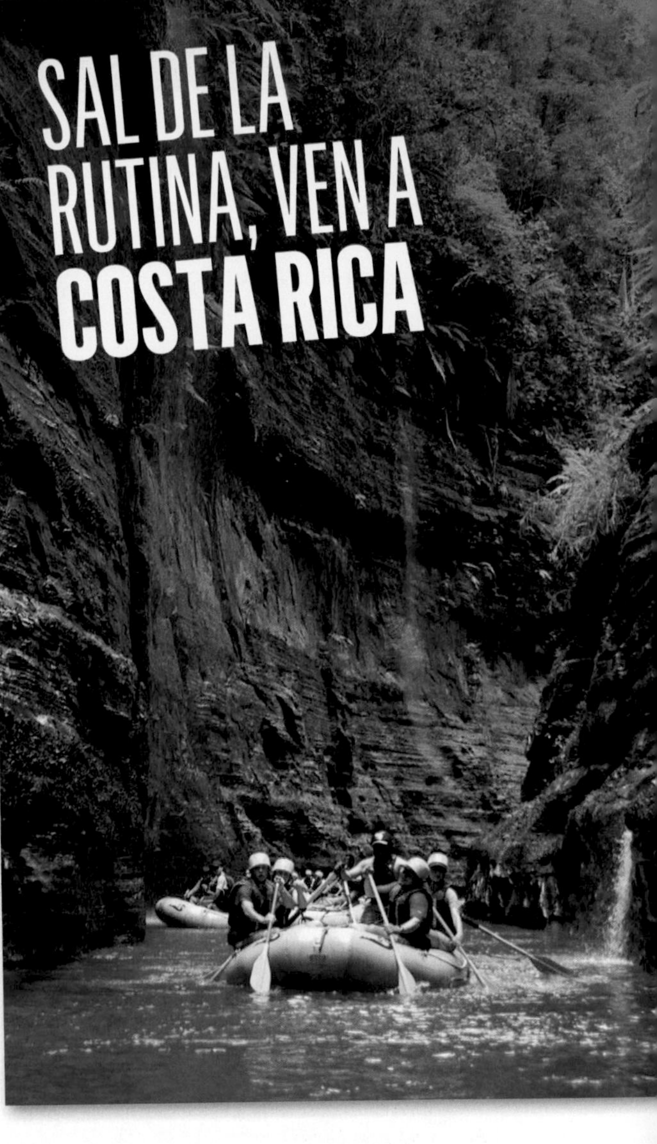
SAL DE LA
RUTINA, VEN A
COSTA RICA

4. ESLÓGANES P. 181, EJ. 6; P. 182, EJ. 7

A. Aquí tienes algunos eslóganes publicitarios. ¿Qué crees que anuncia cada uno? No siempre hay una única respuesta.

1. **Rompa** con la monotonía, **vuele** con nosotros.
2. **No rompas** la tradición; en Navidad siempre lo mejor.
3. **Haz** números y **deja** el coche en casa.
4. **Sal** de la rutina, **ven** a Costa Rica.
5. **Pon** más sabor a tu vida.
6. **No deje** su ropa en otras manos.
7. **Pida** algo intenso: solo o con leche.
8. **No vivas** peligrosamente. **Vive**.
9. **Vive** una doble vida.
10. **Acuéstate** con "Doncotón".
11. **Piense** en el planeta.

a. Un país
b. Una campaña de concienciación ecológica
c. Una marca de coches
d. Transportes públicos
e. Un detergente
f. Una marca de turrón
g. Un helado de dos sabores
h. Una marca de pijamas
i. Una compañía aérea
j. Una salsa de tomate
k. Una marca de café

B. Observa los verbos en negrita. Están en imperativo. ¿Sabes cómo se forma ese tiempo? Completa los cuadros.

IMPERATIVO AFIRMATIVO

	DEJAR	ROMPER	VIVIR
(tú)	....	romp**e**	....
(usted)	dej**e**	....	viv**a**

IMPERATIVO NEGATIVO

	DEJAR	ROMPER	VIVIR
(tú)	no dej**es**	....	....
(usted)	....	no romp**a**	no viv**a**

C. Completa ahora estos imperativos irregulares. ¿Son irregulares también en algún otro tiempo verbal?

O > UE VOLAR	(tú) (usted)	v**ue**la	no v**ue**les no v**ue**le
E > IE PENSAR	(tú) (usted)	p**ie**nsa	no p**ie**nses no p**ie**nses
E > I PEDIR	(tú) (usted)	p**i**de	no p**i**das no p**i**das

D. Aquí tienes los imperativos negativos de **tú** y **usted** de algunos verbos. Busca en los eslóganes la forma afirmativa de **tú** y luego completa la columna afirmativa de **usted**.

IMPERATIVO NEGATIVO		IMPERATIVO AFIRMATIVO	
tú	**usted**	**tú**	**usted**
no hagas	no haga	....	....
no salgas	no salga	....	....
no pongas	no ponga	....	....
no vengas	no venga	....	....

5. RECICLA Y SÉ FELIZ

A. Este es un anuncio de "Reciclaje en acción". Léelo y responde a las preguntas.

NO TE DUERMAS,
TE NECESITAMOS

¿Te has cansado de un mueble? **No lo tires.**	¿Tu ropa está pasada de moda? **Regálala o intercámbiala.**	¿Alguien no tiene lavadora? **Déjale usar la tuya.**
¿Tienes medicamentos que no vas a utilizar? **Guárdalos. Puedes enviarlos a personas que sí los necesitan.**	¿Tus hijos han acabado un curso? **Dales sus libros a otros niños.**	¿Gafas que no usas? ¿Por qué tirarlas? **Regálalas a personas que sí las van a usar.**

Con **Reciclaje en acción** puedes dar todas estas cosas a quien las necesita. Dinos qué puedes ofrecer y te ponemos en contacto con las personas que lo necesitan. **¡Hazte socio!**

1. ¿Qué es "Reciclaje en acción"?
2. ¿A qué se dedica?
3. ¿Qué mensaje pretende transmitir el anuncio? ¿Puedes resumirlo en una sola frase?

B. Vuelve a leer el anuncio. ¿Sabes a qué palabras del texto se refieren los pronombres en amarillo? Escríbelas.

Lo: .... Los: .... Le: ....

La: .... Las: .... Les: ....

C. ¿Puedes decir cuándo ponemos los pronombres delante del verbo y cuándo después?

	DELANTE	DETRÁS
¿Con un infinitivo?		
¿Con un imperativo afirmativo?		
¿Con un imperativo negativo?		
¿Con otros tiempos verbales?		

D. Fíjate en la expresión **hacerse socio**. ¿Puedes escribir la forma de **usted** en imperativo negativo?

(tú)	no te hagas socio
(usted)	....

6. ORDÉNALO, POR FAVOR + P. 185, EJ. 17

Imagina que tu compañero de piso ha dejado el piso como en la ilustración y que tú has decidido escribirle una nota para recordarle todo lo que tiene que hacer. Mira la lista y escríbele la nota.

- lavar los platos
- no dejar la ropa interior en el suelo
- quitar la mesa
- pasar la aspiradora
- hacer la compra
- apagar el ordenador
- hacer la cama
- apagar las luces
- bajar la basura
- darle de comer al gato
- no olvidar el teléfono descolgado
- regar las plantas
- no dejar las revistas en el suelo
- ordenar la habitación
- hacer la cama
- no poner la lámpara en el suelo

Los platos están sucios.
Lávalos, por favor.

7. EN EL ANUNCIO SALE...

16-17 **A.** Vas a escuchar a dos personas hablando de estos anuncios. ¿Qué escena describen? ¿Por qué les gusta el anuncio?

1

2

16-17 **B.** Vuelve a escuchar y marca en cuál de los dos diálogos aparecen las siguientes expresiones.

- **Sale** un niño **chillando** "¡Un palo!, ¡un palo!".
- El mensaje del anuncio **es** muy **bonito**.
- Al final **dice** "Todo depende del cómo y el cómo solo depende de ti".
- **Se ve a** un niño **abriendo** un regalo.
- **Sale** un grupo de amigos que **se lo está pasando bien**.
- El anuncio **está muy bien**.
- **Aparece** un grupo de música **cantando** una canción.

C. ¿Cuáles de las expresiones anteriores sirven para valorar los anuncios (V)? ¿Cuáles sirven para describir las escenas (D)? Anótalo al lado de cada frase.

D. Piensa en un anuncio que te gusta. Explícale a un compañero cómo es.

- *A mí me gusta mucho un anuncio de Ikea que sale en la televisión de mi país. Hay un niño que habla con su padre y...*

IMPERATIVO + P. 180, EJ. 2-4; P. 184, EJ. 14

IMPERATIVO AFIRMATIVO

El imperativo en español tiene cuatro formas: **tú** y **vosotros/-as**, **usted** y **ustedes**.

	DEJAR	ROMPER	VIVIR
(tú) (vosotros/vosotras) (usted) (ustedes)	dej**a** dej**ad** dej**e** dej**en**	romp**e** romp**ed** romp**a** romp**an**	viv**e** viv**id** viv**a** viv**an**

La forma para **tú** se obtiene eliminando la **-s** final de la forma correspondiente del presente.

piens**as** ➔ piens**a** com**es** ➔ com**e** viv**es** ➔ viv**e**

Algunos verbos irregulares no siguen esta regla.

poner ➔ **pon**	hacer ➔ **haz**	salir ➔ **sal**	tener ➔ **ten**
venir ➔ **ven**	decir ➔ **di**	ser ➔ **sé**	ir ➔ **ve**

La forma para **vosotros/-as** se obtiene al sustituir la **-r** del infinitivo por una **-d**.

habla**r** ➔ habla**d** come**r** ➔ come**d** vivi**r** ➔ vivi**d**

IMPERATIVO NEGATIVO

	PENSAR	COMER	DORMIR
(tú) (vosotros/vosotras) (usted) (ustedes)	no piens**es** no pens**éis** no piens**e** no piens**en**	no com**as** no com**áis** no com**a** no com**an**	no duerm**as** no durm**áis** no duerm**a** no duerm**an**

Fíjate en que las formas para **usted** y **ustedes** son las mismas que las del imperativo afirmativo.

Con los verbos acabados en **-ar**, se sustituye la **a** de la segunda y de la tercera personas del presente de indicativo por una **e** en todas las personas.

PRESENTE	IMPERATIVO
habl**a**s	no habl**e**s

Con los verbos acabados en **-er** / **-ir**, se sustituye la **e** de la segunda y de la tercera personas del presente de indicativo por una **a** en todas las personas.

PRESENTE	IMPERATIVO	PRESENTE	IMPERATIVO
com**e**s	no com**a**s	viv**e**s	no viv**a**s

Algunos verbos, sin embargo, no siguen esta norma.

ir ➔ no **vaya** estar ➔ no **esté** ser ➔ no **sea**

ALGUNOS USOS DEL IMPERATIVO

RECOMENDAR Y ACONSEJAR
No **deje** este producto al alcance de los niños.
Haz algo diferente este fin de semana.
Desconecta un poco: **no pienses** en el trabajo.

DAR INSTRUCCIONES
Primero, **llene** una taza de agua. Luego...
Lave esta prenda a menos de 30°.
Lea las instrucciones antes de poner el horno en marcha.

LA POSICIÓN DEL PRONOMBRE + P. 181, EJ. 5

Con verbos conjugados, los pronombres, tanto reflexivos como de OD y OI, se sitúan delante del verbo.
*Esta mañana no **me** he peinado.*
*¿Qué **le** has regalado a Luis?*

El imperativo es un caso especial: los pronombres van detrás en la forma afirmativa y delante en la negativa.
- *Déja**me** el coche, por favor.*
- *Vale, pero no **me lo** pidas más esta semana.*

En perífrasis y otras estructuras con infinitivo o gerundio, pueden ir detrás de estas estructuras.
*Para evitar el estrés, tienes que relajar**te** más.*
*¿El coche? Están arreglándo**lo**.*

O delante del verbo conjugado.
*Para evitar el estrés, **te** tienes que relajar más.*
*¿El coche? **Lo** están arreglando.*

En los verbos reflexivos desaparece la **d** final de la 2ª persona del plural.

compra**d** ➔ compraos

DESCRIBIR UN ANUNCIO

Es un anuncio de...
El eslogan / mensaje principal es...
En el anuncio sale / hay / aparece / se ve a / se oye a... un niño / un grupo de personas... cantando / hablando / chillando...

Cuando hablamos de anuncios del pasado usamos el pretérito imperfecto.
*En el anuncio **se oye** una voz, pero no **se ve** a nadie.*
*En el anuncio **sale** el director de la empresa **presentando** el producto.*
*Al final **salía** un niño que se tomaba la bebida y se **oía** el eslogan "Briko es música en tu boca".*
*En el anuncio **aparece** una señora **cocinando** algo.*
*El eslogan **es** "¡Grita de dolor ajeno!".*

8. INSTRUCCIONES

A. Aquí tienes unas instrucciones. ¿Dónde crees que podemos encontrarlas?

1	2	3	4
1. Llene una taza de agua. **2.** Póngala en el microondas entre 2 y 3 minutos. **3.** Eche el contenido del sobre. **4.** Remuévalo y disfrute del momento.	No use lejía. Lave esta prenda a menos de 30º. Seque la prenda extendida lejos de la luz del sol.	• Introduzca su número secreto. • Seleccione una cantidad o escriba la que desea. • Recoja su tarjeta. • Si desea realizar otra operación, vuelva a la pantalla de inicio.	Conserve el billete hasta el final del trayecto. Preséntelo a petición de cualquier empleado.

• *Yo creo que estas instrucciones son de un...*

B. En parejas, escribid ahora unas instrucciones. Vuestros compañeros tienen que adivinar de qué son.

9. ROBOTS OBEDIENTES

A. Vamos a jugar a ser robots. Piensa en cosas que se pueden hacer en clase y escribe "una orden" en un papel en blanco.

Coge el bolso de la persona que está a tu lado y ábrelo.

B. Vuestro profesor recoge los papeles y los reparte. Cada uno tiene que seguir la instrucción del papel que le ha tocado y los demás tienen que adivinarla.

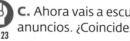

10. UNA PAUSA PARA LA PUBLICIDAD

18-20 **A.** Vas a escuchar el principio de tres anuncios de radio. ¿Qué crees que anuncia cada uno?

1. ....
2. ....
3. ....

B. En parejas, imaginad la continuación de cada anuncio y escribidla en vuestro cuaderno.

1. ¿Cansado de los ruidos, del tráfico y de la contaminación? ¿Harto de la multitud y de las aglomeraciones? ¿Odia la falta de espacio? ¿Busca la tranquilidad?

2. En Suiza, a todo el mundo le gusta el chocolate y esquiar. ¿A qué esperas para descubrirlo?

3. ¿Te duele la espalda? ¿Estás todo el día cansado? ¿No duermes bien por las noches?

21-23 **C.** Ahora vais a escuchar la versión completa de los anuncios. ¿Coinciden con los vuestros?

11. UNA CAMPAÑA + P. 182, EJ. 8-9

A. ¿Recuerdas alguna campaña publicitaria impactante o divertida? Coméntalo con tus compañeros.

- *Hay una campaña de Médicos sin fronteras que está muy bien. Se llama "Pastillas contra el dolor ajeno". El objetivo es recaudar dinero para luchar contra enfermedades raras, vendiendo caramelos a un euro. El eslogan es "¡Grita de dolor ajeno!". En los anuncios salen famosos, como Javier Bardem o Andrés Iniesta, diciendo: "Hay una epidemia de dolor ajeno en nuestro país...".*

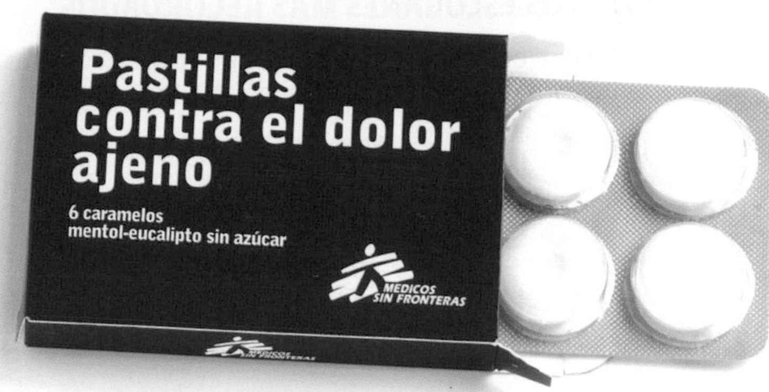

B. ¿Cómo es para ti la campaña publicitaria ideal? Piensa en las características que debe tener.

- Un buen eslogan
- Una música pegadiza
- Un texto impactante o divertido
- Una buena foto / imagen
- Una buena historia
- Un famoso asociado al producto
- Una buena descripción del producto
- Otros: ....

C. Vamos a ser publicistas. En parejas, decidid el producto que vais a anunciar. Pensad primero qué palabras o valores asociáis a ese producto y a qué público os queréis dirigir.

- *¿Qué te parece un anuncio de coches para jóvenes?*
- *Vale. Entonces tenemos que usar palabras como "libertad", "económico"...*

PEL **D.** Vais a preparar la campaña (para prensa, radio, televisión o internet). Tenéis que decidir los siguientes puntos y, finalmente, diseñarla o grabarla.

Nombre del producto:
Soporte:
Eslogan:
Actores o actrices:
Personajes:
Texto:
Música:
¿Qué sucede? ¿Qué se ve?:

- *Yo creo que podemos poner una foto de...*

12. LOS ESLÓGANES MÁS RECORDADOS

A. Mira las imágenes de estos anuncios y lee los eslóganes. ¿Qué productos crees que anuncian? ¿Entiendes los eslóganes?

B. Ahora lee los textos y comprueba. ¿Qué eslóganes te gustan más?

Los eslóganes más recordados

¿Recuerdas algún anuncio por su eslogan? ¿Cuál?

"Busque, compare y si encuentra algo mejor, cómprelo."

Es un eslogan de un anuncio de detergentes (de la marca Colón) de los años 80, que marcó toda una época. Creo que es uno de los eslóganes más recordados en España. En el anuncio salía un hombre, que era el director de la empresa, mostrando el detergente y al final decía: "Busque, compare y si encuentra algo mejor, cómprelo". **(Nieves Castro, 48, España)**

"A que no puedes comer solo una."

Un anuncio mítico, y un eslogan muy famoso, es el de "A que no puedes comer solo una", de las Sabritas (unas patatas fritas de bolsa). Se han hecho muchos anuncios con este eslogan. Yo recuerdo mucho uno de finales de los 70, tenía una canción muy pegadiza y yo me la sabía de memoria. **(Alfonsina Mora, 42, México)**

"La llama que llama."

Estos anuncios eran de una compañía telefónica y fueron un auténtico boom, todo el mundo esperaba el momento en que salían en la tele y la gente se moría de la risa con ellos. Salía una llama que llamaba a algún lugar, haciendo una broma, el típico que hace bromas por teléfono. Incluso el actor que ponía la voz a la llama se hizo superfamoso. **(Juan Andrada, 46, Argentina)**

"Vuelve a casa por Navidad."

Un eslogan muy conocido de la marca de turrones El Almendro. De hecho, ¡creo que todavía lo usan en sus anuncios! Los españoles relacionamos la Navidad con la familia, con la comida y... con los turrones. Y El Almendro ha sabido transmitir muy bien esa idea. **(Lourdes García, 36, España)**

C. Busca en internet el anuncio entero del eslogan que te ha gustado más. Luego, cuéntales a tus compañeros más cosas sobre él.

D. ¿Cuáles son los eslóganes más recordados en tu país? Haz una lista y compártela con tus compañeros.

"Briko es música en tu boca."

Un anuncio que fue muy famoso en Costa Rica fue el de Briko, una bebida de la marca Dos Pinos. Se veían unos dibujos animados tocando en un grupo de música y al final salía un niño que se tomaba la bebida y se oía el eslogan "Briko es música en tu boca". **(Jesús Segura, 32, Costa Rica)**

"Hacele caso a tu sed."

Me acuerdo de un anuncio de Sprite que era muy gracioso. Era sobre un chico que volvía a la Argentina y se reencontraba con sus amigos de la infancia. Todos habían cambiado: "el enano" ahora era alto, "el gordo" ahora era flaco, etc. Al final se encontraban con el amigo que faltaba, "el oso", que ahora era una mujer. Al final del anuncio decían "Sprite cambió solo por fuera" porque habían cambiado el diseño de la botella, y se oía el eslogan "hacele caso a tu sed". **(Ernesto Pecone, 38, Argentina)**

VÍDEO

aulainternacional.difusion.com

EN CONSTRUCCIÓN

¿Qué te llevas de esta unidad?

Lo más importante para mí:

....

....

Palabras y expresiones:

....

....

Algo interesante sobre la cultura hispana:

....

....

Quiero saber más sobre...

....

....

Cómo voy a recordar y practicar lo que he aprendido:

....

....

6 ¡BASTA YA!

EMPEZAR

1. PROBLEMAS QUE AFECTAN A LOS JÓVENES

P. 188, EJ. 10-11

A. ¿Cuáles crees que son los tres temas que más preocupan a los jóvenes de tu país? Coméntalo con un compañero.

- *Yo creo que lo que más preocupa a los jóvenes es...*

- El paro
- Los problemas económicos
- La educación
- La sanidad
- Los políticos, los partidos políticos y la política
- La corrupción y el fraude
- Los problemas de tipo social
- La vivienda
- Los problemas relacionados con la calidad del empleo
- Los problemas relacionados con la juventud
- Las preocupaciones y situaciones personales
- Las pensiones
- La subida del IVA
- La inmigración
- Otros

B. Lee el texto y observa el gráfico. ¿Los problemas que afectan a los jóvenes españoles son muy diferentes de los que afectan a los de tu país?

- *En España el problema más grave para los jóvenes es el paro...*

¿QUÉ PROBLEMAS TIENEN LOS JÓVENES?

Una encuesta del Centro de Estudios Sociológicos muestra cuáles son los problemas que más afectan a los jóvenes españoles de 15 a 24 años. Los jóvenes dicen que el paro es su mayor problema, seguido de los problemas económicos, la educación, la sanidad y los políticos.

EN ESTA UNIDAD VAMOS A

ESCRIBIR UNA CARTA ABIERTA PARA EXPONER UN PROBLEMA

RECURSOS COMUNICATIVOS

- expresar deseos, reclamaciones y necesidad
- proponer soluciones
- escribir una carta abierta denunciando un problema

RECURSOS GRAMATICALES

- el presente de subjuntivo
- **querer / pedir / exigir / necesitar** + infinitivo
- **querer / pedir / exigir / necesitar que** + subjuntivo
- **debemos / tenemos que / se debe / deberían / se debería / habría que**
- **cuando** + subjuntivo, **antes de que** + subjuntivo

RECURSOS LÉXICOS

- política y sociedad
- la educación

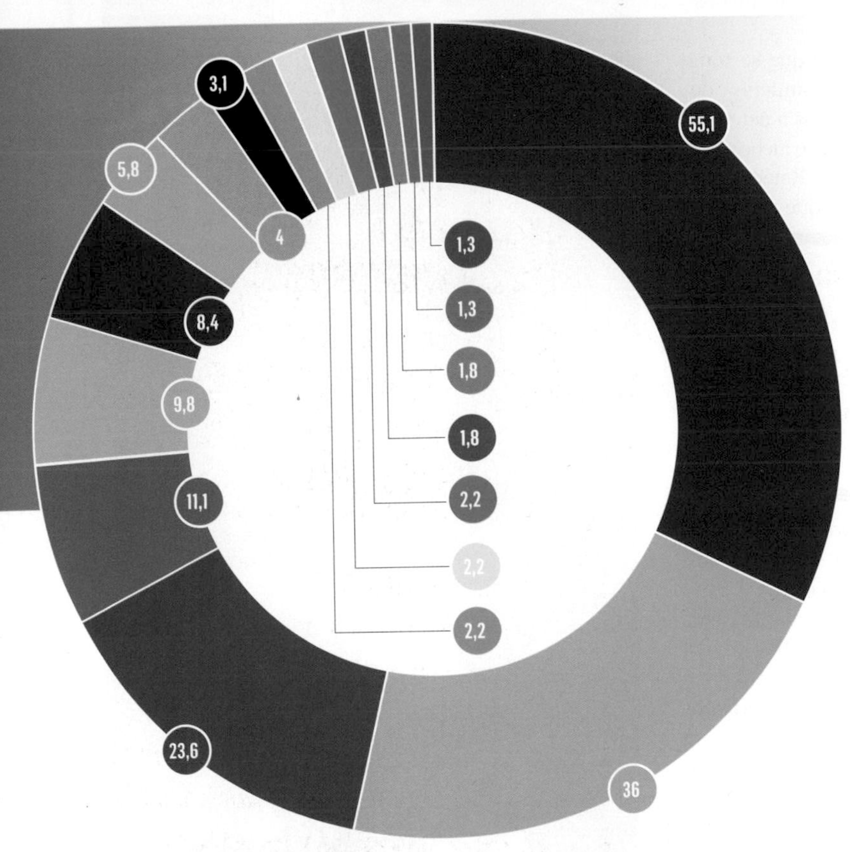

- **El paro** >> 55,1%
- **Los problemas económicos** >> 36%
- **La educación** >> 23,6%
- **La sanidad** >> 11,1%
- **Los recortes** >> 9,8%
- **Los políticos en general, los partidos políticos y la política** >> 8,4%
- **La corrupción y el fraude** >> 5,8%
- **Los problemas de tipo social** >> 4%
- **Los problemas relacionados con la calidad del empleo** >> 3,1%
- **La vivienda** >> 2,2%
- **Los problemas relacionados con la juventud** >> 2,2%
- **Las preocupaciones y situaciones personales** >> 2,2%
- **Las pensiones** >> 1,8%
- **La subida del IVA** >> 1,8%
- **La inmigración** >> 1,3%
- **El Gobierno, los políticos y los partidos concretos** >> 1,3%

Nota: la suma total es superior al 100% porque los entrevistados podían escoger tres opciones.

2. CARTA ABIERTA P. 188, EJ. 12; P. 191, EJ. 21

Un periódico local español ha recibido esta carta abierta. Leedla. Luego, en parejas, preparad preguntas de comprensión para otra pareja.

EL FUTURO DE NUESTRA EDUCACIÓN

Carta abierta al alcalde de Monreal

En Monreal, a 8 de marzo.

Apreciado señor alcalde:

Los abajo firmantes, representantes de asociaciones de vecinos y comerciantes y de grupos culturales de Monreal, nos dirigimos a usted para plantearle una cuestión de gran importancia para el futuro de nuestro pueblo: el instituto de enseñanza media Camilo José Cela.

Como usted sabe, el instituto tiene más de 50 años de historia y por él han pasado muchas generaciones de jóvenes de Monreal, pero sobre todo, es el único centro de la comarca en el que se puede cursar bachillerato. Desde hace ya algunos años, la Consejería de Educación amenaza con cerrar el instituto por razones económicas. Si finalmente se toma esa decisión, nuestro pueblo y toda la comarca sufrirán un daño enorme. Nuestros jóvenes tendrán que trasladarse cada día en autobús a la capital en un viaje de 90 minutos de ida y 90 minutos vuelta; tendrán que comer allí, con el gasto que eso comporta y, con seguridad, muchos de ellos abandonarán los estudios.

Si finalmente se produce, el cierre será dramático para el pueblo: ¿quién se querrá quedar a vivir en Monreal si se cierra el instituto? ¿Qué hará el ayuntamiento cuando la población empiece a disminuir y se queden en el pueblo únicamente los viejos, como ha pasado en tantos otros lugares?
El ayuntamiento habla de atraer inversiones a Monreal, pero ¿qué empresa invertirá en nuestro pueblo cuando no tengamos jóvenes formados?

Por todo ello, antes de que se tome esa decisión, el ayuntamiento debería actuar. Le pedimos a usted y a todo el ayuntamiento que luche por la continuidad del centro. Tenemos que exigir a la Consejería que mantenga el instituto Camilo José Cela, porque es esencial para el futuro de nuestro pueblo y de nuestra comarca. Pero sería injusto decir que este problema es únicamente responsabilidad del ayuntamiento. Este es un tema que nos afecta a todos y todos deberíamos luchar juntos. Por eso, hacemos un llamamiento a todos los ciudadanos de Monreal y les pedimos que se unan a nosotros para salvar el instituto.

> ¿Qué empresa invertirá en nuestro pueblo cuando no tengamos jóvenes formados?

Quedamos a la espera de una pronta respuesta y nos ponemos a su disposición para elaborar un calendario de actuaciones.

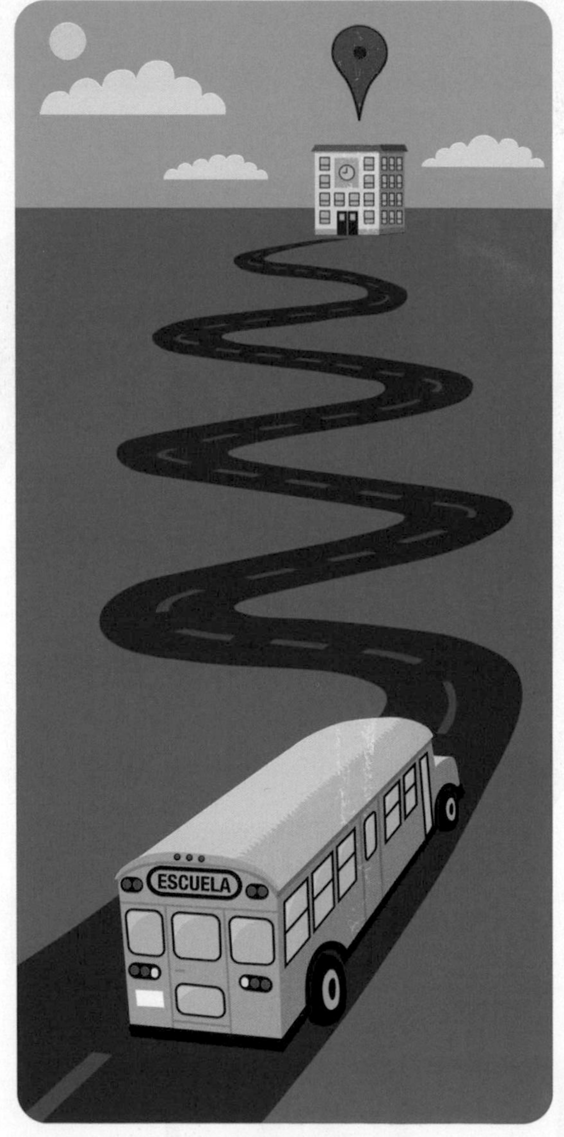

- ¿Quiénes son las personas que han escrito la carta?
- Representantes de varias asociaciones de...

PARA COMUNICAR

¿Quién/es...	¿De quién...	¿De dónde...
¿A quién...	¿Qué...	¿Cómo...

3. MANIFESTACIONES P. 190, EJ. 18

24-26 **A.** Hoy, en una ciudad española, hay tres manifestaciones. Un reportero ha ido a hablar con los manifestantes para saber cuáles son sus reclamaciones. ¿Qué piden en cada una de ellas? Escucha y márcalo.

1

- Quieren que bajen los precios de las viviendas.
- Quieren ocupar las casas que están vacías.

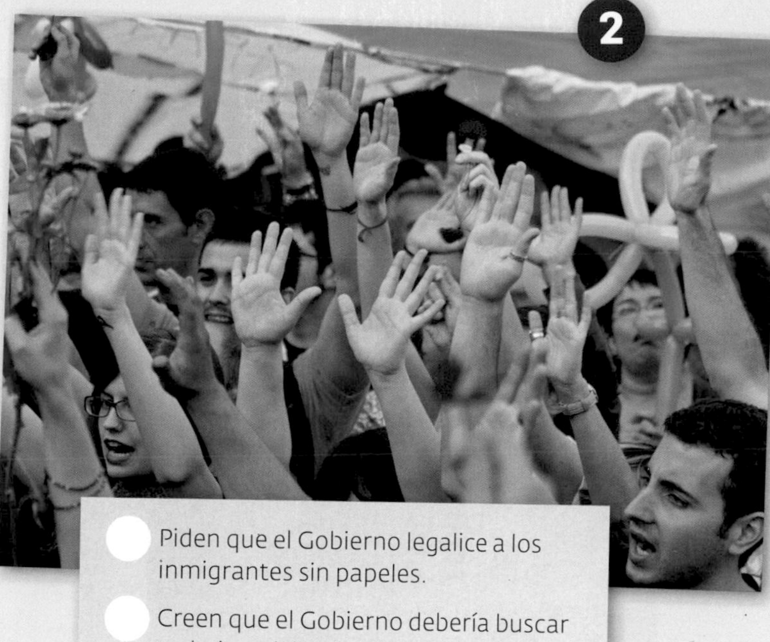

2

- Piden que el Gobierno legalice a los inmigrantes sin papeles.
- Creen que el Gobierno debería buscar trabajo y vivienda a los inmigrantes.

3

- Exigen al Gobierno que frene la desertización.
- Quieren que los agricultores aumenten la producción.

B. ¿Te parece justo lo que piden? Coméntalo con tus compañeros.

- *Yo creo que la gente que ocupa una casa vacía no hace daño a nadie.*
- *Pues a mí me parece bastante injusto porque...*

4. REIVINDICACIONES P. 186, EJ. 1

A. ¿A qué colectivos crees que pertenecen estas reivindicaciones?

- Una asociación de jubilados
- Un grupo pacifista
- Una asociación de vecinos
- Un grupo feminista
- Una asociación de parados

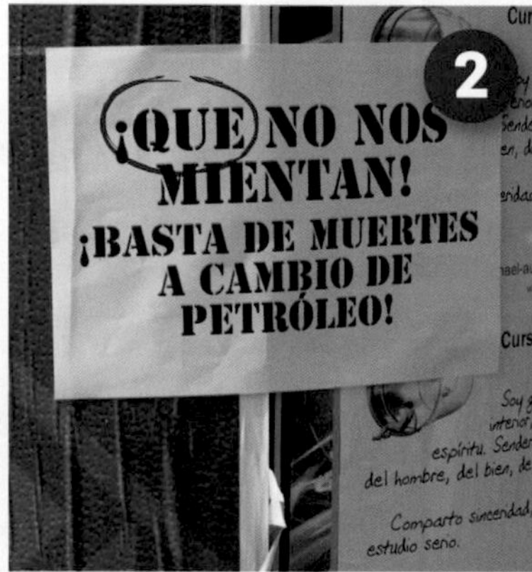

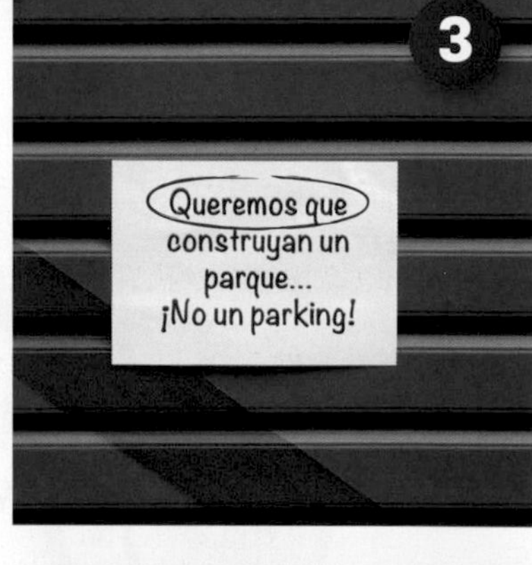

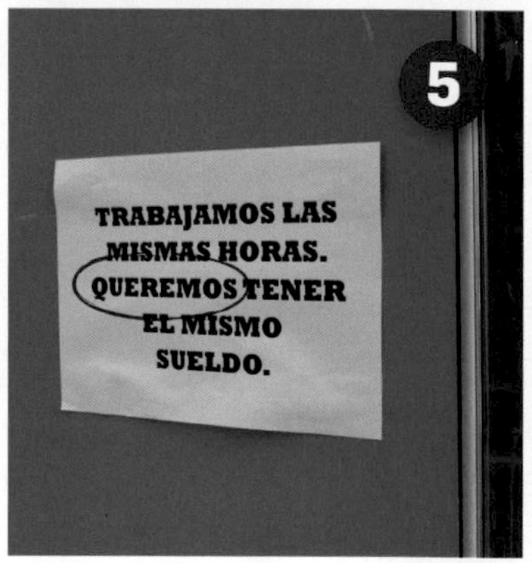

B. ¿Qué tienen en común las frases anteriores? Fíjate en las estructuras marcadas. ¿En qué casos se construyen con infinitivo y en cuáles con presente de subjuntivo?

C. ¿Sabes cómo se forma el presente de subjuntivo? Intenta completar las formas que faltan.

	HABLAR	COMPRENDER	SUBIR
(yo)	habl**e**	....	sub**a**
(tú)	....	comprend**as**	....
(él/ella/usted)	habl**e**	....	sub**a**
(nosotros/-as)	....	comprend**amos**	....
(vosotros/-as)	habl**éis**	....	sub**áis**
(ellos/ellas/ustedes)	....	comprend**an**	....

5. LO QUE QUIEREN LOS VECINOS

+ P. 186, EJ. 2-3; P. 187, EJ. 4-5

A. Castillar es una pequeña ciudad. Los vecinos quieren que algunas cosas cambien. ¿Crees que se pueden aplicar a tu ciudad deseos parecidos? ¿Cuáles?

1. Los vecinos del barrio de La Cruz quieren que el ayuntamiento **ponga** más bancos en las calles.
2. Los estudiantes quieren que la biblioteca municipal **cierre** más tarde.
3. Los vecinos del barrio de La Peña quieren que el último autobús de la línea B3 **salga** a las 24 h de la noche, y no a las 22:00 h.
4. Los padres quieren que la escuela infantil **sea** gratuita.
5. Todo el mundo quiere que la ciudad **esté** más limpia.
6. Las personas que trabajan en el centro quieren que **se pueda** aparcar gratis.
7. Muchas personas quieren que **se reduzcan** los impuestos municipales.
8. Mucha gente quiere que el ayuntamiento **pida** una nueva estación de tren al Gobierno.
9. Los jóvenes quieren que **haya** wifi gratuito en toda la ciudad.

B. Los verbos en negrita de las frases anteriores están en subjuntivo y tienen algún tipo de irregularidad. Escribe a qué infinitivos corresponden.

C. Ahora observa cómo se conjugan estos verbos irregulares y completa los paradigmas.

	E > IE		O > UE	
	CERRAR	**PENSAR**	**PODER**	**VOLVER**
(yo)	ci**e**rre	....	pu**e**da	....
(tú)	ci**e**rres	....	pu**e**das	....
(él/ella/usted)	....	....	....	....
(nosotros/-as)	cerremos	....	podamos	....
(vosotros/-as)	cerréis	....	podáis	....
(ellos/ellas/ustedes)	ci**e**rren	....	pu**e**dan	....

	E > I		G O ZC EN LA 1ª PERSONA DEL SINGULAR		
	PEDIR	**SERVIR**	**PONER**	**TENER**	**REDUCIR**
(yo)	p**i**da	....	pon**g**a	....	....
(tú)	p**i**das	....	pon**g**as	....	....
(él/ella/usted)	....	....	....	....	....
(nosotros/-as)	p**i**damos	....	pon**g**amos	....	....
(vosotros/-as)	p**i**dáis	....	pon**g**áis	....	....
(ellos/ellas/ustedes)	p**i**dan	....	pon**g**an	....	....

6. LA EDUCACIÓN + P. 189, EJ. 13-15

A. Algunas personas han hecho las siguientes afirmaciones sobre la educación. ¿Estás de acuerdo con ellas?

"Algunos padres solo se preocupan por la educación de sus hijos cuando sacan malas notas, pero no se preocupan cuando sus notas son buenas."

"Cuando los chicos y las chicas van a clase separadas, se concentran más y los resultados son mejores."

"Algún día, casi todas las clases serán a distancia y cuando eso pase, el concepto de educación cambiará radicalmente."

"Los estudiantes aprenderán más y serán más felices cuando se eliminen las notas."

"La universidad está en crisis. Cuando los estudiantes acaben sus estudios, serán la generación peor preparada de la historia."

B. Fíjate en las frases que contienen **cuando** + verbo. Clasifícalas y completa el cuadro.

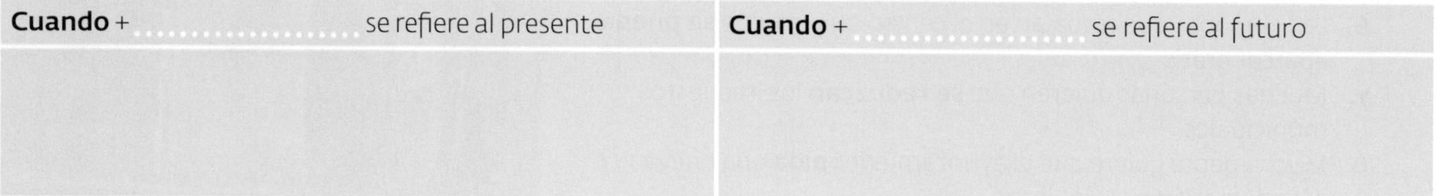

Cuando + ... se refiere al presente	**Cuando** + ... se refiere al futuro

7. PEDIR O EXIGIR

A. Los verbos en negro son sinónimos de los de las etiquetas. ¿De cuáles? ¿Qué matiz crees que introducen?

1 dejar 2 ir 3 estudiar 4 pedir 5 subir 6 bajar 7 hacer algo

www. noticiasdelaregion.dif
Reader
Destacados
Si no **actuamos** pronto, desaparecerán muchos bosques 11
A
Más información:
Disminuye la venta de viviendas un 10% en este último año 83
B
Desaparecen las becas para **cursar** estudios en universidades extranjeras
C
Cada vez más jóvenes **abandonan** el país debido al paro 24
D
El temporal deja el noroeste de España y **se traslada** a Canarias 24
E
Los ciudadanos **exigen** la dimisión del ministro 47
F
Aumenta el número de millonarios en Europa a pesar de la crisis 8
G

B. En parejas, buscad en internet cinco titulares de algún periódico en español. Buscad en el diccionario el léxico que no conocéis y escribid algún sinónimo, como en el apartado anterior.

PRESENTE DE SUBJUNTIVO

VERBOS REGULARES

	ESTUDIAR	COMER	ESCRIBIR
(yo)	estudi**e**	com**a**	escrib**a**
(tú)	estudi**es**	com**as**	escrib**as**
(él/ella/usted)	estudi**e**	com**a**	escrib**a**
(nosotros/nosotras)	estudi**emos**	com**amos**	escrib**amos**
(vosotros/vosotras)	estudi**éis**	com**áis**	escrib**áis**
(ellos/ellas/ustedes)	estudi**en**	com**an**	escrib**an**

ALGUNOS VERBOS IRREGULARES

	SABER	SER	IR
(yo)	**sepa**	**sea**	**vaya**
(tú)	**sepas**	**seas**	**vayas**
(él/ella/usted)	**sepa**	**sea**	**vaya**
(nosotros/nosotras)	**sepamos**	**seamos**	**vayamos**
(vosotros/vosotras)	**sepáis**	**seáis**	**vayáis**
(ellos/ellas/ustedes)	**sepan**	**sean**	**vayan**

	ESTAR	DAR	VER	HABER
(yo)	**esté**	**dé**	**vea**	**haya**
(tú)	**estés**	**des**	**veas**	**hayas**
(él/ella/usted)	**esté**	**dé**	**vea**	**haya**
(nosotros/nosotras)	**estemos**	**demos**	**veamos**	**hayamos**
(vosotros/vosotras)	**estéis**	**deis**	**veáis**	**hayáis**
(ellos/ellas/ustedes)	**estén**	**den**	**vean**	**hayan**

Los verbos con irregularidades **E > IE / O > UE** en presente de indicativo, presentan esas mismas irregularidades en presente de subjuntivo en las mismas personas.

	E > IE	O > UE
	QUERER	PODER
(yo)	qu**ie**ra	p**ue**da
(tú)	qu**ie**ras	p**ue**das
(él/ella/usted)	qu**ie**ra	p**ue**da
(nosotros/nosotras)	queramos	podamos
(vosotros/vosotras)	queráis	podáis
(ellos/ellas/ustedes)	qu**ie**ran	p**ue**dan

Algunos verbos que presentan una irregularidad en la primera persona del presente de indicativo tienen esa misma irregularidad en todas las personas del presente de subjuntivo. Esto incluye los verbos con cambio vocálico **E > I (pedir, seguir, reír...)**.

hacer → **haga** | poner → **ponga** | decir → **diga**
conocer → **conozca** | salir → **salga** | oír → **oiga**
tener → **tenga** | venir → **venga** | pedir → **pida**

EXPRESAR DESEOS Y RECLAMACIONES

QUERER / ESPERAR / PEDIR / EXIGIR... + INFINITIVO (MISMO SUJETO)
*Trabajamos las mismas horas. ¡**Queremos** tener el mismo salario!*

QUERER / ESPERAR / PEDIR / EXIGIR... + QUE + PRESENTE DE SUBJUNTIVO (SUJETOS DISTINTOS)
*¡**Exigimos que** el Presidente nos reciba!*

QUE + PRESENTE DE SUBJUNTIVO
*¡**Que** se acaben las guerras!*

EXPRESAR NECESIDAD

NECESITAR + INFINITIVO (MISMO SUJETO)
*¡No más despidos! ¡**Necesitamos** trabajar para vivir!*

NECESITAR QUE + PRESENTE DE SUBJUNTIVO (SUJETOS DISTINTOS)
*¡**Necesitamos que** construyan nuevas industrias en la zona!*

CUANDO / ANTES DE QUE + SUBJUNTIVO

*Las energías alternativas se desarrollarán **cuando** se acaben las reservas de petróleo.*
*El Gobierno debe actuar **antes de que** sea demasiado tarde.*

Aunque **cuando** introduce una acción futura, no va seguido de verbos en futuro.

*Volveré cuando **termine**.* ~~*Volveré cuando **terminaré**.*~~

PROPONER SOLUCIONES Y REIVINDICAR + P. 188, EJ. 9

*El gobierno **debería** bajar los impuestos.*
***Deberíamos** tener leyes para evitar estos delitos.*

***Se debería** aprobar una ley contra la violencia doméstica.*
***Se deberían** prohibir las armas de fuego.*

***Habría que** prohibir las armas de fuego.*

***Tenemos que** exigir al ayuntamiento que cierre la central térmica.*
*El Gobierno **debe** hacer algo urgentemente para crear empleo.*

LÉXICO: ASPECTOS DE LA VIDA SOCIAL Y ADMINISTRATIVA

La justicia
La industria
La cultura
La educación
La sanidad / salud
La vivienda
El empleo / trabajo
La cooperación internacional

8. ¿QUÉ QUIEREN? + P. 187, EJ. 6; P. 191, EJ. 22

A. En parejas, describid brevemente qué quieren, en general, los siguientes tipos de asociaciones o grupos.

PARA COMUNICAR

Los ecologistas...

- **quieren (que)...**
- **creen (que)...**
- **piden (que)...**

27 **B.** Escucha ahora esta entrevista a un activista ecologista y completa el cuadro.

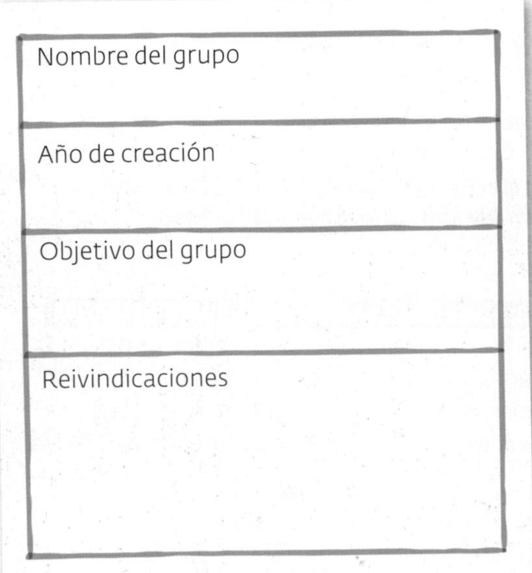

Nombre del grupo
Año de creación
Objetivo del grupo
Reivindicaciones

9. TRES DESEOS + P. 187, EJ. 7-8

A. El genio de la lámpara te concede tres deseos para cambiar cosas de tu vida y del mundo: uno para ti, otro para tu familia, otro para el mundo. Escríbelos en un papel y, luego, entrégaselo a tu profesor.

- Quiero hablar perfectamente español ya.
- Quiero que toda mi familia viva por los menos 100 años.
- Quiero que se acaben las guerras.

B. Tu profesor va a leer los deseos de tus compañeros. ¿Sabes quién los ha escrito? Luego, entre todos, decidid si son realizables o no.

- *"Quiero que se acaben las guerras."*
- *Eso lo ha escrito Tony.*
- *¡Muy bien!*
- *A mí me parece imposible que eso pase, creo que siempre habrá guerras.*
- *Pues yo creo que...*

10. ¿CUÁNDO CAMBIARÁ EL MUNDO?

A. Piensa cuándo ocurrirán las siguientes cosas.

Habrá paz en el mundo cuando...

Se acabará el hambre en el mundo cuando...

Las grandes ciudades serán más seguras cuando...

Los hombres y las mujeres tendrán los mismos derechos cuando...

Habrá más trabajo cuando...

B. Ahora comentad vuestras respuestas en pequeños grupos. ¿Estáis de acuerdo? ¿Sois optimistas sobre el futuro?

- *Yo creo que el hambre se acabará pronto, cuando los científicos encuentren nuevos alimentos.*
- *Pues yo no lo creo...*

11. UNA CARTA AL PRESIDENTE

A. Elige uno de los siguientes lugares y comenta a tus compañeros un problema que crees que tiene.

- el país
- el barrio
- la ciudad
- la escuela

- *Yo elijo la ciudad...*
- *¿Y de qué problemas vas a hablar?*
- *De la suciedad de las calles, por ejemplo, o del ruido...*

PEL **B.** Escribid una carta a la persona o personas responsables exponiendo vuestra visión del problema y proponiendo una solución.

C. Exponed todas las cartas y buscad...

- cuál es la que trata el problema más importante.
- cuál da la mejor solución al problema.
- cuál es la más original.
- cuál es la más convincente.
- cuál firmaríais todos.

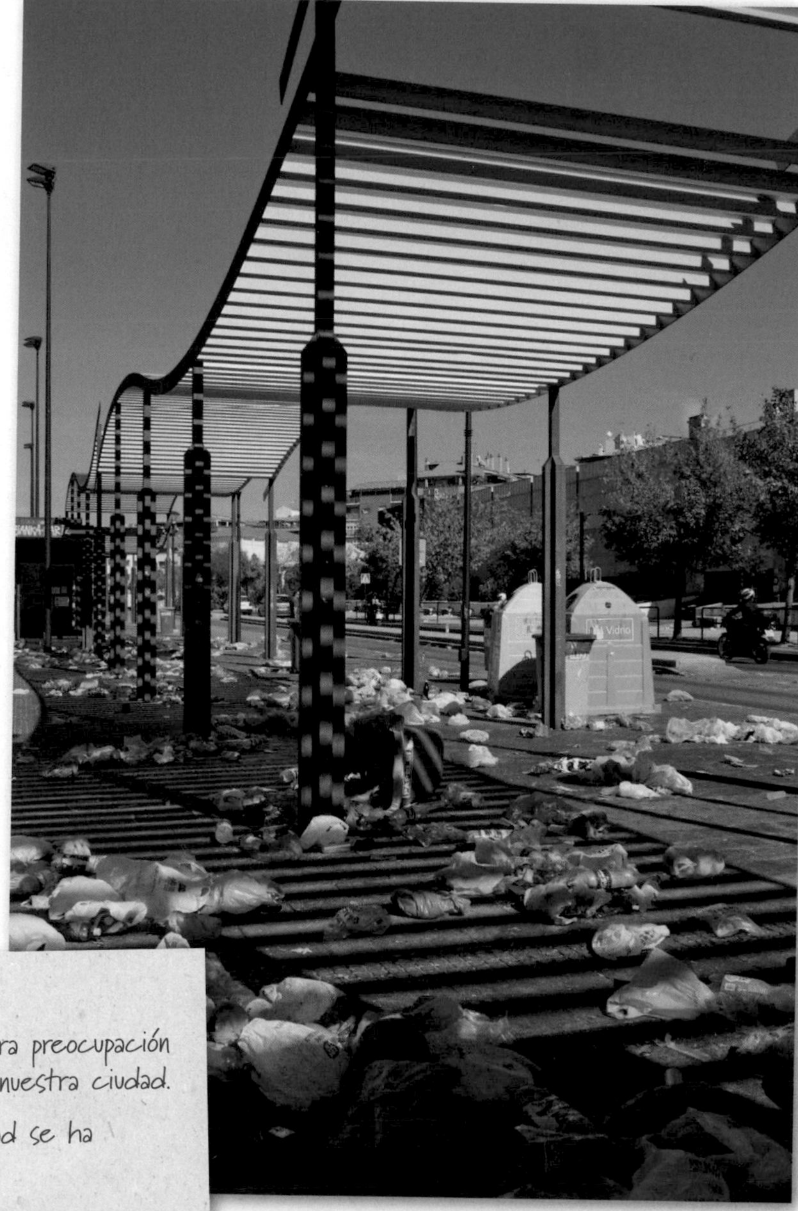

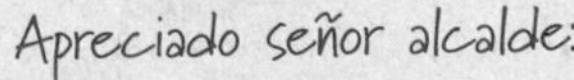

Apreciado señor alcalde:

Nos dirigimos a usted para manifestarle nuestra preocupación por el estado de suciedad de las calles de nuestra ciudad.

Hace ya unos años que el centro de la ciudad se ha convertido en un lugar...

12. POESÍA SOCIAL, POESÍA POLÍTICA

P. 189, EJ. 16-17; P. 190, EJ. 19-20

A. ¿Creéis que la poesía puede influir en la vida política de un país? Comentadlo.

POESÍA PARA CAMBIAR EL MUNDO

En diversos momentos de la historia de España y de América Latina, los intelectuales han levantado su voz contra la injusticia, especialmente durante las dictaduras. Periodistas, músicos, pintores, dramaturgos… y poetas. El argentino Gelman, el uruguayo Benedetti, el nicaragüense Cardenal, el español Celaya y muchos otros han usado la poesía a favor de la justicia y de la democracia.

Gabriel Celaya

- Nace en Hernani (España) en 1911.
- De 1927 a 1935 vive en la Residencia de Estudiantes de Madrid, donde conoce a García Lorca. Hace estudios de Ingeniería.
- En 1946 funda la colección de poesía *Norte*. Abandona la ingeniería y su cargo en la empresa familiar.
- En los años 50, en plena dictadura franquista, publica sus obras más sociales: *Lo demás es silencio* y *Cantos Iberos*. Su ideal es una poesía no elitista, "para transformar el mundo".
- En 1956 gana el Premio de la Crítica por *De claro en claro*.
- Entre 1977 y 1980 se publican sus *Obras Completas*.
- Muere en 1991 en Madrid.

La poesía es un arma cargada de futuro

(…)
Poesía para el pobre, poesía necesaria /
como el pan de cada día, /
como el aire que exigimos trece veces por minuto, /
para ser y en tanto somos dar un sí que glorifica. /
Porque vivimos a golpes, porque apenas si nos dejan
decir que somos quien somos, /
nuestros cantares no pueden ser sin pecado un adorno. /
Estamos tocando el fondo. /
Maldigo la poesía concebida como un lujo
cultural por los neutrales /
que, lavándose las manos, se desentienden y evaden. /
Maldigo la poesía de quien no toma partido hasta
mancharse. /
(…)
Me siento un ingeniero del verso y un obrero /
que trabaja con otros a España en sus aceros. /
Tal es mi poesía: poesía-herramienta /
a la vez que latido de lo unánime y ciego. /
Tal es, arma cargada de futuro expansivo
con que te apunto al pecho. /
No es una poesía gota a gota pensada. /
No es un bello producto. No es un fruto
perfecto. /
(…)

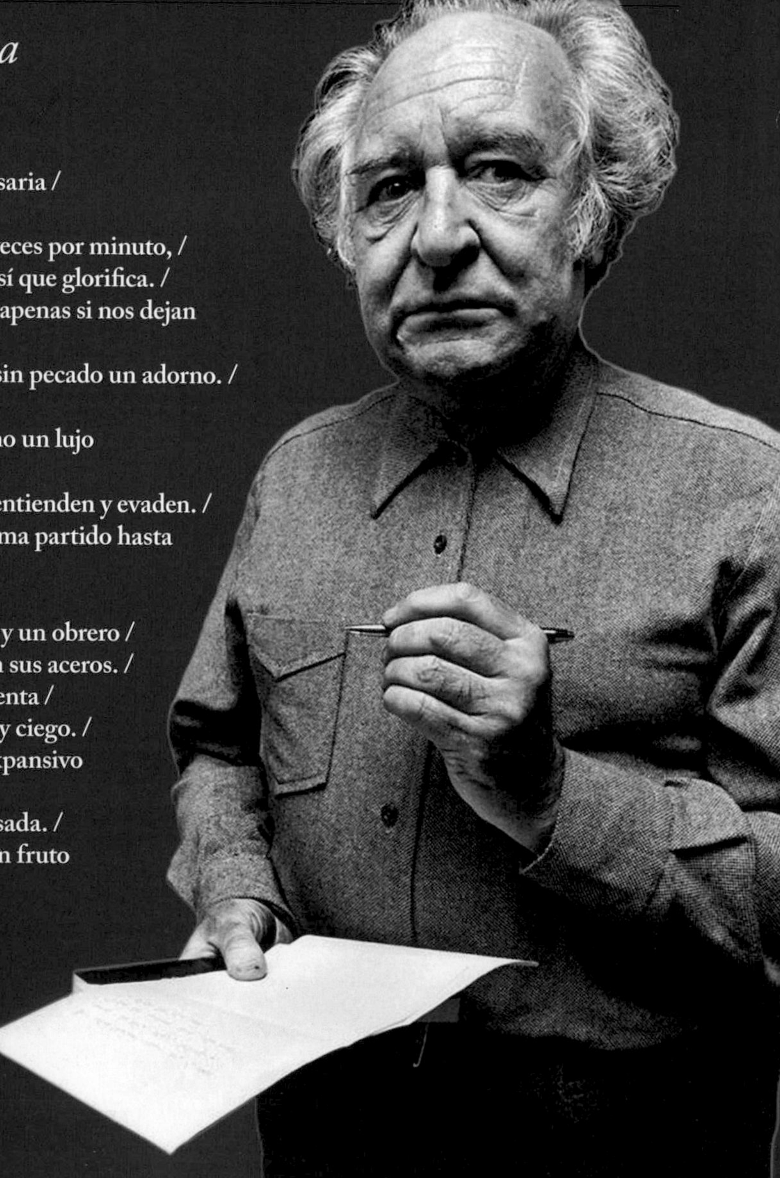

VÍDEO aulainternacional.difusion.com

Ernesto Cardenal

- Nace en Granada (Nicaragua) en 1925.
- De 1942 a 1946 estudia Literatura en México.
- De 1947 a 1949 continúa sus estudios en Nueva York.
- En 1950 vuelve a Nicaragua y en 1954 participa en la Revolución de Abril de 1954 contra el dictador Anastasio Somoza. La revolución no triunfa y Cardenal pierde a muchos de sus compañeros y amigos.
- En 1957 entra en una abadía trapense en Estados Unidos.
- En 1965 funda una comunidad cristiana en el lago Cocibolca, donde escribe *El Evangelio de Solentiname*.
- En julio de 1979, tras el triunfo de la Revolución Sandinista, es nombrado ministro de Cultura. Ocupa el cargo hasta 1987.
- Actualmente es presidente honorífico de la Red Internacional de Escritores por la Tierra (RIET).

Epitafio para Joaquín Pasos

(...)
La Guardia Nacional anda
buscando a un hombre. /
Un hombre espera esta noche
llegar a la frontera. /
El nombre de ese hombre
no se sabe. /
Hay muchos hombres más
enterrados en una zanja. /
El número y el nombre de esos
hombres no se sabe. /
Ni se sabe el lugar ni el
número de las zanjas. /
La Guardia Nacional anda
buscando a un hombre. /
Un hombre espera esta noche
salir de Nicaragua.

B. Leed los dos poemas. ¿Qué os parecen? ¿Os gustan?

C. ¿Cuál es el tema principal de cada una de las dos poesías? Relacionadlas con algún momento o dato de las biografías de Cardenal y Celaya.

D. Busca en internet algún poema de tema social o político escrito en vuestra lengua y escribe un pequeño texto en español para presentar el poema. Explica quién lo escribió y cuándo, de qué trata, qué intención tiene y por qué te gusta.

EN CONSTRUCCIÓN

¿Qué te llevas de esta unidad?

Lo más importante para mí:

....

....

Palabras y expresiones:

....

....

Algo interesante sobre la cultura hispana:

....

....

Quiero saber más sobre...

....

....

Cómo voy a recordar y practicar lo que he aprendido:

....

....

7 MENSAJES

EMPEZAR

1. TE AVISO, TE ANUNCIO

A. Mira los mensajes que ha recibido Paco. ¿Cuál es la intención de cada uno de ellos?

- Invitarlo a una boda.
- Recordarle que tiene que comprar algo.
- Informarlo de que ha habido un cambio de tarifas.
- Proponerle quedar esta noche.
- Pedirle un favor.

B. ¿Tú también recibes este tipo de mensajes? ¿Para qué?

PARA COMUNICAR

A mí también / no **me suelen enviar**	tarjetas mensajes de móvil cartas correos electrónicos	para...

A mí también / no **me suelen dejar** notas para...

- *A mí no me suelen enviar mensajes de móvil para quedar.*

1

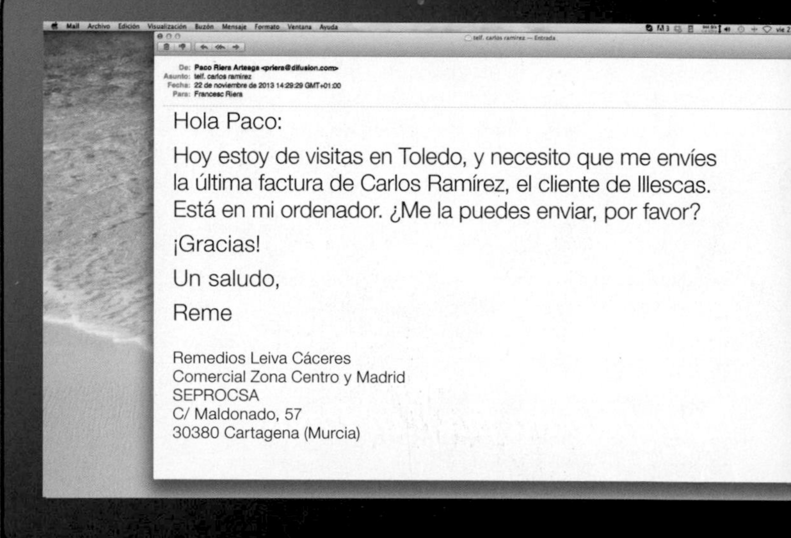

De: Paco Riera Arteaga <priera@difusion.com>
Asunto: telf. carlos ramirez
Fecha: 22 de noviembre de 2013 14:29:29 GMT+01:00
Para: Francesc Riera

Hola Paco:

Hoy estoy de visitas en Toledo, y necesito que me envíes la última factura de Carlos Ramírez, el cliente de Illescas. Está en mi ordenador. ¿Me la puedes enviar, por favor?

¡Gracias!

Un saludo,

Reme

Remedios Leiva Cáceres
Comercial Zona Centro y Madrid
SEPROCSA
C/ Maldonado, 57
30380 Cartagena (Murcia)

2

Paloma y Jorge

Junto con nuestros padres

Tenemos el gusto de invitaros a la ceremonia civil de nuestro matrimonio, que se celebrará el sábado 30 de noviembre, a la una y media de la tarde, y al almuerzo, tipo cóctel, que tendrá lugar a continuación en la Finca San Antonio, Almagro (Ciudad Real).

Se ruega confirmación

Paloma: 628 678 573

Jorge: 664 220 331

paloma.aleman@gmail.com
jorge_espinar@hotmail.com

EN ESTA UNIDAD VAMOS A

TRANSMITIR MENSAJES Y DESARROLLAR ESTRATEGIAS DE COMUNICACIÓN

RECURSOS COMUNICATIVOS

- desenvolvernos por teléfono
- tomar y dejar recados por teléfono
- transmitir mensajes
- transmitir órdenes, peticiones y consejos

RECURSOS GRAMATICALES

- estilo indirecto: **me ha dicho que... / me ha pedido que... / me ha preguntado si... / me ha preguntado cuándo / dónde / por qué...**

RECURSOS LÉXICOS

- verbos que resumen la intención de un mensaje (**preguntar**, **recomendar**, etc.)
- tipos de mensajes (**carta**, **mensaje de móvil**, **correo electrónico**, etc.)

3

BlackBerry
Chats
9:41 AM
¡Paquito! ¿Por dónde andas? ¿Vamos a cenar hoy y me cuentas qué tal todo? Un abrazo
Rubén 10:08

4

5

endesa

Enero de 2013

Estimado Cliente:

Con el objetivo de mantenerle informado de forma adecuada, le comunicamos la entrada en vigor de las nuevas medidas sobre lectura y facturación de la electricidad a partir del 1 de abril de 2013.

La medida más relevante consiste en que su actual **factura mensual**, que alterna lecturas reales y estimadas, se emitirá a partir del 1 de abril **con lecturas reales** y **cada dos meses** (bimestral).

Desde Endesa Energía XXI, su Comercializadora de electricidad, esperamos que esta información sea de su interés, y le invitamos a leer el texto de esta nota informativa con más detalle:

CARTA INFORMATIVA SOBRE EL CAMBIO A FACTURACIÓN BIMESTRAL[1]

Le informamos que el pasado día 15-01-2013, entró en vigor el Real Decreto 1718/2012, de 28 de diciembre, por el que se determina el procedimiento para realizar la lectura y facturación de los suministros de energía en baja tensión con potencia contratada no superior a 15 KW.

De acuerdo con éste, la facturación de la energía que ...

2. UNA CARTA, UNA NOTA... P. 192, EJ. 2

A. Lee los siguientes textos. ¿Qué tipo de mensajes son?

1. una carta
2. un mensaje de móvil
3. una postal
4. una nota
5. una tarjeta que acompaña unas flores
6. un mail

Apreciados clientes:
Como cada año por estas fechas, les adjunto la nueva lista de precios de nuestros productos para el próximo año. Un cordial saludo,
Aurora Jurado
INDIFEX
C/ Ribera, 4228924 Alcorcón (Madrid)
www.indifex.es

¡Hola, Sara!
Estamos en Sintra. Es un lugar precioso con unos castillos increíbles. Nos está encantando Portugal: las playas son muy bonitas, se come muy bien... ¿Y tú qué tal las vacaciones? ¡Nos vemos pronto en Sevilla!
Un beso,
Ana

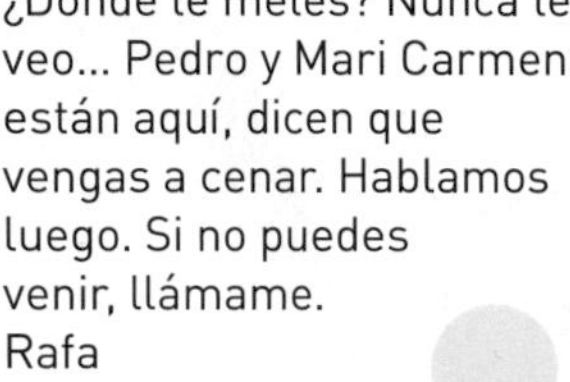

¿Dónde te metes? Nunca te veo... Pedro y Mari Carmen están aquí, dicen que vengas a cenar. Hablamos luego. Si no puedes venir, llámame.
Rafa

¡GRACIAS!

Buenas noches, cariño.

Querida mamá: ¡Feliz cumpleaños!
Un beso muy fuerte.
Tu hijo, Pedro

OLATZ BATEA RODRÍGUEZ
Avda. de Madrid, 23
20011 San Sebastián
Estimada Sra.:
Ante todo, le agradecemos la confianza que deposita en ALDA SEGUROS y le reiteramos nuestro compromiso de ofrecerle siempre la máxima protección y un alto servicio de calidad.
En relación al seguro de su vehículo, le informamos de que el día 01/04/2014 se produce el vencimiento de su póliza. Le rogamos que se ponga en contacto con nosotros para renovarla y actualizar sus datos.
Atentamente,
Director General

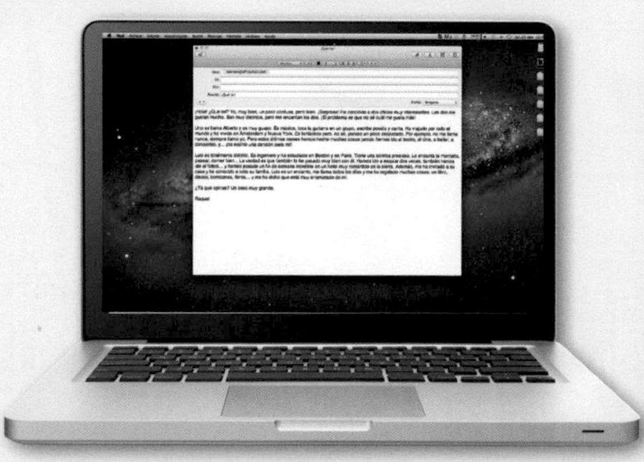

B. ¿Qué textos son formales? ¿Cuáles son informales? Marca en qué lo notas. Fíjate en estos aspectos.

- Fórmulas para saludar y despedirse
- Uso de **tú** o **usted**

C. ¿Cuál de los anteriores tipos de texto escribes tú con más frecuencia? Coméntalo con tus compañeros.

- *Yo escribo muchos mails, pero casi nunca escribo cartas.*

¡Muchas felicidades!
Te quiero mucho.
Carla

3. AL TELÉFONO + P. 192, EJ. 1

28-30

A. Vas a escuchar tres conversaciones telefónicas. Mira las fotos y decide quién habla en cada conversación.

28-30

B. Vuelve a escuchar y completa la tabla.

	1	2	3
¿Quién llama?			
¿Con quién quiere hablar?			
¿Qué relación tiene con esa persona?			
¿Para qué quiere hablar con ella?			
¿Consigue hablar con ella?			

4. RECADOS + P. 193, EJ. 4-5

A. Alfonso ha recibido los siguientes mensajes y después se lo ha contado a un amigo. Relaciona lo que le ha contado con los textos originales.

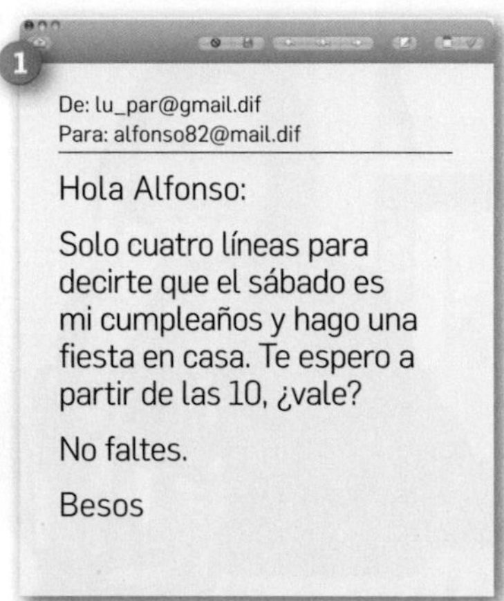

1

De: lu_par@gmail.dif
Para: alfonso82@mail.dif

Hola Alfonso:

Solo cuatro líneas para decirte que el sábado es mi cumpleaños y hago una fiesta en casa. Te espero a partir de las 10, ¿vale?

No faltes.

Besos

2
3G
9:41 AM
Chats
¡Alfonso!
¡Hombre! ¿Qué tal?
Bien, ¿y tú?
Bien también. Por cierto, ¿vas a la fiesta de Luisa?
No, no puedo. Me voy a Venecia con Mari.

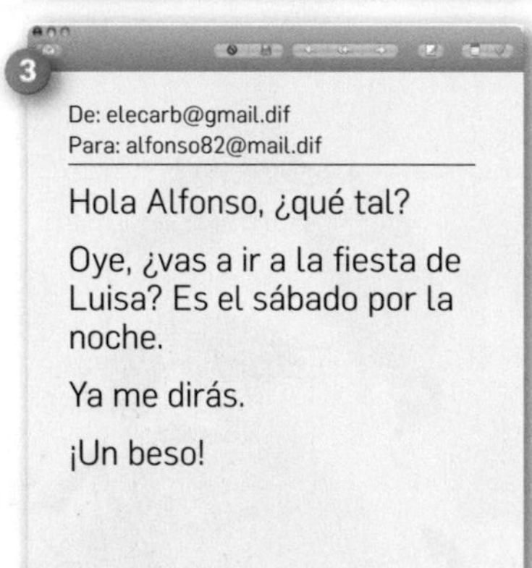

3

De: elecarb@gmail.dif
Para: alfonso82@mail.dif

Hola Alfonso, ¿qué tal?

Oye, ¿vas a ir a la fiesta de Luisa? Es el sábado por la noche.

Ya me dirás.

¡Un beso!

4

- ¿Diga?
- ¿Está Alfonso?
- Sí, soy yo.
- Hola, soy Mamen.
- ¡Hola Mamen! ¿Qué tal?
- Bien, bien. Oye, ¿tú qué vas a llevar a la fiesta de Luisa?
- No sé, supongo que una tarta o algo así.

a. "Esta mañana me ha escrito Elena y **me ha preguntado si** voy a ir a la fiesta de Luisa."
b. "Luisa me ha enviado un correo **para invitarme a** su fiesta de cumpleaños."
c. "Me ha llamado Mamen. **Me ha preguntado qué** voy a llevar a la fiesta de Luisa."
d. "Hoy he hablado con Pedro y **me ha dicho que** no va a la fiesta de Luisa porque se va de viaje."

B. Fíjate en las frases **a** y **c**. ¿Por qué crees que en una dice "me ha preguntado **si...**" y en la otra, "me ha preguntado **qué...**"?

C. Ahora imagina que un amigo te ha hecho hoy estas preguntas. ¿Cómo lo cuentas? Escríbelo en tu cuaderno.

1. ¿Te apetece ir a la fiesta?
2. ¿Cómo vas a ir a la fiesta?
3. ¿Quién va a ir a la fiesta?
4. ¿Javi va a ir a la fiesta?
5. ¿Dónde es la fiesta?
6. ¿Vas a ir en coche a la fiesta?

5. ME HA FELICITADO POR... + P. 194, EJ. 6; P. 196, EJ. 10-11

A. ¿Qué verbo resume el contenido de cada mensaje?

1. Toni: "Me han dicho que has tenido un hijo. ¡Enhorabuena!"
2. Raquel: "¿Quieres venir a cenar a mi casa esta noche?"
3. María: "Adiós. ¡Hasta mañana!"
4. Tu madre: "Tenéis que ir a ver esta película."
5. Tu compañero de piso: "Cada día te dejas los platos sin fregar. ¡No puede ser!"
6. Félix: "¿Vamos a Córdoba en lugar de ir a Sevilla?"
7. Anabel: "Muchas gracias por el regalo."
8. Nerea: "¿Me das una hoja de papel?"
9. Montse: "Y ya sabéis: mañana tenemos examen."

protestar	felicitar	proponer
despedirse	recomendar	recordar
pedir	dar las gracias	invitar

B. Imagina que tú has recibido los mensajes anteriores. ¿Cómo se lo cuentas a otra persona? Escríbelo.

1. Toni me ha felicitado por el nacimiento de mi hijo.
2. ...

6. NOTAS

31

A. Carlota se ha olvidado el móvil en casa y algunas personas le han dejado mensajes en el contestador. Escúchalos e intenta tomar notas.

B. Carlota llama a Juan, su marido, para que escuche él los mensajes y le diga de qué se trata. Observa cómo lo hace y fíjate en la estructura **que** + subjuntivo. ¿Crees que transmite una información o una petición?

1. Ha llamado Alberto Vázquez. Dice que por favor lo llames antes de las tres al móvil.

2. También ha llamado Rita de Contabilidad. Dice que no te olvides de pasarle la última factura de compra de material.

3. Y te ha dejado un mensaje Patricia. Hoy tenéis la cena con los alemanes. Dice que la recojas en su casa a las 20 h y que te lleves una chaqueta, que la cena será al aire libre.

7. JORDI Y XOÁN P. 197, EJ. 12-13

A. A Jordi y a Xoán hoy les han dicho cosas muy bonitas. Cuando han llegado a casa, se lo han contado a su familia. Fíjate en que, cuando transmiten lo que les han dicho, en los dos casos se producen cambios. ¿Qué cambios son?

"Vente a vivir conmigo."

"Eres el mejor trabajador de la empresa."

"Esta tarde Ana me ha pedido que me vaya a vivir con ella."

"Hoy mi jefe me ha dicho que soy el mejor trabajador que tiene."

vente a vivir	que **me vaya** a vivir
eres el mejor trabajador	**soy** el mejor trabajador

B. Imagina que eres Jordi y que te han pedido estas cosas. Transforma las peticiones a estilo indirecto.

1. Tu novia: "Jordi, preséntame a tus padres." → Mi novia me ha pedido que ....
2. Tu compañera de piso: "Jordi, ¿me traes un bocadillo, por favor?" → Mi compañera de piso me ha dicho que ....
3. Tu hermano: "Jordi, ¿me dejas tu traje azul?" → Mi hermano me ha pedido que ....
4. Tu jefe: "Jordi, concéntrate, que últimamente te veo muy despistado." → Mi jefe me ha dicho que ....
5. Una dependienta: "Lo siento, tiene que dejar la mochila en la entrada." → La dependienta me ha pedido que ....

8. ¿DÍGAME?

A. Lee estas transcripciones de conversaciones telefónicas y complétalas con las frases que faltan.

1

- ¿Sí?
- Hola, ...
- Sí, soy yo.
- Ay, perdona. Soy Marisa. ¿Qué tal?
- ¡Hola Marisa! ¿Qué tal?
- ....

2

- ¿Diga?
- Hola, quería hablar con Rosa María.
- ....
- De Juan Manuel.
- ....

3

- Industrias Ferreiro. Buenos días.
- Buenos días. ¿Podría hablar con el señor Ferreiro?
- ¿De parte de quién, por favor?
- ....
- Un momentito por favor. (...)
- Sr. Román, le paso con el señor Ferreiro.
- ....

4

- ¿Dígame?
- Buenas tardes. ¿Podría hablar con la señora Escudero?
- Lo siento, pero no está. ¿Quiere dejarle algún recado?
- ....

5

- ¿Dígame?
- ¿Con el señor Sancho, por favor?
- ....
....
Aquí no vive ningún señor Sancho.
- ¿No es el 98 456 78 78?
- No, no, se equivoca.
- ....

¿De parte de quién? | Un momento, ahora se pone. | Ah, pues perdone. | Sí, dígale que ha llamado Adela Giménez, por favor. | ¿está Javier? | Lo siento, pero creo que se equivoca. | Nada, te llamaba para saber qué haces el domingo. Es que... | De acuerdo, gracias. | De parte de Antonio Román.

32-36

B. Ahora, escucha y comprueba.

C. Escribe en tu cuaderno qué frases de las conversaciones anteriores se usan con las siguientes finalidades.

- Responder a una llamada
- Preguntar por alguien
- Identificar a la persona que llama
- Pasar una llamada
- Tomar un mensaje
- Decir a la persona que llama que ese no es el número correcto

D. ¿Qué frases del apartado anterior se usan en conversaciones formales? ¿E informales? ¿Y en las dos?

AL TELÉFONO

RESPONDER

¿Diga? / ¿Dígame?
¿Sí?
*Transportes Álvarez, **buenos días**.*

En Latinoamérica existen también otras formas para responder al teléfono: **bueno**, **aló**, **pronto**, **hola**...

PREGUNTAR POR ALGUIEN

- *Hola, **¿está** Javier?*
- *Sí, soy yo. / No, no está.*

- *Hola, **quería hablar con** César.*

- *Hola, buenos días. ¿**Puedo hablar con** Pedro Aragón?*
- *Lo siento, pero no está. Ha salido.*
- ***¿A qué hora lo puedo encontrar?***
- *Creo que hoy ya no va a volver.*

- *Buenos días. ¿Podría ponerme con el señor Ramírez?*
- *Un momento, por favor.*

- *¿**La señora García** / **Pilar García**, por favor?*
- *Lo siento, pero se equivoca.*
- *¿No es el 94 567 38 94?*
- *No, lo siento.*
- *Disculpe.*

IDENTIFICAR A LA PERSONA QUE LLAMA

- ***¿De parte de quién**, por favor?*
- ***De** Pedro.*

PASAR UNA LLAMADA

*Un momento, **ahora le / te paso con** él / ella.*
*Un momento, **ahora se pone**.*

TOMAR UN MENSAJE

- ***¿Quiere/s dejar algún mensaje/recado?***
- ***Sí, dígale / dile que ha llamado** Javier.*

TRANSMITIR MENSAJES DE OTROS

TRANSMITIR UNA INFORMACIÓN

Me ha dicho **que**...
Me ha contado **que**...
Me ha comentado **que**...

*Juan **me ha dicho que** no puede ir a la fiesta, que se va de fin de semana a Venecia.*

TRANSMITIR UNA PREGUNTA

Me ha preguntado **si**...
Me ha preguntado **qué** / **dónde** / **cuál** / **por qué** / **cómo** / **cuándo** / **cuánto**...

¿Eres español?
*→ **Me ha preguntado si** soy español.*

¿Cuándo os vais de vacaciones?
*→ **Me ha preguntado cuándo** nos vamos de vacaciones.*

En un registro coloquial, podemos añadir la partícula **que**.

***Me ha preguntado (que) si** me voy a casar.*
***Me ha preguntado (que) cuándo** será la boda.*

dar las gracias (**a** alguien **por** algo)	**proponer** (algo **a** alguien)
despedirse (**de** alguien)	**protestar** (**por** algo)
felicitar (**a** alguien **por** algo)	**recomendar** (algo **a** alguien)
invitar (**a** alguien **a** algo)	**recordar** (algo **a** alguien)
pedir (algo **a** alguien)	**sugerir** (algo **a** alguien)
preguntar (**por** alguien / algo **a** alguien)	**saludar** (**a** alguien)

UNA INTENCIÓN + P. 194, EJ. 5

Para transmitir un mensaje, podemos utilizar verbos que resumen la intención del hablante.
*Julio ha llamado para **invitar a** Ricardo a cenar.*
*Ha llamado Vicente para **despedirse de** tu hermano.*
*Ha pasado tu padre. **Me ha preguntado por** ti.*

TRANSMITIR ÓRDENES, PETICIONES Y CONSEJOS

Transmitimos las peticiones mediante la estructura **que** + presente de subjuntivo.

¡Pasa esta tarde por casa!

¿Por qué no me ayudas a hacer los ejercicios? Por favor...

Le ha dicho que pase esta tarde por su casa.
Le ha pedido que le ayude a hacer los ejercicios.
Le ha recomendado que se compre un coche nuevo.

9. LLAMADAS

A. Vamos a trabajar en grupos de tres (A, B y C). Cada grupo prepara estas cuatro conversaciones telefónicas.

- A y B son amigos y viven juntos.
- Llama C, que es amigo de los dos, porque quiere hablar con B para quedar con él / ella.
- A responde al teléfono.
- A y C se conocen también.

- A es el padre de B.
- B llama a A para felicitarlo por su cumpleaños.
- C responde al teléfono.
- C es el hermano de B, que vive aún con sus padres.

- B es recepcionista en una empresa en la que C es el director.
- A llama por teléfono porque quiere hablar con C para pedirle una cita.

- C es secretario/-a en una consulta médica. Llama a A para recordarle que tiene una cita con el médico.
- Se pone al teléfono B, que es la pareja de A.
- A no está en casa.

B. Ahora, vais a representar las cuatro conversaciones.

10. TENGO UN MENSAJE PARA TI

A. Escribe una nota para el compañero que te indique el profesor. Puedes informarle de algo, invitarlo a algo, agradecerle, pedirle o preguntarle algo. Luego, entrégale la nota a tu profesor.

B. Tu profesor te va a dar la nota que un compañero ha escrito para otra persona. Tienes que transmitir el mensaje a su destinatario.

- *Olga, tengo un mensaje de Tom para ti. Te pide un libro de filosofía griega y te pregunta si...*

¡Hola Olga!

¿Verdad que tú tienes un libro de filosofía griega?
Es que tengo que hacer un trabajo para la semana que viene. ¿Puedes traerlo mañana?

Tom

11. ME HA DICHO QUE...

Imagina que esta mañana has hablado con diferentes personas del centro donde estudias español y te han dicho estas cosas. Cuéntaselo a tu profesor.

"¿Qué vas a hacer esta tarde?"
Julie (una compañera de clase)

"Escucha el último disco de Pablo Alborán. Es muy bueno."
Manfred (un compañero de clase)

"Necesito tu carné de identidad."
Max (el recepcionista)

"El viernes vamos a visitar un pueblo muy bonito y luego nos quedamos a cenar en un restaurante donde se come muy bien. ¿Quieres venir? Solo cuesta 30 euros, cena incluida."
Manuela (una chica que organiza excursiones y visitas culturales)

12. ¿QUÉ ESCRIBIMOS?

PEL **A.** Vas a escribir un texto, pero primero piensa un número del 1 al 5; luego, piensa otro número del 6 al 10. Ya tienes el motivo de tu mensaje y su destinatario. Ahora, elige el canal más adecuado y escríbelo.

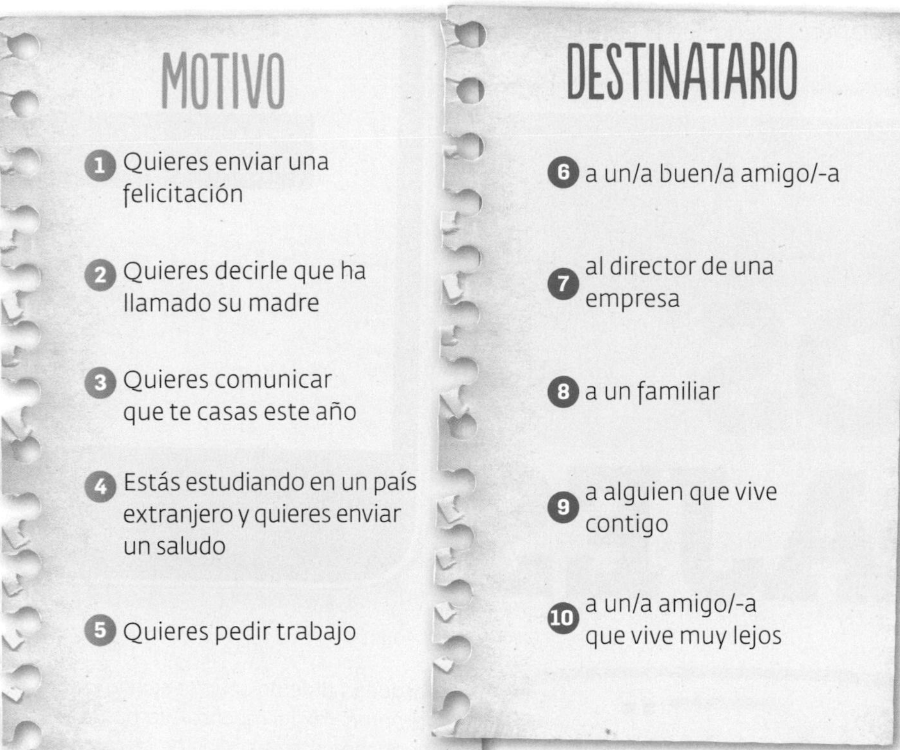

MOTIVO
1 Quieres enviar una felicitación
2 Quieres decirle que ha llamado su madre
3 Quieres comunicar que te casas este año
4 Estás estudiando en un país extranjero y quieres enviar un saludo
5 Quieres pedir trabajo
DESTINATARIO
6 a un/a buen/a amigo/-a
7 al director de una empresa
8 a un familiar
9 a alguien que vive contigo
10 a un/a amigo/-a que vive muy lejos

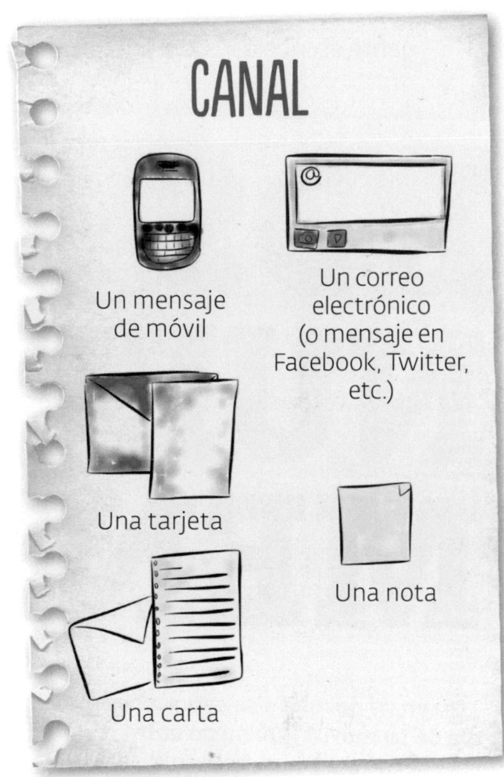

B. Pásale tu texto a un compañero (él te pasará el suyo). Explícale qué tipo de texto es, cuál es el destinatario y cuál es su finalidad. Después de leerlo, tenéis que intentar mejorarlo entre los dos.

- *Me parece que "Hola señores" no es muy adecuado, ¿no?*
- *¿Tú crees? Yo no estoy segura.*

PARA COMUNICAR

Yo creo que / Me parece que
- aquí **puedes / tienes que poner...** (en vez de)...
- **no es muy adecuado.**
- aquí **falta** un pronombre / una preposición...

¿Estás seguro/-a de que ... **es correcto / se dice así?**
No sé si esto **está bien / es correcto.**

CRITERIOS DE EVALUACIÓN

Adecuación (al destinatario y a la finalidad)	- ¿El tipo de texto es el ideal? - ¿El registro es adecuado?
Estructura	- ¿El formato es el típico / normal en estos textos? - ¿Las ideas se estructuran de forma coherente?
Léxico y gramática	- ¿Usa palabras adecuadas al registro? - ¿El léxico es variado? - ¿El texto es correcto gramaticalmente?

13. LOS NUEVOS MENSAJES P. 195, EJ. 7; P. 196, EJ. 8-9

A. ¿Qué tipo de mensajes envías con tu móvil? ¿Los escribes de forma distinta a otro tipo de textos?

B. Mira los mensajes de los móviles. ¿Los entiendes? ¿Por qué crees que la gente escribe así? Coméntalo con un compañero. Luego, lee el texto.

LOS NUEVOS MENSAJES

¿Quién de nosotros se separa hoy en día de su móvil? ¿Quién no entra en redes sociales para dar su opinión sobre temas diversos y para chatear? Y sobre todo, ¿quién no envía mensajes a sus amigos en sus horas muertas (en el metro, en un bar, en la calle...)?

Hoy en día, estamos continuamente enviándonos mensajes. Son mensajes escritos, pero tienen características de la lengua oral: son coloquiales, cortos e instantáneos. Esta nueva forma de comunicarse ha dado lugar al nacimiento de un código de escritura basado en abreviaturas y a los llamados "emoticonos", que suplen aspectos importantes de la lengua hablada, como los gestos o la entonación.

Este sistema de abreviaturas puede poner en dificultades a los no iniciados, ya que sus reglas son muchas y muy diversas: se suprimen los artículos, los signos de exclamación e interrogación al principio de la frase, los acentos y muchas vocales, por ejemplo *msjr = mensajero*. Para ganar espacio, se reemplazan la **ch** y la **ll** por la **x** y la **y** respectivamente (la **ñ** no, porque la tilde no ocupa espacio): *ymm = llámame*; *mxo = mucho*. Además, se utiliza fonéticamente el sonido de letras, símbolos y números: *salu2 = saludos*; *xfa = por favor*; *xq = por qué*...

El problema es que este código está tan difundido entre los jóvenes que ha comenzado a extenderse más allá de la pantalla del móvil: algunos profesores universitarios se han visto en la necesidad de advertir a sus estudiantes que no corregirán exámenes escritos "en SMS". ¿Por qué se ha difundido hasta tal punto esta escritura rápida? ¿Cómo se explica su persistencia cuando la mayoría de los móviles cuentan con el sistema de "texto predictivo"? Quizás la respuesta es que usar ese lenguaje no es solo una cuestión de economía, sino de identificación con el grupo. No se trata necesariamente de un fenómeno de empobrecimiento del lenguaje. Mucha gente sabe escribir correctamente, pero usa este código para comunicarse con los amigos. Es un modo más de estrechar lazos y de marcar su pertenencia al grupo.

C. Lee las opiniones de los expertos en el cuadro rojo. ¿Estás de acuerdo con lo que dicen?

D. ¿Existe en tu lengua un código parecido para los SMS? ¿En qué consiste? Escríbelo y luego preséntaselo a tus compañeros. Puedes acompañarlo de imágenes.

En un debate de La 2, algunos expertos opinaron sobre el efecto de las nuevas tecnologías en el lenguaje. Estas fueron algunas de ellas:

"Los estudiantes siempre han tomado notas en clase con abreviaturas y signos fonéticos que sin embargo no usan cuando redactan un trabajo o envían una solicitud de empleo. Lo importante es dominar la lengua —que básicamente es un instrumento de comunicación— para disponer de registros lingüísticos variados que nos permitan adaptarnos a las circunstancias."
Carmen Caffarel, directora del Instituto Cervantes

"Creo que el lenguaje abreviado no es una sustitución de la lengua que hablamos, sino casi otro lenguaje, en el sentido de otro código, que utilizamos. Por eso mismo no empobrece el lenguaje; es una habilidad extra, que nos sirve para comunicarnos mediante herramientas diferentes."
Marilín Gonzalo, bloguera

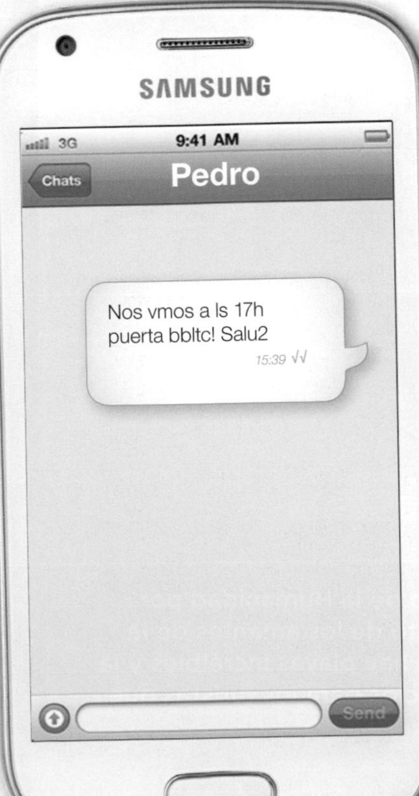

LOS EMOTICONOS MÁS USADOS

:-)	Sonriente
:-o	Sorprendido
:-(	Triste
:*	Un beso
:'(	Llorando
I-O	Aburrido
:-I	Serio, indiferente
:S	Preocupado
;-)	Guiñar un ojo

VÍDEO aulainternacional.difusion.com

EN CONSTRUCCIÓN

¿Qué te llevas de esta unidad?

Lo más importante para mí:

....

....

Palabras y expresiones:

....

....

Algo interesante sobre la cultura hispana:

....

....

Quiero saber más sobre...

....

....

Cómo voy a recordar y practicar lo que he aprendido:

....

....

8 EL TURISTA ACCIDENTAL

EMPEZAR

1. DESTINOS TURÍSTICOS DE COLOMBIA

P. 198, EJ. 1; P. 202, EJ. 15, 18-19

A. Esta web destaca cinco destinos turísticos de Colombia. ¿Cuáles de los siguientes tipos de turismo crees que se pueden hacer en cada destino? ¿Por qué?

- turismo de aventura
- turismo de sol y playa
- turismo cultural
- turismo rural
- turismo gastronómico
- turismo urbano
- turismo deportivo

> • *¿Dónde se puede hacer turismo deportivo?*
> ○ *Aquí, en el cañón de Chicamocha se puede practicar* rafting.

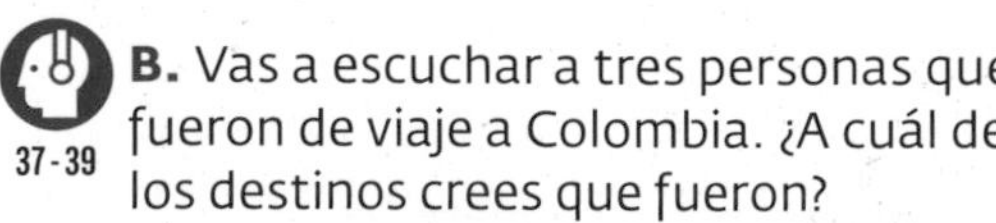

37-39 **B.** Vas a escuchar a tres personas que fueron de viaje a Colombia. ¿A cuál de los destinos crees que fueron?

1. ....
2. ....
3. ....

www.viajando_con_aula.com/Colombia

Cartagena de Indias

Esta ciudad, declarada Patrimonio de la Humanidad por la UNESCO, es el destino predilecto de los amantes de la arquitectura colonial. En la región hay playas increíbles y la ciudad cuenta con todos los servicios para los turistas que buscan placer y descanso.

EN ESTA UNIDAD VAMOS A

CONTAR ANÉCDOTAS REALES O INVENTADAS

RECURSOS COMUNICATIVOS

- recursos para contar anécdotas
- recursos para mostrar interés al escuchar un relato
- hablar de causas y consecuencias

RECURSOS GRAMATICALES

- algunos conectores para hablar de causas y consecuencias: **como**, **porque**, **así que**, **de modo que**, etc.
- el pretérito pluscuamperfecto de indicativo
- combinar los tiempos del pasado en un relato (pretérito perfecto, pretérito indefinido, pretérito imperfecto, pretérito pluscuamperfecto)

RECURSOS LÉXICOS

- viajes
- tipos de turismo

5 destinos turísticos de moda

Bogotá

La capital de Colombia es un destino perfecto para los amantes del arte, ya que cuenta con importantes museos y festivales (como el famoso Festival Iberoamericano de Teatro). La ciudad tiene también una amplia oferta de restaurantes, bares y discotecas.

"Triángulo del café"

Aquí se cultiva el mejor café del mundo. Un lugar con bellos paisajes, en el que los amantes del café podrán hospedarse en haciendas tradicionales, pasear por las plantaciones, ver el proceso de producción del café y conocer la cultura cafetera.

El Amazonas

Destino ideal para los turistas que quieren estar en contacto con la naturaleza, para los interesados en la fauna y la flora y para los que desean conocer la cultura de las comunidades indígenas.

Cañón de Chicamocha

Se encuentra en Santander, una región de montañas y ríos situada en el noreste del país. El cañón de Chicamocha es el más largo de América del Sur y es el destino idóneo para los amantes del rafting.

2. VACACIONES

A. Completa este cuestionario sobre tu manera de viajar. Puedes marcar más de una opción. Luego, compara tus respuestas con las de un compañero y toma nota de las suyas.

¿QUÉ TIPO DE VIAJERO ERES?

Parque Nacional del Aconcagua. Argentina

Hotel de lujo en Tenerife. España

1. Cuando decides hacer un viaje, ¿qué haces?
- Voy a una agencia de viajes y comparo precios.
- Busco en internet y lo organizo yo.
- Pregunto a amigos o a conocidos.
- Siempre voy de vacaciones al mismo sitio.

2. Cuando preparas un viaje, quieres...
- planificarlo todo con mucha antelación.
- que otra persona organice el viaje. Tú te adaptas.
- tener las cosas organizadas, pero no todo.
- poder decidir las cosas sobre la marcha e improvisar.

3. Prefieres viajar...
- con un grupo numeroso.
- con la familia.
- con amigos
- solo/-a

4. ¿Qué sueles comprar en tus viajes?
- Productos típicos (artesanía, gastronomía, ropa...)
- Música.
- *Souvenirs*.
- No me gusta comprar nada.

5. ¿Qué es lo que más te gusta hacer en tus vacaciones?
- Perderme por las calles; descubrir cómo vive la gente.
- Salir de noche y conocer la vida nocturna.
- Descansar cerca del mar o en la montaña.
- Visitar museos, iglesias, monumentos.

6. ¿Qué tipo de alojamiento prefieres?
- Acampar en plena naturaleza.
- Alquilar un apartamento.
- Hospedarme en una casa rural.
- Alojarme en un hotel.

7. Lo que nunca falta en tu maleta es...
- un buen libro.
- una plancha.
- una cámara.
- un botiquín.

8. ¿Qué te gusta comer cuando viajas?
- Como las cosas típicas, pero solo en buenos restaurantes.
- Lo mismo que en mi país.
- Pruebo la comida del lugar y como de todo.
- Me llevo la comida de casa.

B. Ahora, interpreta las respuestas de tu compañero e intenta explicar a los demás cómo es.

- independiente
- imprudente
- original
- previsor/a
- aventurero/-a
- organizado/-a
- valiente
- tradicional
- curioso/-a
- deportista
- prudente
- familiar

- *Tengo la impresión de que Gina es muy previsora, siempre prepara los viajes con muchísima antelación y...*

3. ¿BUEN VIAJE? P. 198, EJ. 2

A. Lee los testimonios de unos viajeros publicados en la web de viajes **trotamundos.es**. Luego, lee estas frases y decide quién tuvo estas experiencias.

1. El viaje estuvo muy bien organizado.
2. El alojamiento no era como les habían prometido.
3. Le perdieron las maletas y nunca las recuperó.
4. Tuvieron suerte con el hotel.
5. Tuvieron mala suerte con el guía.
6. Las condiciones reales del viaje no eran las que se anunciaban.
7. Estuvieron a punto de perder el avión.
8. Tuvieron suerte con el vuelo: les subieron de clase.
9. Hicieron una reclamación pero no recibieron compensación.
10. Encontraron el viaje en el mismo buscador.

www.trotamundos.es/foros/0678

FOROS DE LOS VIAJEROS >> EXPERIENCIAS

Emilio Jun 27 a las 17:31

El año pasado contraté un viaje a Roma a través de vuelatours.com. Habíamos reservado un hotel de cuatro estrellas en el centro (en la web parecía muy bonito) pero cuando llegamos, nos llevaron a uno de dos estrellas que estaba a unos 15 kilómetros del Coliseo. Además, el hotel estaba en condiciones lamentables: no había calefacción y las habitaciones daban a una calle muy ruidosa. Cuando volvimos a España, hicimos una reclamación a la agencia, pero no quisieron asumir ninguna responsabilidad.

1 comentario:

Pues mi novio y yo hicimos un viaje hace unos meses con vuelatours y no tuvimos ningún problema... **Estela** Jun 27 a las 19:01

Abel Jun 28 a las 15:21

En un viaje de negocios a Estocolmo, la compañía aérea, Airtop, perdió mi equipaje. Cuando fui a reclamar, descubrieron que, por error, habían enviado mi maleta a China, pero prometieron enviármela a la mañana siguiente al hotel. Yo tenía una reunión importantísima al día siguiente. La maleta no llegó ni aquel día ni nunca, de modo que tuve que ir a la reunión con la misma ropa que el día anterior y sin afeitar. Además, no recibí ninguna indemnización.

1 comentario:

Esa compañía no es fiable, siempre da problemas. A mí me han perdido el equipaje dos veces y tampoco me llegaron nunca las maletas... Y, por supuesto, nunca te devuelven el dinero. **Román** Jun 30 a las 00:31

Bruno Jul 12 a las 22:30

En agosto fuimos de luna de miel a Zanzíbar. No nos gustan los viajes organizados, pero aprovechamos una oferta que nos pareció interesante. Todo funcionó de maravilla: las excursiones salieron puntuales, el guía era encantador y tuvimos buen tiempo. Del hotel, ninguna queja: lo habían reformado unos meses antes y todo estaba como nuevo. Además, el servicio era excelente.

Federica y Sofía Ago 22 a las 21:46

Como viaje de fin de curso, queríamos hacer una ruta por Marruecos, así que contratamos un viaje con Surman Tours. Se trataba, en teoría, de un viaje organizado específicamente para nosotros con un guía. Una vez allí, nos encontramos con un autocar viejo e incómodo, y con treinta personas más. El guía no hablaba ni francés ni árabe y, encima, al tercer día se puso enfermo y tuvimos que hacer el resto del viaje solos. Fue lamentable.

Montse Ago 28 a las 11:36

Hace dos años, mi novio y yo fuimos de vacaciones a Nueva York. Llegamos con el tiempo justo al aeropuerto y ya habían empezado a embarcar. Como resulta que había *overbooking*, la compañía decidió cambiar de sitio a algunos pasajeros. Al final, hicimos el viaje en *business* y no en turista. Fue el viaje más cómodo de mi vida.

B. Y tú, ¿has tenido experiencias parecidas alguna vez?

- *Yo, una vez, tuve que pasar dos días en el aeropuerto porque había huelga de controladores.*
- *¿Ah, sí? ¡Qué rollo!, ¿no? Pues yo...*

EXPLORAR Y REFLEXIONAR

4. EQUIPAJE EXTRAVIADO

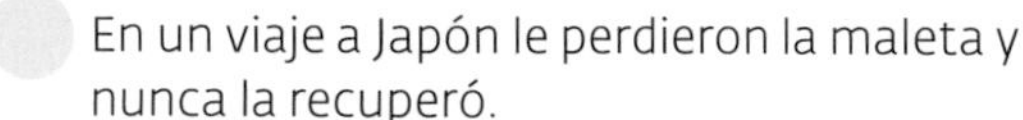
P. 198, EJ. 3; P. 199, EJ. 4-5; P. 201, EJ. 13-14

40

A. Vas a escuchar a unas amigas que comentan una anécdota. Marca qué frase la resume mejor.

- En un viaje a Japón le perdieron la maleta y nunca la recuperó.
- En un viaje a Japón le perdieron la maleta y se tuvo que poner la ropa de sus amigas.

B. Aquí tienes la transcripción de la conversación. Léela y vuelve a escuchar. En negrita aparecen marcados los recursos que utiliza la interlocutora. ¿Qué hace en cada caso?

1. Reacciona expresando sentimientos, sorpresa, alegría...
2. Hace preguntas y pide más información.
3. Repite las palabras de la interlocutora.
4. Da la razón o muestra acuerdo.
5. Acaba las frases de la interlocutora.

- A mí una vez me perdieron las maletas en un viaje.
- **¿Ah, sí? ¡Qué rabia!, ¿no?**
- Pues sí. Resulta que con los de la universidad decidimos hacer el viaje de fin de curso a Japón. Cogimos el avión, y bueno, cuando llegamos, todo el mundo recogió sus maletas y yo, pues esperando y esperando y nada.
- **¡Qué rollo!**
- Y digo: "Bueno, no sé, ahora saldrán". Pero no. Fui a preguntar y me dijeron que las maletas habían ido en otro avión... ¡A Cuba!
- **¡A Cuba!**
- Sí, sí.
- **¿Y qué hiciste?**
- Bueno... Pues... En realidad, no podía hacer nada, de modo que me fui al hotel con los demás y a esperar. ¡Tardaron tres días en devolvérmelas!
- **¿Tres días? ¡Qué fuerte!**
- Sí, y claro, yo tenía toda la ropa en la maleta. Así que los primeros días tuve que pedir cosas a mis amigas, ¿no?: camisetas, bañadores, ropa interior... de todo, ¿sabes?
- **Ya, claro. Eso o ir desnuda.**
- Menos mal que al final llegó la maleta porque, hija, como ninguna de mis amigas tiene mi talla...
- **...ibas todo el día disfrazada, ¿no? ¡Menos mal!**
- Sí, menos mal. Total, que me lo pasé fatal durante varios días, sin saber qué ponerme, y cuando llegó mi maleta me puse más contenta...

C. Vuelve a leer la conversación y fíjate en los elementos subrayados. Sirven para organizar el relato. Clasifícalos en esta tabla.

EMPEZAR O PRESENTAR UNA INFORMACIÓN NUEVA →	
TERMINAR O PRESENTAR EL RESULTADO DE LO RELATADO →	
MANTENER LA ATENCIÓN O EL TURNO DE PALABRA →	

5. METER BAZA

A. Anabel le cuenta a su amiga Clara lo que le sucedió ayer. Completa sus intervenciones con las expresiones que creas más adecuadas.

¿Qué? | ¡Menos mal! | ¿Y qué hiciste? | ¿Ah, sí? ¿Y por qué? ¿Qué pasó? | Ya | ¡Qué mala suerte! | ¡No!

A: ¿Sabes qué?

C: ....

A: Pues resulta que ayer no dormí en casa.

C: ....

A: Pues nada... que me dejé las llaves dentro.

C: ....

A: Sí, sí, dentro de casa, y no me di cuenta hasta que llegué a casa, tardísimo.

C: ....

A: ¿Sabes cuando empiezas a buscar y a buscar y no las encuentras y te asustas?

C: ....

A: Bueno. Yo vivo con un amigo, ¿sabes? Entonces, empecé a llamar al timbre y mi amigo, nada, que no me oía.

C: ....

A: Así estuve una hora y nada... Al final llamé por teléfono a una amiga que vive cerca y he dormido allí toda la noche.

C: ....

A: Sí, menos mal, porque ya no sabía qué hacer.

41

B. Escucha y comprueba.

6. ¿DE QUÉ VA? P. 199, EJ. 6; P. 200, EJ. 7

A. Lee los mensajes de móvil que algunos viajeros han enviado a sus amigos y familiares. Relaciónalos con las fotos de los lugares que aparecen debajo.

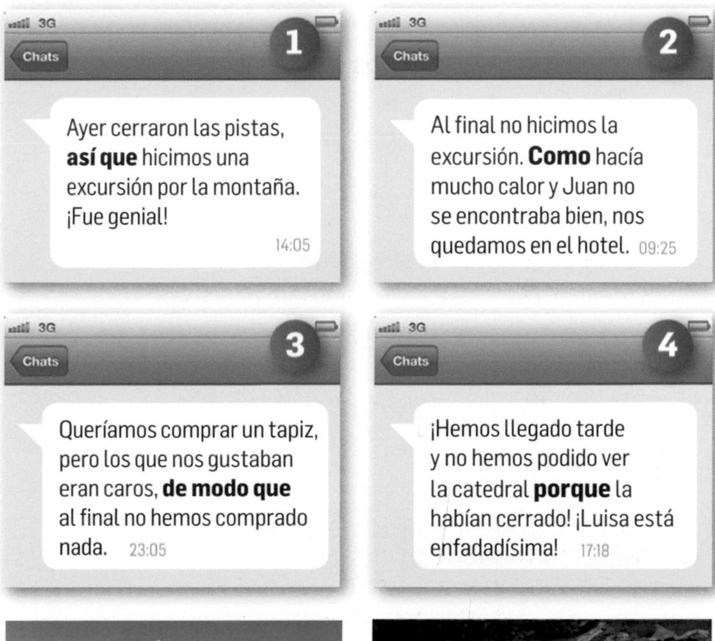

1
Chats
Ayer cerraron las pistas, **así que** hicimos una excursión por la montaña. ¡Fue genial!
14:05
2
Chats
Al final no hicimos la excursión. **Como** hacía mucho calor y Juan no se encontraba bien, nos quedamos en el hotel.
09:25
3
Chats
Queríamos comprar un tapiz, pero los que nos gustaban eran caros, **de modo que** al final no hemos comprado nada.
23:05
4
Chats
¡Hemos llegado tarde y no hemos podido ver la catedral **porque** la habían cerrado! ¡Luisa está enfadadísima!
17:18

Cerro Capilla en Bariloche, Argentina

Mercado de artesanía en Cusco, Perú

Toledo, España

Hotel en Puerto Iguazú, Misiones, Argentina

B. Fíjate en los conectores marcados en negrita. ¿Cuáles sirven para presentar una causa? ¿Cuáles sirven para presentar una consecuencia?

C. Piensa en un viaje que hiciste. Escribe cuatro mensajes contando experiencias que viviste. En cada mensaje tienes que usar uno de los conectores del apartado A.

7. ANTES O DESPUÉS P. 200, EJ. 8-9

A. Responde a las preguntas.

	SÍ	NO
1. ¿Vieron a Juan?		
a. Cuando llegó Juan, **nos fuimos** del cine.		
b. Cuando llegó Juan, **nos habíamos ido** del cine.		
2. ¿Viajaron juntos?		
a. Cuando nos conocimos, **hicimos** muchos viajes.		
b. Habíamos hecho muchos viajes cuando nos conocimos.		
3. ¿Se casaron Andrés e Inés en España?		
a. Cuando Andrés volvió a España **se casó** con Inés.		
b. Cuando Andrés volvió a España **se había casado** con Inés.		

B. Fíjate en los dos tiempos que están en negrita en las frases anteriores. ¿Entiendes cuándo usamos uno u otro? Luego lee estas frases y marca cuál de los dos tiempos es más adecuado.

1. Al principio no reconocí a Pablo porque no lo **vi** / **había visto** desde la escuela.
2. Cuando salimos del teatro, **nos fuimos** / **habíamos ido** a cenar.

C. Algunas de las frases anteriores están en pretérito pluscuamperfecto. ¿Sabes cómo se forma este tiempo?

	PRET. IMPERFECTO DE HABER	PARTICIPIO
(yo)	había	
(tú)	....	habl**ado**
(él/ella/usted)	había	com**ido**
(nosotros/nosotras)	....	viv**ido**
(vosotros/vosotras)	....	
(ellos/ellas/ustedes)	habían	

8. EL VUELO YA HABÍA SALIDO

Lucía cuenta lo que les pasó a ella y a Óscar en sus últimas vacaciones. Completa la narración con verbos conjugados en imperfecto, en indefinido o en pluscuamperfecto.

Junio
Unos amigos les recomiendan cuervoviajes.com.

1 de Julio
Contratan unas vacaciones a Orlando con cuervoviajes.com.

3 de Agosto
Hacen la primera escala en Ámsterdam.
Al llegar a Ámsterdam les dicen que hay *overbooking*.
Esperan dos horas.
Consiguen embarcar y vuelan a Detroit, donde tienen que hacer la segunda escala.
Sale el vuelo de Detroit a Orlando.
Llegan a Detroit.
Tienen que coger el próximo vuelo a Orlando. Consecuencia: pierden un día de estancia en Orlando y una noche de hotel.

15 de agosto
Reclaman a la agencia y a la compañía aérea. La agencia no quiere hacerse responsable de nada y la compañía aérea no asume ninguna responsabilidad.

"Hace unos meses .... un viaje a Orlando con cuervoviajes.com porque unos amigos nos lo .... A la ida teníamos que hacer dos escalas. Cuando .... a Ámsterdam, nuestra primera escala, nos dijeron que .... *overbooking*. .... que esperar más de dos horas, pero, al final, ... embarcar. Cuando .... a Detroit, la segunda escala, ... nuestra conexión porque el vuelo a Orlando ya .... Así que tuvimos que esperar en el aeropuerto y coger el siguiente avión a Orlando. A la vuelta, ... a la agencia y a la compañía aérea. Les dijimos que por culpa de estos incidentes .... un día de estancia en Orlando y una noche de hotel, y que queríamos una indemnización. Pero la agencia no .... hacerse responsable de nada y la compañía aérea no .... ninguna responsabilidad."

NARRAR ACONTECIMIENTOS PASADOS + P. 200, EJ. 10

PRETÉRITO PLUSCUAMPERFECTO

Usamos el pretérito pluscuamperfecto para marcar que una acción pasada es anterior a otra ya mencionada.

	PRETÉRITO IMPERFECTO DE HABER	+ PARTICIPIO
(yo)	hab**ía**	
(tú)	hab**ías**	viaj**ado**
(él/ella/usted)	hab**ía**	com**ido**
(nosotros/nosotras)	hab**íamos**	sal**ido**
(vosotros/vosotras)	hab**íais**	
(ellos/ellas/ustedes)	hab**ían**	

Cuando llegamos al hotel, no pudimos cenar porque habían cerrado la cocina.

23:30 h — **23:00 h**

PRETÉRITO IMPERFECTO

En un relato, el imperfecto se suele usar para hablar de las circunstancias que rodean a otra acción, presentándolas como hechos no terminados.

Observa que, en un relato, el imperfecto no es independiente. La narración avanza gracias a las acciones referidas en indefinido o perfecto. El imperfecto añade información sobre las circunstancias.

REFERENCIAS Y RELACIONES TEMPORALES EN EL PASADO

Aquel día / mes / año
Aquella semana / mañana / tarde / noche
Al día / mes / año siguiente
A la semana / mañana / tarde / noche siguiente
El día / mes / año anterior
La mañana / tarde / noche / semana anterior

***Aquel día** estuvimos estudiando hasta tarde. **Al día siguiente** teníamos un examen muy importante.*

RECURSOS PARA CONTAR ANÉCDOTAS

Cuando contamos una anécdota, utilizamos numerosos recursos. El que la cuenta intenta captar y mantener la atención de su interlocutor. Este suele cooperar dando muestras de atención y de interés.

EMPEZAR UNA ANÉCDOTA

Para empezar a narrar la historia, podemos usar **resulta que** o **una vez**.
***Resulta que** un día estábamos en Lugo y queríamos salir...*
*Yo **una vez** me quedé dos horas encerrado en un baño.*

Para situar una anécdota en el tiempo, utilizamos:

Un día / Una noche...	**Ayer / El mes pasado...**
Hace unos meses	**El otro día / La otra tarde...**

También solemos usar el verbo **pasar**.
*Hace tiempo **me pasó** una cosa increíble. Estaba en...*

TERMINAR UNA ANÉCDOTA

Para terminar una anécdota, presentando el resultado de lo relatado anteriormente, solemos usar recursos como:

***Al final** fuimos en tren porque no había plazas en el avión.*
***Total, que** se fueron todos y tuve que pagar yo la cuenta.*

MOSTRAR INTERÉS AL ESCUCHAR UNA ANÉCDOTA

El interlocutor reacciona haciendo preguntas, pidiendo detalles.

¿Y qué hiciste?	**¿Qué pasó?**	**¿Y cómo terminó?**

Dando la razón o mostrando acuerdo.

Claro.	**Normal.**	**Lógico.**	**Ya.**

O con expresiones de sorpresa, alegría...

¿Ah, sí?
¡No!
¡Menos mal!
¡No me digas!
¡Qué rabia / horror / rollo / pena / bien / mal / extraño...!, (¿no?)
¡Qué mala / buena suerte!, (¿no?)

También podemos mostrar interés mediante la risa, repitiendo las palabras del otro o acabando las frases del que habla (normalmente con otra entonación).

HABLAR DE CAUSAS Y CONSECUENCIAS

Para presentar la causa, usamos **como** y **porque**.
***Como** no tenía dinero, me quedé en casa.*
*Nos quedamos en casa **porque** no teníamos dinero.*

Para presentar las consecuencias, usamos **así que** o **de modo que**.
*Estábamos agotados, **así que** decidimos no salir.*
*No reservé con tiempo, **de modo que** me quedé sin plaza.*

9. LA VIDA DE VICENTE FERRER P. 201, EJ. 12

A. Vicente Ferrer fue un cooperante y activista español. En parejas, fijaos en los textos y completad las frases.

Lo expulsaron de la India en 1968, porque algunas personas influyentes no estaban de acuerdo con su labor. Más de 30000 personas hicieron una marcha de 250 km de Manmad hasta Mumbai para protestar por su expulsión y exigir su regreso. Indira Ghandi reconoció la importante labor de Vicente Ferrer y le permitió regresar al país.

En 1944 entró en la Compañía de Jesús.

En 1952 se fue a vivir a la India. Era la primera vez que viajaba como misionero.

Vicente Ferrer aprendió hindi, telugu y maratí; eso le ayudó a acercarse a la población india.

En 1996 creó con su mujer la Fundación Vicente Ferrer.

Vicente Ferrer luchó en la Guerra Civil con el bando republicano y, tras la derrota, estuvo en el campo de concentración de Argelès-sur-Mer.

En 1970 dejó la Compañía Jesús. Ese mismo año se casó con la periodista Anne Perry.

1. Con menos de 20 años, estuvo en el campo de concentración de Argelès-sur-Mer (en Francia), porque ....
2. Llegó a la India en 1952, como misionero jesuita. Nunca antes ....
3. Tuvo que volver a España en 1968 porque ....
4. Unos meses después logró volver a la India, gracias a la presidenta Indira Ghandi, que ....
5. En 1996 creó la Fundación Vicente Ferrer con la periodista Anne Perry, con quien ....
6. Construyó muchos hospitales, escuelas y viviendas con la fundación que ....
7. Como .... logró comunicarse muy bien con la población.
8. Murió en la India en 2009: *había vivido allí durante más de 40 años.*

B. Busca más información sobre Vicente Ferrer y compártela con tus compañeros.

10. A MÍ, UNA VEZ...

En grupos de tres, cada uno elige una anécdota y se la cuenta a sus compañeros con la ayuda de estos recursos. Los otros escuchan y reaccionan. Podéis grabaros.

porque | resulta que | y entonces | total, que | así que | ¿no? | ¿Sabes? | al final | como | de modo qué

1 Hace un tiempo / En un parque / **Ver** a una chica y a un chico peleándose / La chica **estar** muy asustada / **Llamar** a la policía / **Estar rodando** una película

2 El otro día / **Llevar** solo 6 euros / **Decidir** comprar un billete de lotería / **Ganar** un premio de 600 euros / **Invitar** a unos amigos a una barbacoa / **Pasarlo** muy bien

3 Una vez / **Encontrar** a alguien en un tren / **Empezar a hablarle y preguntarle** por su vida / **Pensar** que lo conocía / La otra persona **mirarme** con cara rara / **Parecerse** mucho a un amigo

11. CUENTA, CUENTA

En parejas. Averigua si a tu compañero le han pasado estas cosas. En caso afirmativo, ¿qué puedes preguntarle?

1. Perder un avión / tren...
2. Olvidarse las llaves
3. Enamorarse a primera vista
4. Conocer a una persona famosa
5. Encontrar algo de valor en la calle
6. Tener que dormir en la calle
7. Ir a una comisaría de policía
8. Pasar mucho miedo
9. Tener una experiencia paranormal

PARA COMUNICAR

¿Cuándo fue?
¿Dónde / Con quién estabas?
¿Adónde ibas?
¿Por qué?
¿Qué pasó después / al final?
¿Qué habías hecho antes?

12. VACACIONES INFERNALES P. 202, EJ. 16-17; P. 203, EJ. 20-22

PEL **A.** Vamos a imaginar unas vacaciones desastrosas. En parejas, mirad el programa de este viaje a San Martín (un lugar imaginario) y escribid un texto contando todo lo que salió mal.

Visite... SAN MARTÍN

DÍA 1
09:00 Traslado al aeropuerto en autobús
12:00 Salida del vuelo 765
17:00 Llegada y traslado al hotel en coche típico de la zona
18:30 Cóctel de bienvenida en el hotel Tortuga Feliz (de 4 estrellas)
20:00 Baño nocturno en la piscina
22:00 Cena al aire libre

DÍA 2
08:00 Desayuno
10:00 Excursión en camello
12:00 Visita comentada de las ruinas de Santiago
14:00 Comida en el oasis de Miras. Alimentos naturales: cocos, dátiles...
17:00 Paseo por las dunas de Fraguas
19:00 Vuelta al hotel en furgoneta
21:00 Cena

DÍA 3
09:00 Desayuno
10:00 Actividades lúdicas: gimnasia acuática con instructor, masajes con barro caliente del desierto de Fraguas
12:00 Paseo a caballo por el desierto
14:00 Comida. Degustación de productos de la zona: dátiles, hormigas, escorpiones...
Tarde libre

DÍA 4
09:00 Desayuno
10:00 Excursión a las playas de Lama (se recomienda llevar antimosquitos)
14:00 Comida en la playa
17:00 Visita en helicóptero al gran cañón de Santa Cruz para ver sus impresionantes puestas de sol
20:00 Cena de despedida en el hotel

B. Publicad vuestros textos en una red social o en un blog. Luego, leed los textos de vuestros compañeros. ¿Quién tuvo las peores vacaciones? Podéis hacer una votación.

13. EL VIAJERO Y LOS OTROS

P. 201, EJ. 11

A. Lee este fragmento de un cuento de Augusto Monterroso. ¿Qué crees que harán los indígenas con Fray Bartolomé? Comentadlo en grupos de tres y escribid un posible final para el texto.

B. Busca el cuento en internet y lee el final. ¿Era como te lo imaginabas?

C. Ahora lee de nuevo el texto completo y decide si estas frases son verdaderas o falsas.

	V	F
Los indígenas encontraron a fray Bartolomé perdido en la selva.		
Fray Bartomé llevaba ya unos años en Guatemala.		
Fray Bartolomé no hablaba las lenguas indígenas.		
Los indígenas no sabían nada sobre los eclipses.		
Al final, fray Bartolomé se salvó.		

D. ¿Cuál crees que es el mensaje del cuento? Resúmelo en unas líneas.

El eclipse

Cuando fray Bartolomé Arrazola se sintió perdido aceptó que ya nada podría salvarlo. La selva poderosa de Guatemala lo había apresado, implacable y definitiva. Ante su ignorancia topográfica se sentó con tranquilidad a esperar la muerte. Quiso morir allí, sin ninguna esperanza, aislado, con el pensamiento fijo en la España distante (...).

Al despertar se encontró rodeado por un grupo de indígenas de rostro impasible que se disponían a sacrificarlo ante un altar, un altar que a Bartolomé le pareció como el lecho en que descansaría, al fin, de sus temores, de su destino, de sí mismo.

Tres años en el país le habían conferido un mediano dominio de las lenguas nativas. Intentó algo. Dijo algunas palabras que fueron comprendidas.

Entonces floreció en él una idea que tuvo por digna de su talento y de su cultura universal y de su arduo conocimiento de Aristóteles. Recordó que para ese día se esperaba un eclipse total de sol. Y dispuso, en lo más íntimo, valerse de aquel conocimiento para engañar a sus opresores y salvar la vida.

-Si me matáis -les dijo- puedo hacer que el sol se oscurezca en su altura.

AUGUSTO MONTERROSO

Escritor guatemalteco nacido en Tegucigalpa (Honduras) en 1921. Participó en las revueltas contra el dictador Jorge Ubico y por eso se tuvo que exiliar en 1944 en México, país en el que vivió hasta su muerte en 2003. Monterroso escribió muchos relatos breves y es considerado uno de los maestros del microrrelato. El cuento "El eclipse" forma parte del libro *Obras completas y otros cuentos* (1959).

VÍDEO

aulainternacional.difusion.com

EN CONSTRUCCIÓN

¿Qué te llevas de esta unidad?

Lo más importante para mí:

....

....

Palabras y expresiones:

....

....

Algo interesante sobre la cultura hispana:

....

....

Quiero saber más sobre...

....

....

Cómo voy a recordar y practicar
lo que he aprendido:

....

....

9 TENEMOS QUE HABLAR

EMPEZAR

1. COMIDA DE NAVIDAD  P. 204, EJ. 1

A. Lee las viñetas y completa las frases con los nombres de los personajes del cómic.

RAMÓN Y TERESA. SON LOS PADRES DE MARÍA Y DE PAULA.

MARÍA Y FERNANDO

PAULA Y NICOLÁS

1. .... y .... no aguantan a ....
2. .... encuentra aburridas las historias de ....
3. .... no soporta las bromas de ....
4. .... cree que .... es muy pesada con algunos temas.
5. .... no entiende cómo .... soporta a ....

B. ¿Te recuerda en algo a situaciones que has vivido tú con tu familia?

EN ESTA UNIDAD VAMOS A

ESCRIBIR UNA DISCUSIÓN DE PAREJA PARA EL GUIÓN DE UNA PELÍCULA

RECURSOS COMUNICATIVOS

- expresar intereses y sentimientos
- hablar de las relaciones entre personas
- mostrar desacuerdo en diversos registros
- suavizar una expresión de desacuerdo
- contraargumentar

RECURSOS GRAMATICALES

- **me fascina / me encanta / odio / no aguanto... que** + subjuntivo
- **me fascina/n / me encanta/n odio / no aguanto...** + sustantivo / infinitivo

RECURSOS LÉXICOS

- verbos para expresar intereses, sentimientos y sensaciones
- manías
- recursos para mostrar desacuerdo
- adjetivos para describir el carácter de las personas

2. ADOLESCENTES P. 205, EJ. 7

A. Lee este texto sobre los adolescentes españoles. En parejas, proponed un posible título para el texto.

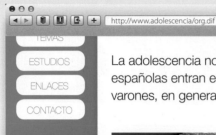

http://www.adolescencia/org.dif

La adolescencia no llega a la misma edad a los niños y a las niñas. Actualmente, las niñas españolas entran en esta etapa entre los 9 y los 11 años, mientras que sus compañeros varones, en general, siguen siendo niños y haciendo cosas de niños hasta los 12 o 13 años.

Ellas

Con la adolescencia, cambian los gustos y las preferencias. Las niñas empiezan a preocuparse por su aspecto físico, por la ropa y por la moda en general. Les encanta ir de compras con sus amigas y, a menudo, se quedan a dormir en casa de alguna de ellas para pasar la noche charlando.

También comienzan a interesarse por los chicos, especialmente por los que son mayores que ellas, y a querer salir hasta tarde. Sus ídolos suelen ser las estrellas del cine y de la música y, en general, dejan de interesarles sus muñecas. Se pasan el día comunicándose con sus amigas y amigos con el móvil y en redes sociales.

Ellos

Estos cambios afectan también a los chicos, pero suelen llegar un poco más tarde. A los chicos adolescentes les interesan los deportes y los juegos de ordenador y sus ídolos son, en general, futbolistas y otros deportistas famosos. Normalmente solo se relacionan con otros chicos, y las chicas les producen sentimientos contradictorios, incluso de rechazo en algunos casos.

B. ¿Estás de acuerdo con lo que dice el texto? ¿Cómo fue tu adolescencia? ¿Te sientes reflejado? Cuéntaselo a la clase.

- *Yo, cuando tenía 12 años, empecé a tener malas notas en el cole. Discutía mucho con mis padres y...*

3. MANÍAS P. 204, EJ. 2; P. 205, EJ. 3

A. Lee este texto sobre las manías. ¿Tienes alguna de esas manías u otras parecidas? ¿Conoces a personas que las tengan?

Nuestras pequeñas manías

Arturo ordena siempre su ropa en el armario por tipo de prenda y por colores. Él dice que es una costumbre, que siempre lo ha hecho así y que le gusta tener las cosas ordenadas. El problema es que se pone hecho una furia cuando su mujer le cambia una camiseta de lugar. Ella piensa que Arturo es un maniático, y así empiezan las discusiones...

Todos tenemos manías, actos que repetimos porque nos hemos acostumbrado a ellos y nos hacen sentir bien. A los otros les parecen costumbres absurdas e incluso molestas. Aunque es normal tener manías, no deben transformarse en obsesiones que no nos dejen vivir y que dificulten nuestra relación con los demás. Estas son algunas de las manías más comunes.

1. Manías de orden y posición. Algunas personas necesitan tener las cosas en un orden determinado para sentirse bien: colocar los objetos de forma simétrica en el escritorio, clasificar la comida en el frigorífico, poner los zapatos siempre en el mismo lugar... Otros tienen que sentarse siempre en el mismo sitio. Les provoca ansiedad entrar en el autobús o en el metro y ver que está ocupado el lugar en el que se sientan habitualmente. No soportan que alguien se siente en el lugar de la mesa en el que ellos comen y necesitan dormir siempre en el mismo lado de la cama... ¿Le suena alguna de estas manías?

2. Manías de comprobación. ¿No ha tenido nunca la necesidad de comprobar varias veces que ha apagado las luces, que ha cerrado bien el coche o que ha apagado el fuego de la cocina? A las personas con manías de comprobación les horroriza pensar que

podría suceder alguna desgracia por haber olvidado algo. Algunos incluso necesitan comprobar también si los demás (familiares, compañeros de trabajo, amigos, etc.) han hecho bien las cosas.

3. Manías higiénicas. Seguramente conoce a gente a la que le da asco comer cosas que otros han tocado antes con las manos, que no tocan nunca la barra del metro o del autobús, que limpian su silla antes de sentarse o que friegan la bañera cada vez que se duchan. Son personas con miedo a contagiarse. Generalmente, se lavan con mucha frecuencia o van al médico mucho más a menudo de lo habitual.

4. Manías de contar. Tener que contarlo todo (el número de camisetas guardadas en el armario, los bolígrafos que llevamos en el estuche, el número de peldaños de las escaleras, etc.) puede parecer absurdo, pero a muchas personas les tranquiliza hacerlo.

5. Manías relacionadas con la superstición. Se dice que hay cosas que traen mala suerte y hay personas que las evitan a toda costa: que la sal se derrame, romper un espejo, cruzarse con un gato negro, abrir el paraguas antes de salir a la calle... Pero algunas personas tienen también sus propias supersticiones. Creen que un día tuvieron suerte porque hicieron algo y necesitan repetir eso porque de lo contrario les sucederá algo malo: llevar amuletos, ponerse una determinada chaqueta, etc.

42-44

B. En un programa de radio han preguntado a los oyentes qué manías tienen. Vas a escuchar el testimonio de tres personas. Toma nota de sus manías. ¿En qué categoría de las que habla el artículo las clasificarías?

4. ODIO MENTIR A MIS AMIGOS P. 205, EJ. 6; P. 206, EJ. 10; P. 208, EJ. 18-19

A. ¿Compartes algunas de estas opiniones? Márcalas. Puedes señalar varias sobre cada tema.

- **Estoy harto/-a** de las relaciones superficiales.
- **No me interesa** hacer nuevas amistades; ya tengo bastantes amigos.
- **Me apasiona** conocer gente nueva.

- **Me da mucha rabia** que alguien de otro país critique el mío.
- **Me horroriza** la gente que no acepta opiniones y costumbres distintas a las suyas.
- **Me fascina** conocer a personas de otras culturas.

- **No me gustan** las personas demasiado sinceras.
- **Odio** mentir a mis amigos. Nunca lo hago.
- **Me sienta fatal** que un amigo me mienta. Eso no lo perdono.

- **Me da pereza** hacer fiestas en mi casa.
- **Me encantan** las fiestas grandes, con mucha gente.
- **No me gusta** que me inviten a una fiesta si no conozco a nadie.

- **Me da miedo** viajar solo/-a.
- **Me sienta mal** que mis amigos se vayan de vacaciones y que no me pregunten si quiero ir con ellos.
- **No soporto** los viajes con grupos grandes de amigos.

- **Me encanta** hacer regalos. Soy muy detallista.
- **No me gusta nada** tener que hacer regalos.
- **No me importa** que se olviden de mi cumpleaños. Yo no recuerdo casi ninguno.

B. Compara tus respuestas con las de un compañero. ¿Coincidís en muchas cosas?

C. Fíjate en las expresiones que aparecen en negrita en las frases anteriores. Observa en qué casos van seguidas de **que** + subjuntivo. ¿Entiendes por qué?

D. ¿Qué sientes en estas situaciones? Completa estas frases y, luego, coméntalo con tus compañeros. ¿Coincidís en algo?

PARA COMUNICAR

me molesta (que)...
me da rabia (que)...
no me gusta (que)...
me da vergüenza (que)...
no soporto (que)...
me pone nervioso (que)...
me sienta fatal (que)...
me horroriza (que)...
odio (que)...

1. En el trabajo o en la escuela ....
2. En el cine ....
3. Cuando estoy durmiendo ....
4. Cuando estoy viendo la tele ....
5. En el metro o en el bus ....
6. Delante de desconocidos ....
7. En clase de español ....
8. En reuniones familiares ....

5. ¿ESTÁ ENFADADA? P. 208, EJ. 16-17

A. Lee estas conversaciones que mantiene Gloria con otras personas. En todas muestra desacuerdo con lo que le dicen. ¿Cómo lo hace? Subraya y observa cómo funcionan los recursos que usa.

- Lo siento, pero tenía un mes para poder cambiar el producto. Ahora ya no aceptamos devoluciones.
- ¿Cómo? ¿Que solo tenía un mes? ¡No puede ser!

- ¡Vaya! Veo que ha engordado...
- ¿Engordado? No, yo diría que no. Estoy en mi peso de siempre, creo.

- Mira, Gloria, estoy cansado de hacerlo todo yo en casa. ¡Es que últimamente no haces nada, solo piensas en el trabajo!
- ¿Qué no hago nada? ¡Eso no es verdad! Te preparo el desayuno todos los días, siempre bajo la basura...

- Me han dicho que últimamente siempre llega usted tarde.
- Bueno, eso no es del todo cierto. La semana pasada tuve que llegar tarde dos días, pero porque tenía a mi madre en el hospital. Ya se lo comenté al jefe de Personal.

- Mamá, ¿te pasa algo? Estás muy rara...
- ¿Rara? ¡Qué va! Lo que pasa es que estoy muy cansada.

B. Imagina que el profesor os dice: **"Participáis poco en clase"**. ¿Cuántas maneras diferentes se os ocurren de expresar desacuerdo? Decidlas.

- *¿Poco? Yo diría que participo bastante...*

6. ¡PERO QUÉ DICES!

45-47 **A.** La entonación sirve para marcar una determinada actitud. Vas a escuchar tres pequeñas discusiones, cada una de ellas en dos versiones diferentes. Intenta anotar, en cada caso, el grado de enfado de la persona que responde: no muy enfadado/-a o muy enfadado/-a.

			☺	☹
1	• ¡Pero Juanjo! ¡A qué hora llegas! ¡Y seguro que no has hecho los deberes! ○ ¡Que sí, mamá, no seas pesada! Los he hecho en la biblioteca.	A		
		B		
2	• Pablo, ya no salimos nunca: ni al cine, ni a cenar, ni a pasear... ○ ¿Qué no salimos nunca? ¿No fuimos el sábado al teatro?	A		
		B		
3	• No te lo tomes mal, pero estás colaborando muy poco en este proyecto. ○ ¡Pero qué dices! ¡Si la semana pasada me quedé en la oficina hasta las tres de la mañana casi todos los días!	A		
		B		

48 **B.** Ahora vais a escuchar una serie de acusaciones o reproches. El profesor dirá a cuál de vosotros van dirigidas. La persona señalada deberá reaccionar.

7. PERO SI... P. 206, EJ. 9

A. Lee las siguientes conversaciones y completa el cuadro con las palabras en negrita.

< Chats Nuria
Oye, no me apetece mucho ir al cine esta tarde, ¿qué te parece si vamos a cenar?
¡**Pero si** fuiste tú el que me dijiste que querías ir!
Sí, pero ahora creo que me apetece más ir a cenar.
Bueno, vale, me parece bien, pero no al restaurante de la última vez, que era malísimo...
Pues a mí me encantó. De hecho, quería ir a ese...
No, ni hablar, a ese no.

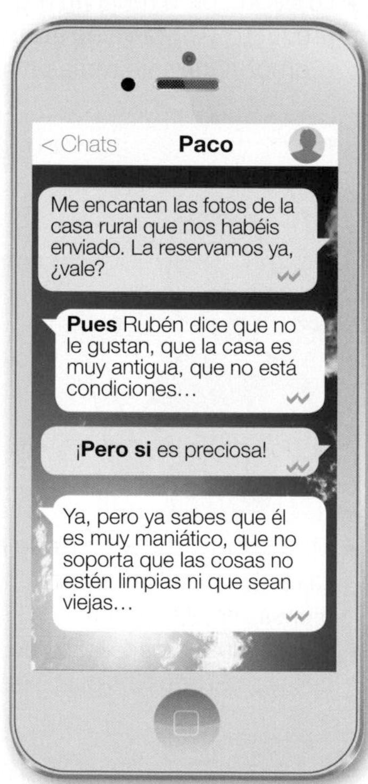

< Chats Paco
Me encantan las fotos de la casa rural que nos habéis enviado. La reservamos ya, ¿vale?
Pues Rubén dice que no le gustan, que la casa es muy antigua, que no está condiciones...
¡**Pero si** es preciosa!
Ya, pero ya sabes que él es muy maniático, que no soporta que las cosas no estén limpias ni que sean viejas...

Para introducir un argumento contrario a lo que nos acaban de decir mostrando sorpresa (porque contradice lo que esperamos): ....

Para introducir un argumento contrario a lo que nos acaban de decir: ....

B. Ahora imagina una reacción posible en las siguientes situaciones.

1
• Mónica se queja siempre de que no tiene dinero.
○ ¿Mónica? Pero si ....

2
• He leído en el periódico que van a subir los impuestos.
○ Pues ....

3
• Jorge cree que Tina está triste por algo.
○ ¿Sí? Pues ....

4
• Leo está embarazada.
○ ¿Sí? Pero si ....

EXPRESAR INTERESES Y SENTIMIENTOS P. 205, EJ. 4-5

La mayoría de verbos o expresiones que, como **encantar**, sirven para expresar intereses, sentimientos o sensaciones, pueden funcionar con estas estructuras.

Me encanta mi trabajo	(+ sustantivo singular)
Me encantan los gatos	(+ sustantivo plural)
Me encanta vivir aquí	(+ infinitivo)
Me encanta que me regalen flores* (+ **que** + subjuntivo)	

* El sujeto del verbo en subjuntivo, no la persona que experimenta la sensación.

Entre otros muchos, los siguientes verbos funcionan de la misma manera que **encantar**: **molestar**, **interesar**, **gustar**, **apasionar**, **importar**, **fascinar**, **entusiasmar**, **horrorizar**, **irritar**, **sentar bien / mal**, **poner nervioso / triste**..., **hacer ilusión / gracia**..., **dar miedo / pereza**...

Con todos ellos es necesario usar los pronombres personales **me / te / le / nos / os / les**. Hay que tener en cuenta que el sujeto gramatical del verbo es la cosa o acción que produce el sentimiento.

	SUJETO
Me molesta	**la gente** impuntual.
Te molesta**n**	**las personas** impuntuales.
Le molesta	**tener que esperar**.
Os molesta	**que** la gente sea impuntual.

Con los verbos **odiar**, **(no) soportar**, **(no) aguantar**, **adorar**, **estar cansado / harto de**..., etc., el sujeto es la persona que experimenta la sensación.

Muchos de estos verbos no aceptan gradativos porque ya tienen un significado intensificado:
~~me encanta mucho~~ ~~adoro mucho~~ ~~odio mucho~~
~~me apasiona mucho~~ ~~no soporto mucho~~

MOSTRAR DESACUERDO

Una manera de expresar desacuerdo es repetir, en forma de pregunta, lo que ha dicho nuestro interlocutor. Este recurso sirve para mostrar sorpresa, incredulidad o enfado.

- *Silvia, ayer no apagaste las luces al salir...*
- ***¿Que no apagué las luces al salir?***

También podemos retomar, en forma de pregunta, solo una parte del enunciado.

- *Fran, estás un poco distraído, ¿no?*
- ***¿Distraído?** Ay, no sé...*

En general, las preguntas **¿Qué?** y **¿Cómo?** expresan rechazo a lo que nos acaban de decir.

- *No sé qué te pasa, pero estás de muy mal humor.*
- ***¿Cómo? / ¿Qué?** Y ahora me dirás que tú estás de muy buen humor, ¿no?*

En un registro coloquial, algunas fórmulas sirven para expresar un rechazo total, incluso agresivo.

- *Sandra, creo que tu actitud no ha sido muy correcta.*
- ***¡(Pero) qué dices!** Me he comportado perfectamente.*

Otras expresiones coloquiales sirven para negar con énfasis una afirmación.

- *¿Has estado en la playa? Tienes buen color.*
- ***¡Qué va!** He estado todo el fin de semana en casa.*

SUAVIZAR UNA EXPRESIÓN DE DESACUERDO

Es habitual usar diferentes recursos para suavizar nuestro desacuerdo. En general, estos recursos presentan nuestra opinión como algo "personal y subjetivo" y no como afirmaciones absolutas.

- *Alba, tu hermano está muy antipático, ¿no?*
- ***Yo no diría eso**. Lo que pasa es que está en un mal momento.*

- *Creo que no nos han dado el premio porque no somos famosos.*
- ***A mi modo de ver**, ese no es el problema. **Lo que pasa es que...***

- *En general, Oswaldo no hace bien su trabajo.*
- ***Hombre, yo no estoy del todo de acuerdo con** eso.*

CONTRAARGUMENTAR

Para introducir un argumento contrario a lo que acabamos de oír, usamos **pues** o, para mostrar nuestra sorpresa, **(pero) si**.

- *Los informes que me diste ayer no son muy completos.*
- ***Pues** al jefe de Ventas le han parecido perfectos.*

- *Ya no tienes detalles conmigo: no me llamas al trabajo...*
- *¡**(Pero) si** tú me prohibiste llamarte al trabajo!*

PRACTICAR Y COMUNICAR

8. EL JUEGO DE LA VERDAD P. 207, EJ. 11-13

49-50 **A.** Carlos y Ana llevan un año casados. Un amigo les ha hecho preguntas, por separado, sobre su vida de casados. Anota qué cosas positivas y qué cosas negativas cuenta cada uno de ellos.

	¿QUÉ LE GUSTA DE ÉL / ELLA?	¿QUÉ NO LE GUSTA DE LA RELACIÓN?
1. Carlos habla de Ana		
2. Ana habla de Carlos		

B. ¿Dirías que Carlos y Ana son un matrimonio feliz? Coméntalo con tus compañeros.

9. PAREJAS P. 209, EJ. 20-21

A. Haz este cuestionario a un compañero.

	SÍ	NO
Le gusta que su pareja le envíe flores.		
Le molesta que su pareja se lleve bien con su(s) ex.		
No le importa que su pareja pase las vacaciones con sus amigos/-as.		
Le irrita que su pareja quiera saber dónde está en cada momento.		
Le gusta que su pareja decida cosas por los dos.		
Le da vergüenza ir a casa de la familia de su pareja.		
Prefiere que su pareja no tenga amigos/-as del sexo contrario.		
Le molesta que su pareja no se acuerde de las fechas especiales.		
Le gusta que su pareja le haga regalos sorpresa.		
No le importa que su pareja no le llame durante dos o tres días seguidos.		
Le molesta que su pareja tenga un sueldo más alto.		

B. ¿Qué tipo de persona crees que es en sus relaciones de pareja? Cuéntaselo a tus compañeros.

- celoso/-a
- moderno/-a
- tradicional
- romántico/-a
- tolerante
- intolerante
- posesivo/-a
- independiente
- dependiente
- abierto/-a

- *Tengo la impresión de que Amanda es bastante celosa. Le molesta, por ejemplo, que su pareja se lleve bien con sus ex.*

10. ¡BASTA DE RONQUIDOS! + P. 209, EJ. 22

A. ¿Qué cosas te molestan de otras personas? Escribe en la pizarra de la clase una protesta relacionada con...

- tus familiares
- tus compañeros de trabajo
- tus amigos
- tus vecinos
- tus compañeros de piso

COMPAÑEROS DE PISO

Estoy harto de Maximilian y sus pelos.

No puedo soportar oír los ronquidos de mi compañero de piso.

B. Ahora lee las quejas de tus compañeros y marca con una cruz aquellas con las que coincides. Luego, comenta con la clase las frases que no entiendes o que te llaman más la atención.

- *¿Quién ha escrito "Estoy harto de Maximilian y de sus pelos"?*
- *Yo. Maximilian es el perro de mi compañero de piso. Es un cócker muy simpático, pero deja la casa llena de pelos...*

C. Seleccionad las protestas más interesantes. Escribidlas en carteles y colgadlas por la clase.

11. TRAPOS SUCIOS + P. 207, EJ. 14-15

A. Vais a escribir un fragmento del guión de una película, en el que Samuel y Sara, una pareja, tienen una discusión. Primero, pensad en problemas relacionados con estos ámbitos.

EL TRABAJO (LOS HORARIOS, LA DEDICACIÓN, EL SALARIO)

LA FAMILIA (LOS PADRES, LOS CUÑADOS, EL TIEMPO QUE PASÁIS CON ELLOS...)

LAS TAREAS DE CASA (EL REPARTO DE TAREAS, EL ORDEN, LA LIMPIEZA...)

LOS AMIGOS (EL TIEMPO QUE PASÁIS CON ELLOS, A CUÁLES VEIS MÁS...)

LAS VACACIONES (DÓNDE LAS PASÁIS, EN QUÉ MOMENTO DEL AÑO, CON QUIÉN...)

B. Escribid la discusión que tienen Sara y Samuel. Negociad qué temas van a tratar y poneos de acuerdo sobre qué van a decir.

- *Sara le dice que no puede soportar que Samuel no haga nada en casa.*
- *Sí. Y, además, le dice que lo peor es que ni se da cuenta de que...*

C. Ahora, delante de toda la clase, vais a representar el fragmento de guión que habéis escrito. Los demás, toman notas. Al final, evaluad cómo lo habéis hecho.

CRITERIOS DE EVALUACIÓN

¿Se entiende bien cuál es el tema de la discusión?	
¿El registro es el adecuado?	
¿El léxico y las expresiones que usan son correctos?	
¿La entonación es adecuada?	

12. RELACIONES

A. Aquí tienes tres fragmentos de dos novelas del escritor español Javier Marías. Relaciona cada texto con uno de estos temas:

casarse | tener hijos | enamorarse

1

Dan mucha alegría y todo eso que se dice, pero también dan mucha pena, permanentemente, y no creo que eso cambie ni siquiera cuando sean mayores, y eso se dice menos. Ves su perplejidad ante las cosas y eso da pena. Ves su buena voluntad, cuando tienen ganas de ayudar y poner de su parte y no pueden, y eso te da también pena. Te la da su seriedad y te la dan sus bromas elementales y sus mentiras transparentes, te la dan sus desilusiones y también sus ilusiones, sus expectativas y sus pequeños chascos, su ingenuidad, su incomprensión, sus preguntas tan lógicas, y hasta su ocasional mala idea. Te la da pensar en cuánto les falta por aprender, y en el larguísimo recorrido al que se enfrentan y que nadie puede hacer por ellos, aunque llevemos siglos haciéndolo y no veamos la necesidad de que todo el que nace deba empezar por el principio. ¿Qué sentido tiene que cada uno pase por los mismos disgustos y descubrimientos, más o menos, eternamente?

2

(...) por lo general somos capaces de interesarnos por cualquier asunto que interese o del que nos hable el que amamos. No solamente de fingirlo para agradarle o para conquistarlo o para asentar nuestra frágil plaza, que también, sino de prestar verdadera atención y dejarnos contagiar de veras por lo que quiera que él sienta y transmita, entusiasmo, aversión, simpatía, temor, preocupación o hasta obsesión. (...) De pronto nos apasionan cosas a las que jamás habíamos dedicado un pensamiento, cogemos insospechadas manías, nos fijamos en detalles que nos habían pasado inadvertidos (...), centramos nuestras energías en cuestiones que no nos afectan más que vicariamente o por hechizo o contaminación.

B. Resume la idea principal de cada texto en unas líneas.

C. ¿Estás de acuerdo con lo que dicen los textos? Coméntalo con tus compañeros.

3

El problema mayor y más común al comienzo de un matrimonio razonablemente convencional es que, pese a lo frágiles que resultan en nuestro tiempo y a las facilidades que tienen los contrayentes para desvincularse, por tradición es inevitable experimentar una desagradable sensación de llegada, (...) de punto final. (...) Ese malestar se resume en una frase muy aterradora e ignoro qué harán los demás para sobreponerse a ella: "¿Y ahora qué?

Ese cambio de estado, como la enfermedad, es incalculable y lo interrumpe todo, o al menos no permite que nada siga como hasta entonces: no permite, por ejemplo, que después de ir a cenar o al cine cada uno se vaya a su propia casa y nos separemos, y yo deje con el coche o con el taxi en su portal a Luisa y luego, una vez dejada, yo haga un recorrido a solas por las calles semivacías y siempre regadas, pensando en ella seguramente, y en el futuro, a solas hacia mi casa.

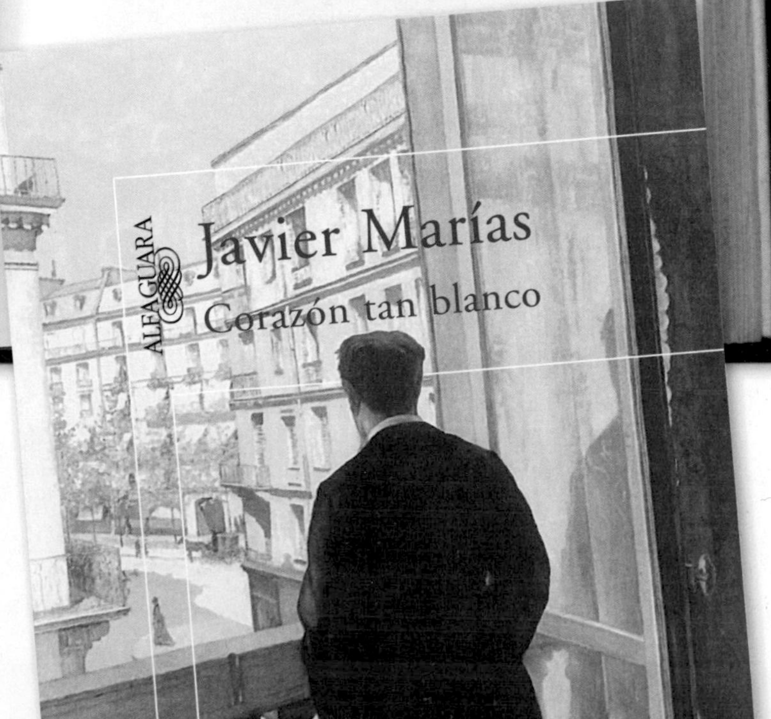

VÍDEO aulainternacional.difusion.com

EN CONSTRUCCIÓN

¿Qué te llevas de esta unidad?

Lo más importante para mí:

....

....

Palabras y expresiones:

....

....

Algo interesante sobre la cultura hispana:

....

....

Quiero saber más sobre...

....

....

Cómo voy a recordar y practicar lo que he aprendido:

....

....

10 DE DISEÑO

EMPEZAR

1. UN HOTEL EN PUERTO RICO P. 210, EJ. 1

Mira el reportaje y lee estos comentarios que han escrito algunas personas sobre el diseño de Patricia Urquiola. ¿Estás de acuerdo con lo que dicen?

Lucas: "Yo lo veo demasiado lujoso. Además, hay demasiados colores. No sé, no me acaba de convencer."

Aída: "¡Qué hotel más bonito! ¡Me encantan las lámparas y las sillas! Es realmente una maravilla."

Carla: "Es bonito, pero francamente, no me parece nada especial. Y seguro que es carísimo."

Ricardo: "Me parece que hay un equilibrio entre tradición y modernidad, entre lujo y sencillez."

PARA COMUNICAR

Yo también / Yo no lo veo muy / tan lujoso ...
Para mí también / no es lujoso...
A mí también me parece bonito / una maravilla...
A mí tampoco me convence / me parece bonito...

- *Yo estoy de acuerdo con Lucas. A mí me parece que hay demasiados colores.*
- *Pues yo lo encuentro muy alegre.*

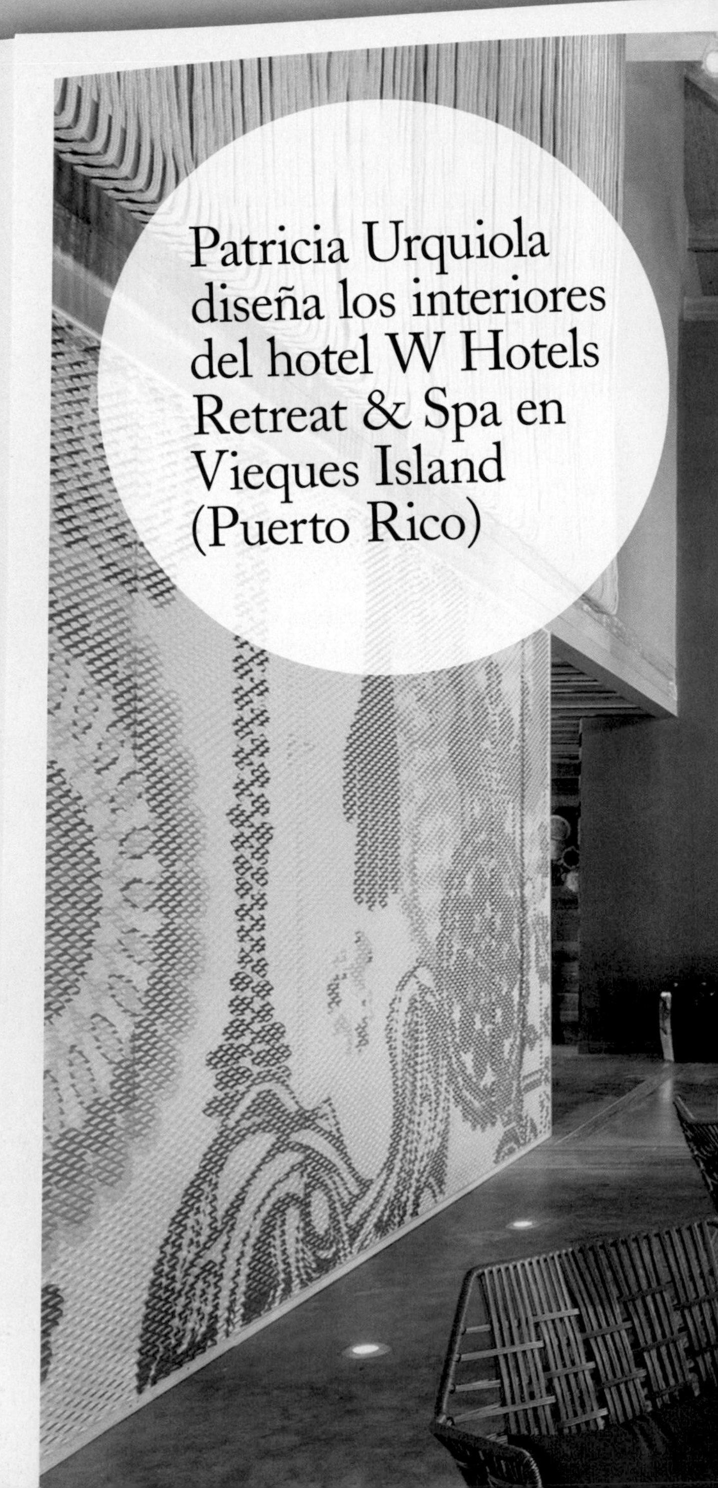

Patricia Urquiola diseña los interiores del hotel W Hotels Retreat & Spa en Vieques Island (Puerto Rico)

EN ESTA UNIDAD VAMOS A

DISEÑAR UN OBJETO QUE SOLUCIONE UN PROBLEMA DE LA VIDA COTIDIANA

RECURSOS COMUNICATIVOS

- describir las características y el funcionamiento de algo
- opinar sobre objetos

RECURSOS GRAMATICALES

- los superlativos en **ísimo**/**-a**/**-os**/**-as**
- algunos modificadores del adjetivo: **excesivamente**, **demasiado**...
- las frases exclamativas: **¡qué...!**, **¡qué... tan / más...!**
- las frases relativas con preposición
- uso del indicativo y del subjuntivo en frases relativas

RECURSOS LÉXICOS

- vocabulario para describir objetos (formas, materiales...)
- vocabulario para valorar el diseño de objetos

Recepción del hotel

Una de las terrazas

Detalle de la habitación

La piscina con vistas al mar

2. DISEÑO CONTEMPORÁNEO

A. Observa estas fotografías. ¿Qué crees que son los cinco objetos que aparecen en ellas? ¿Para qué crees que sirven? Coméntalo con tus compañeros.

- *Supongo que esto sirve para sentarse...*
- *Sí, parece una...*

B. Ahora lee el siguiente texto y descubre cómo se llaman y para qué son realmente los objetos de la página anterior.

Martín Azúa. Diseñador

Martín Azúa (Álava, 1965) atrajo por primera vez la atención del público en 1999, con su diseño *Casa básica*, un proyecto que surgió para responder a la necesidad de proporcionar un refugio temporal a inmigrantes recién llegados, y que actualmente se expone en el MOMA de Nueva York.

Esta "casa portátil" de 220 gramos se pliega hasta caber en un bolsillo y utiliza el calor corporal o solar para mantenerse inflada. Además, es reversible (la cara dorada protege del frío y la plateada, del calor) y está fabricada en poliéster para que entre la luz sin que se vean los ocupantes desde el exterior. La *Casa básica* es un ejemplo típico del trabajo de Azúa, que combina la tecnología, la filosofía, la poesía y, muchas veces, algún elemento inesperado.

Muchos de sus diseños buscan integrar la vida de los humanos con la naturaleza. Son ejemplos de ello *La vida en los objetos*, un sillón que sirve también de maceta y de vivienda para pequeños animales; o *Casa Nido*, una casa fácil de montar para dormir en plena naturaleza. Azúa concibe productos baratos y "democráticos" aunque con un fuerte compromiso artístico y experimental. Actualmente, varios de sus diseños se producen comercialmente y se pueden comprar en su página web. Entre ellos encontramos creaciones como *Boina caliente*, una original bolsa de agua caliente para calentar la cama, y *Rebotijo*, un objeto concebido para beber y conservar el agua fresca inspirado en los típicos botijos españoles.

C. En parejas, consultad la página web de Martín Azúa (www.martinazua.com) y elegid un diseño que os guste. Presentadlo al resto de la clase.

3. ¡QUÉ HORROR! + P. 210, EJ. 2; P. 211, EJ. 3-4

51-56 A. Vas a escuchar seis conversaciones en las que se habla de un objeto. ¿Sabes a cuál de estos se refieren en cada caso? Márcalo.

51-56 B. Escucha de nuevo las conversaciones. Toma notas en tu cuaderno para saber si lo valoran positiva o negativamente.

C. Ahora imagina que quieres comprar estas cosas. ¿Cómo las pedirías en una tienda especificando alguna de sus características?

4. ¿QUÉ ES? P. 212, EJ. 5

A. Escribe a qué se refieren estas descripciones.

1. Es un mueble **en el que** guardas la ropa y que normalmente tiene puertas. ....
2. Es una herramienta **con la que** puedes cortar papel, tela, pelo... ....
3. Son unas semillas **de las que** se obtiene aceite. ....
4. Son unos lugares **a los que** vas a ver películas. ....
5. Es algo **con lo que** te peinas. ....

B. Fíjate en las palabras marcadas en rojo. ¿Qué tipo de palabras son? ¿A qué palabra se refieren?

C. ¿Por qué aparecen las preposiciones en las frases anteriores?

D. Intenta formar frases relativas.

a. una prenda de vestir | **b.** te cubres la cabeza con esa prenda

1. Un sombrero es ....

a. un establecimiento | **b.** compras medicamentos en ese lugar

2. Una farmacia es ....

a. un tema | **b.** hay mucha polémica sobre ese tema

3. La clonación es ....

a. un lugar | **b.** vas a ese lugar cuando tienes problemas de salud

4. Un ambulatorio es ....

5. ¿QUE TIENE O QUE TENGA? P. 212, EJ. 6-7

A. ¿Qué diferencia hay entre estas dos frases? Coméntalo con tus compañeros.

Estoy buscando a un comercial que **habla** alemán.

?
Estoy buscando a un comercial que **hable** alemán.

B. Marca la opción correcta en cada caso.

	SÍ	NO
1. ¿Sabe si existe el libro?		
a. Estoy buscando un libro que tiene fotos de Caracas.		
b. Estoy buscando un libro que tenga fotos de Caracas.		
2. ¿Sabe si existe ese programa?		
a. Quiero un programa de diseño que se pueda instalar en un ordenador portátil.		
b. Quiero un programa de diseño que se puede instalar en un ordenador portátil.		
3. ¿Sabe si venden ese pastel?		
a. Quiero un pastel que lleva chocolate y nata.		
b. Quiero un pastel que lleve chocolate y nata.		

6. LLEVA UN VESTIDO SUPERORIGINAL P. 215, EJ. 15

57-59 A. Vas a escuchar un programa de radio en el que hablan de la ropa que llevaron estas tres personas en la gala de los premios Grammy Latino. Escribe cómo expresan estas cosas intensificándolas.

Miguel Bosé

- Lleva un traje muy elegante: Es superelegante
- Es atrevido: ....
- Es arriesgado: ....
- Es bonito: ....

Natalia Lafourcade

- Es moderno: ....
- Es extravagante: ....
- Es llamativo: ....
- Está fea: ....

Julieta Venegas

- Es sencillo: ....
- Es delicado: ....
- Es bonito: ....
- Es elegante: ....

B. En parejas, fijaos en las frases que habéis escrito en el apartado anterior. ¿Qué recursos se usan para intensificar? Marcadlos.

C. ¿Y a ti qué te parece la ropa que llevan? Coméntalo con tus compañeros.

- *A mí el vestido de Natalia Lafourcade me parece superbonito. Yo creo que está guapísima.*
- *Ay, no... A mí me parece verdaderamente horrible.*

7. ¿ES DE METAL? + P. 213, EJ. 8; P. 215, EJ. 17-18

A. Lee este blog. ¿Te comprarías alguno de esos aparatos? ¿Por qué?

www.elblogdepepita.dif/utensiliosdecocina

El blog de Pepita

2 DE FEBRERO

Vaporera eléctrica

Sirve para cocinar al vapor todo tipo de alimentos (pescado, verduras, carne, etc.). Desde que la descubrí, la uso casi todos los días y os recomiendo que la probéis. **Es muy fácil de usar. Funciona con electricidad (consume poco)** y solo hay que poner los alimentos y conectarla. La comida se hace muy rápidamente y está buenísima. La calidad depende de las marcas, pero en general es un aparato que **dura mucho tiempo**.

4 DE MARZO

Picador de ajos

Este utensilio que os voy a presentar **va muy bien para picar los ajos** sin ensuciarse las manos. **Es de plástico**, por lo que no hay peligro de cortarse o hacerse daño, y además **no se rompe. Es muy práctico** y fácil de usar. **Funciona manualmente**, sin pilas ni electricidad: se abre y se ponen los ajos; luego se cierra y se gira: lo que obtienes es ajo perfectamente picado.

21 DE MARZO

Ablandador de carne

Hoy voy a presentaros un utensilio que he descubierto hace poco y que es más práctico de lo que parece. **Se usa para ablandar la carne antes de cocinarla.** También **es muy útil para marinarla**, ya que si la ablandamos antes, se marina más rápidamente. Además, como es pequeño, **no ocupa mucho** espacio y **lo podéis guardar** en cualquier sitio.

Acerca de Pepita

El blog de Pepita es un blog que he creado para hablar de cocina y alimentación. Soy una fan de la cocina fácil y de los utensilios, y os voy a presentar ideas para cocinar como un profesional sin pasaros el día en la cocina.

Categorías

- Cocinar
- Conservas
- Fruta y verdura
- Para la mesa
- Pequeños electrodomésticos
- Recetas especiales
- Recetas fáciles
- Recetas con microondas
- Recetas para que cocinen los niños
- Recetas de cocina
- Repostería
- Tiendas online
- Trucos y consejos
- Utensilios

- *Yo me compraría la vaporera. Creo que es muy práctica y, además, cocinar al vapor es muy sano.*

B. Fíjate en las frases marcadas en negrita. ¿Las entiendes? Tradúcelas a tu lengua.

C. Ahora elige una de estas palabras. Luego, tu compañero te hará preguntas para adivinarla. Tú solo puedes responder **sí** o **no**.

- unos calcetines
- una lámpara
- un sacacorchos
- una silla
- una chaqueta
- un jarrón
- una camiseta
- un tenedor
- una revista
- una puerta
- un sacapuntas

- *¿Es de metal?*
- *Sí.*

PARA COMUNICAR

Es / puede ser de algodón / lana / cristal / metal / madera / piel / papel / plástico...
Sirve para cortar / lavar...
Se usa para cocer / freír...
Es fácil / difícil de usar / lavar...

FRASES RELATIVAS

Las frases relativas sirven para añadir información sobre un sustantivo o para determinarlo.
*Este anillo, **que perteneció a mi abuela**, es de oro blanco.*
*Esta es la novela **que me compré ayer**.*

CON INDICATIVO O CON SUBJUNTIVO

Utilizamos el indicativo para referirnos a algo cuya identidad concreta conocemos o que sabemos que existe.
*Hola... Quería ver una cámara **que** cuesta **unos 300 €**. Me la enseñó usted ayer.*
(= Sabe que la tienen y que cuesta 300 euros)

Usamos el subjuntivo cuando nos referimos a algo cuya existencia o identidad concreta desconocemos.
*Hola... Quería ver una cámara **que** cueste unos **300 €**.*
(= No sabe si tienen cámaras de ese precio)

CON PREPOSICIÓN

Cuando las frases relativas llevan preposición, el artículo (**el** / **la** / **lo** / **los** / **las**), que va entre la preposición y el pronombre **que**, concuerda en género y en número con la palabra a la que se refiere.
*Este es el coche en **el** que fuimos a Cartagena.*
*¿Es esta la llave con **la** que cerraste la puerta?*
*Necesito algo con **lo** que pueda abrir esta lata.*
*Los hoteles en **los** que nos alojamos eran muy buenos.*
*Allí están las chicas de **las** que te hablé.*

Cuando nos referimos a lugares, podemos usar **donde** en lugar de **en el** / **la** / **los** / **las que**. Cuando nos referimos a personas, podemos usar preposición + **quien** / **quienes** en lugar de preposición + **el** / **la** / **los** / **las que**.
*Esta es la casa **en la que** nací. = Esta es la casa **donde** nací.*
*Esa es la chica **con la que** fui a la fiesta. = Esa es la chica **con quien** fui a la fiesta.*

HABLAR DEL FUNCIONAMIENTO Y DE LAS CARACTERÍSTICAS

Sirve para lavar las verduras.
Se usa para cubrirse las orejas cuando hace mucho frío.
Es fácil / difícil de usar...
Va / Funciona genial / (muy) bien / (muy) mal / fatal...
Va / Funciona con pilas / electricidad / gas / energía solar...
(No) Se arruga / estropea / rompe...
(No) Pasa de moda.
Consume mucho / bastante / poco.
Lo / la / los / las tomas cuando estás enfermo.
Ocupa mucho / bastante / poco (espacio).
Cabe en cualquier sitio.
Dura mucho / bastante / poco (tiempo).

VALORAR

(Yo) **Lo encuentro / veo** muy bonit**o**.
(Yo) **La encuentro / veo** muy bonit**a**.
(Yo) **Los encuentro / veo** muy bonit**os**.
(Yo) **Las encuentro / veo** muy bonit**as**.

(A mí) **Me parece/n** muy bonit**o/-a/-os/-as**.

VALORACIONES NEGATIVAS

(A mí) **No me desagrada, pero** yo no lo compraría.
No está mal, pero no es lo que estoy buscando.
(A mí) **No me convence. / No me acaba de convencer**.
La verdad, para mí es excesivamente moderno.
Es bonito, **pero, francamente / sinceramente**, no le veo ninguna utilidad.

FRASES EXCLAMATIVAS

¡**Qué** horror / maravilla...!
¡**Qué** (vestido **tan**) bonito! = ¡**Qué** (vestido **más**) bonito!

SUPERLATIVOS Y OTROS GRADATIVOS

feo	caro	rico	rápido
muy feo	muy caro	muy rico	muy rápido
feísimo	carísimo	riquísimo*	rapidísimo

* A veces hay cambios ortográficos: ri**c**o – ri**qu**ísimo.

Para intensificar un adjetivo, en lengua coloquial, a veces usamos el prefijo **super**.
*Es un aparato **super**práctico.*

Con adjetivos que expresan una gran intensidad, no usamos el adverbio **muy**, ni el sufijo **-ísimo**, ni el prefijo **super**. Usamos, en su lugar, **realmente** o **verdaderamente**.
*Es **realmente / verdaderamente** fantástico / horrible...*

Otros gradativos:

Es **demasiado/excesivamente** llamativo.
Es (**muy**) **poco*** práctico.
Es **un poco**** caro. (= Es caro)
No es **nada** interesante.

* Recuerda que **poco** solo se usa con adjetivos de significado positivo.
** Recuerda que **un poco** solo se usa con adjetivos de significado negativo.

8. ESTÁ DE MODA

A. Mira estos diseños de moda. ¿Qué te parecen? Coméntalo con un compañero. ¿Tenéis los mismos gustos?

- *A mí estos pantalones me parecen demasiado llamativos. No me los pondría nunca.*
- *Pues a mí me encantan, me parecen supermodernos.*

B. Responde a estas preguntas sobre la ropa y la moda.

1. ¿Cuál es tu color favorito?
2. ¿Sabes cuáles son los colores de moda este año?
3. ¿Usas ropa de marca?
4. ¿Cuál es tu marca favorita?
5. ¿Crees que la manera de vestir de una persona refleja su personalidad?
6. ¿Cuánto tiempo sueles tardar en vestirte?
7. ¿Guardas alguna prenda de vestir desde hace muchos años? ¿La usas?
8. ¿Te gusta llamar la atención con la ropa?
9. ¿Gastas mucho dinero en ropa?
10. En español se dice que "para presumir hay que sufrir". ¿Estás de acuerdo?

C. Comenta tus respuestas con un compañero. Luego, piensa qué prenda de vestir le regalarías para su cumpleaños y descríbela con detalle. Si lo prefieres, puedes buscarla en internet.

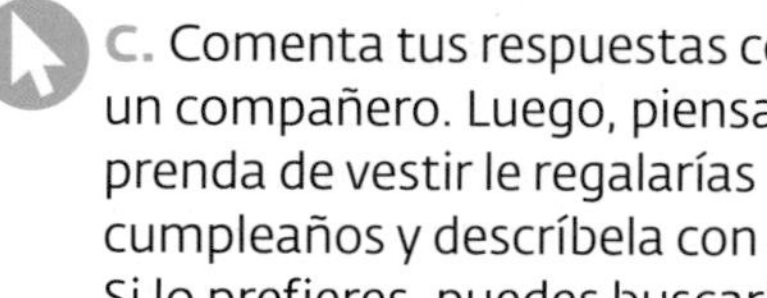

9. ¿PUEDES USARLO EN LA COCINA?

A. Piensa en un objeto que tenga especial importancia en tu vida cotidiana. Luego, intenta responder mentalmente a las siguientes preguntas.

- ¿Es útil?
- ¿Es caro?
- ¿Para qué sirve?
- ¿Se arruga?
- ¿Se estropea?
- ¿Se rompe?
- ¿Funciona con pilas / electricidad?
- ¿Pasa de moda?
- ¿Es fácil de usar?
- ¿Dura mucho tiempo?
- ¿Ocupa mucho espacio?
- ¿Consume mucho?
- ¿Puedes usarlo en la cocina / en el salón?
- ¿Lo puedes llevar encima?

B. Ahora, tu compañero te va a hacer preguntas para adivinar en qué objeto has pensado. Tú solo puedes responder sí o no.

- *¿Lo puedes usar en la cocina?*
- *No.*
- *¿Sirve para...?*

10. ¿TIENES?

A. En parejas (uno es el alumno A y el otro, el alumno B), buscad a un compañero que tenga en clase alguna de estas cosas. Gana la pareja que consiga más.

- *¿Tienes algo que sirva para protegerse de la lluvia?*
- *No, lo siento.*

B. Ahora, presentad al resto de la clase los objetos que habéis obtenido y convencedlos de que realmente tienen esa utilidad o esas características.

ALUMNO A

- Algo que sirva para protegerse de la lluvia
- Una cosa que se rompa fácilmente
- Un objeto que sirva para mirarse
- Una prenda de vestir que sea de lana
- Algo que esté de moda

ALUMNO B

- Un objeto que sirva para apagar un fuego
- Una prenda de vestir que se ponga en la cabeza
- Un aparato que funcione con pilas
- Un cosa que se arrugue mucho
- Algo que quepa en un bolsillo y que sea de madera

11. SOLUCIONES PARA TODOS

A. Estas tres personas tienen algunos problemas prácticos en su vida cotidiana. Lee sus testimonios. ¿Qué objeto crees que necesitan? Coméntalo con tus compañeros.

"El mes que viene voy a abrir una tienda de aparatos electrónicos en el centro. El interiorismo de la tienda es muy moderno, como de ciencia ficción. Lo que no tengo claro es el uniforme de los trabajadores. Quiero que sea también muy moderno, especial, sorprendente..." **Juan**, 41 años

"Yo tengo muy poca memoria y siempre pierdo cosas. Las llaves de casa, por ejemplo, las pierdo cada dos por tres. Hasta ahora no era mucho problema porque mis amigos tenían una copia y estaban cerca para echarme una mano. Pero acabo de trasladarme a un pueblo donde no conozco a nadie y no sé qué hacer." **Román**, 34 años

"Yo, cuando estoy durmiendo, no soporto escuchar ningún tipo de ruido, ni el más mínimo, así que siempre me pongo tapones. El problema es que, por la mañana, nunca oigo el despertador y siempre llego muy tarde al trabajo. Mi jefe ya empieza a estar harto." **Montse**, 28 años

- *Pues yo tengo problemas para encontrar los libros. Tengo un montón y nunca encuentro el que quiero.*
- *Pues a mí me pasa una cosa muy extraña con los táperes, tengo un monton sin tapa, y no sé adónde han ido a parar...*

B. En parejas, decid qué problema queréis resolver (uno de los tres anteriores o uno de los planteados por los compañeros de la clase) y diseñad un objeto o un aparato que lo solucione. ¿Podéis dibujarlo?

¿Cómo se llama?
¿Cómo es?
¿A quién va dirigido?

C. Ahora presentad vuestro proyecto a la clase. ¿Cuál es el diseño más útil?

Nuestra propuesta se llama...
Es un aparato con el que se puede...

12. INVENTOS P. 213, EJ. 9

A. Mira las imágenes. ¿Cuál de estos inventos te parece más importante? ¿Por qué?

Inventos latinos

Desde sus orígenes, el hombre ha tenido que hacer frente a las necesidades planteadas por el tiempo en el que vive. De esta necesidad y de su ingenio han nacido los grandes (y los pequeños) inventos. Estos son cinco "inventos latinos" que han dado la vuelta al mundo.

1884 El submarino

El marino español Isaac Peral logró crear un submarino propulsado electrónicamente que revolucionó la navegación. La Marina española no autorizó la construcción de nuevos aparatos, ya que no creyó en el invento.

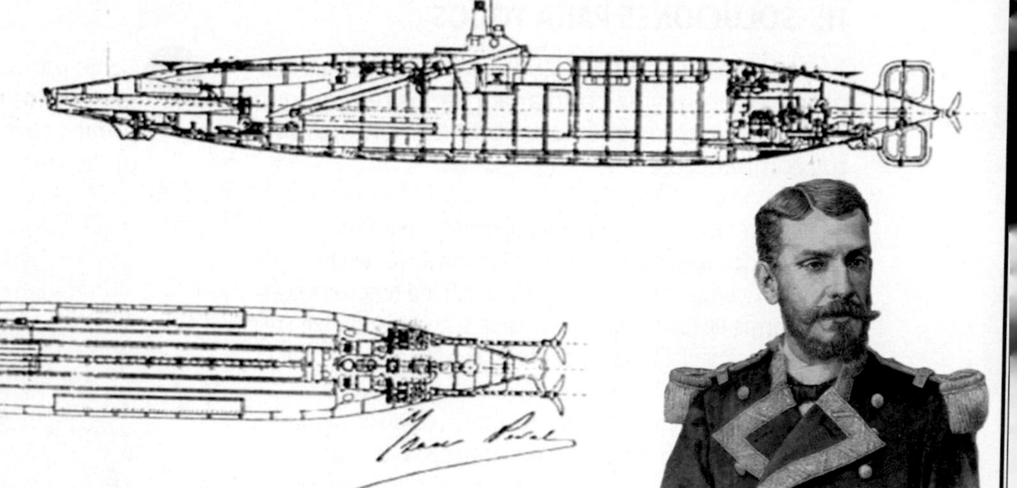

1938 El bolígrafo

Ladislao José Biro (que nació en Hungría, pero se nacionalizó argentino) creó el bolígrafo en 1938. La idea le surgió al ver a unos niños jugando en la calle con canicas: una de ellas pasó por un charco y dejó una marca sucia en el suelo. Así nació el popular bolígrafo, que en Argentina se llama birome.

1940 La televisión en color

El mexicano Guillermo González Camarena creó en 1940 un sistema para poder ver la televisión en color, que perfeccionó en 1960 y presentó en la Feria Mundial de Nueva York.

B. Lee los textos y anota dos cosas que no sabías y que te han sorprendido. Luego coméntalas con el resto de la clase.

1956 La fregona

El ingeniero español Manuel Jalón Corominas inventó este objeto con el que podemos fregar el suelo estando de pie. Aunque él le puso el nombre de "fregasuelos", enseguida se empezó a llamar "fregona", el nombre que antes recibían las mujeres que fregaban el suelo.

1975 La jeringa hipodérmica desechable

Antes las jeringas se usaban varias veces y el riesgo de contagio era muy elevado. Cuando Manuel Jalón Corominas inventó esta jeringa de plástico que se tira después de la primera utilización, las condiciones sanitarias mejoraron de manera muy notable en muchos lugares.

C. Piensa en un invento que haya sido importante para la Humanidad. Escribe un texto y cuélgalo en una red social o en un blog para que lo puedan leer tus compañeros.

aulainternacional.difusion.com

EN CONSTRUCCIÓN

¿Qué te llevas de esta unidad?

Lo más importante para mí:

....

....

Palabras y expresiones:

....

....

Algo interesante sobre la cultura hispana:

....

....

Quiero saber más sobre...

....

....

11 UN MUNDO MEJOR

EMPEZAR

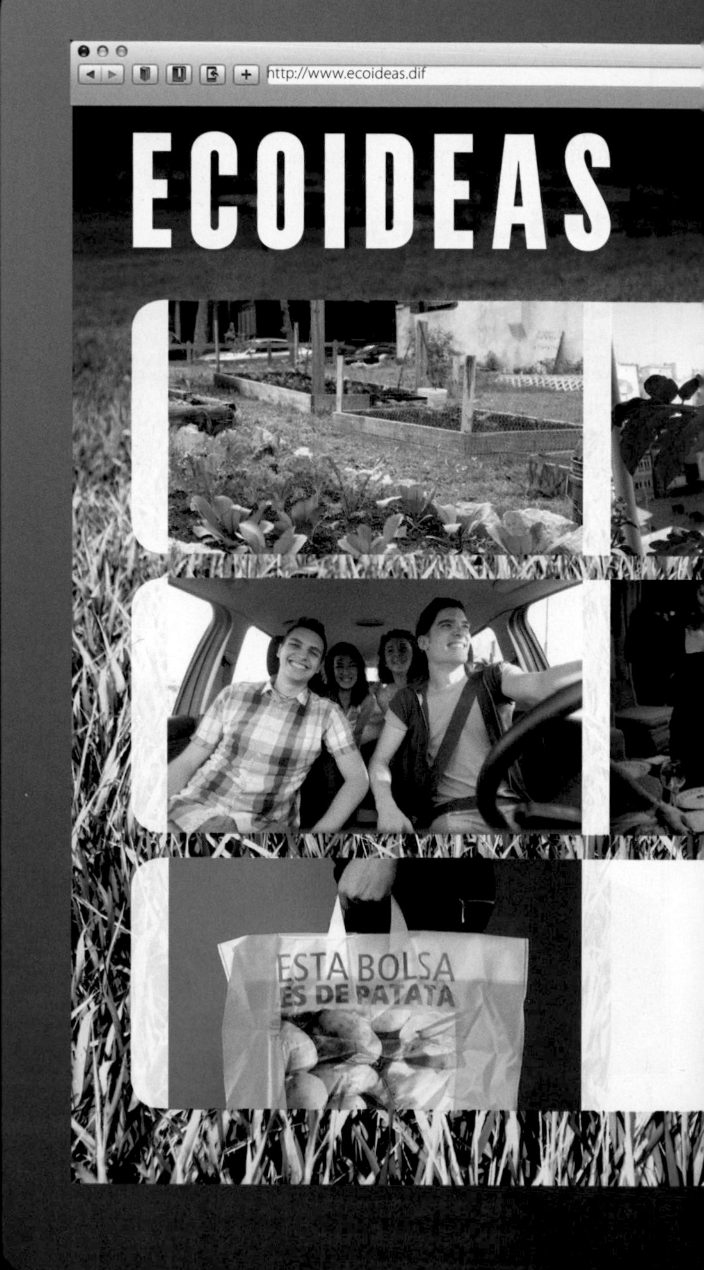

1. CUIDARSE Y CUIDAR EL PLANETA

+ P. 216, EJ. 1-2

A. Una web ofrece ideas para vivir de manera más sostenible y participativa. ¿Qué te parecen las propuestas?

PARA COMUNICAR

A mí, **lo de...**	**me parece** una idea	(muy) buena
		(muy) interesante
		extraña
	no me parece (muy) buena idea	

- *A mí, lo de compartir la comida me parece una idea muy extraña...*
- *Pues a mí me parece muy buena idea.*

B. ¿Qué otras ideas o propuestas del mismo tipo conoces?

EN ESTA UNIDAD VAMOS A

ELABORAR UNA PRESENTACIÓN SOBRE UN NUEVO MOVIMIENTO

RECURSOS COMUNICATIVOS

- valorar situaciones y hechos
- opinar sobre acciones y conductas

RECURSOS GRAMATICALES

- **me parece bien / mal / injusto / ilógico... que** + presente de subjuntivo
- **está bien / mal que...** + presente de subjuntivo
- **es injusto / ilógico / fantástico... que** + presente de subjuntivo
- el condicional
- **lo de** + infinitivo / sustantivo, **lo que** + verbo

RECURSOS LÉXICOS

- medioambiente
- solidaridad

Cada día surgen nuevas iniciativas para conseguir un planeta más verde y promover maneras de vivir más sostenibles ¡y más felices! Aquí tenéis alguna de las más interesantes.

Plantar un huerto en casa o participar en un huerto urbano

La manera ideal de alimentarse bien: comer frutas y verduras ecológicas cultivadas en casa o en tu barrio.

Compartir el coche... o la comida

Nacen páginas web para las personas que necesitan viajar en coche y quieren compartir los gastos con otros. Y redes sociales para personas que, cuando viajan, quieren comer en casa de alguien en vez de hacerlo en un restaurante.

Comprar productos reciclables y reciclados

Bolsas hechas de papel reciclado o a base de almidón de patata, anoraks hechos de plástico reciclado, copas de vidrio reciclado... Hoy en día, existen alternativas ecológicas y a buen precio a casi todos los productos que necesitamos.

2. KM 0

A. Observa el título del texto y las imágenes. ¿A qué crees que se refieren los adjetivos **buena**, **limpia** y **justa**?

B. Lee el texto. Luego, en parejas, responded las siguientes preguntas.

- ¿Qué es lo que no les parece lógico y sostenible a los creadores del movimiento?
- ¿Qué creéis que quiere conseguir el movimiento Slow Food?
- ¿Creéis que es una buena idea?
- ¿Os gustaría ir a un restaurante Km 0?

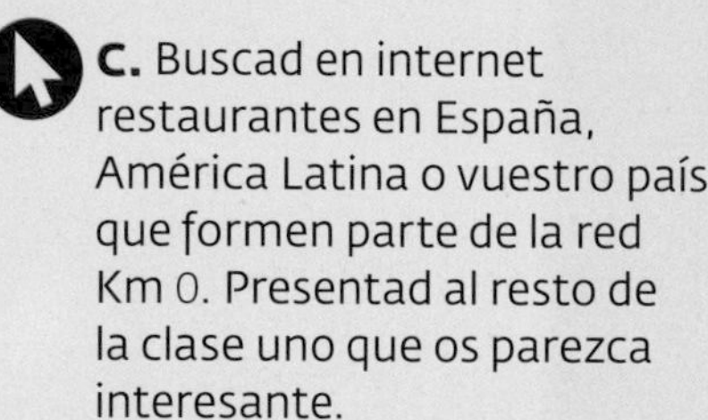

C. Buscad en internet restaurantes en España, América Latina o vuestro país que formen parte de la red Km 0. Presentad al resto de la clase uno que os parezca interesante.

Cultivo de amaranto en México.

Buena, limpia... y justa

¿Es lógico que en los supermercados españoles encontremos a precios bajísimos legumbres producidas en Estados Unidos? ¿Es sostenible que en los restaurantes de Singapur se sirva agua embotellada en los Alpes? Para los creadores del movimiento Slow Food, la respuesta es no.

El origen: Slow Food

En 1986, Carlo Petrini crea Slow Food en Italia para defender la cocina local en todo el mundo. Según este movimiento, la alimentación debe ser buena, limpia y justa. Los alimentos deben tener buen gusto, deben ser producidos sin dañar el medioambiente ni nuestra salud, y los productores deben ser pagados de manera justa. El Slow Food se basa en la idea de la "ecogastronomía"; es decir, la conexión entre la comida, el paisaje local y el planeta. Y por eso apoya a productores de alimentos locales en todo el mundo.

Apoyar a los productores locales es una manera de que las materias primas no viajen miles de kilómetros, pero también de que sobrevivan variedades de vegetales y animales autóctonos. Es la manera de conservar para nuestros hijos el aceite de oliva producido a partir de olivos milenarios en Castellón o el amaranto de México.

Kilómetro 0

Esta idea de conservar los productos y las recetas tradicionales ha atraído en los últimos años a cocineros de todo el planeta, que han creado una red de restaurantes y de cocineros Slow Food. Para formar parte de la red es necesario que en la carta haya al menos cinco platos Km 0, que el restaurante separe y recicle los residuos y que el chef sea socio de Slow Food.

Los platos y los restaurantes

¿Qué es un plato Km 0? Para recibir el sello "Km 0" es necesario que el ingrediente principal del plato y el 40% de los ingredientes sean locales. Además, el restaurante debe comprarlos directamente al productor y deben estar producidos a menos de cien kilómetros del restaurante. Muchos restaurantes en España y toda América Latina forman parte de esta red. Cocineros jóvenes y con enorme talento, a menudo en zonas rurales, llevan a la mesa las recetas de las abuelas y usan los productos "de toda la vida". Pero además tienen un buen ejemplo a seguir: el mejor restaurante del mundo de los años 2011, 2012 y 2013 es el danés Noma, un Km 0.

Eneko Atxa, chef del Azurmendi, restaurante Km 0 con 3 estrellas Michelín

3. "PIENSA EN VERDE" TODO EL DÍA P. 216, EJ. 3

A. Lee los consejos que da esta web para vivir de manera más ecológica a lo largo del día. ¿Cuáles de ellos sigues tú normalmente y cuáles te gustaría seguir?

http://piensaenverde.dif

10 CONSEJOS PARA PROTEGER EL MEDIOAMBIENTE A LO LARGO DEL DÍA

"Pensar en verde" no es tan difícil como parece. Todos podemos ayudar a proteger el planeta. A continuación te ofrecemos algunos consejos que puedes seguir... desde que te despiertas.

1. ¿Tu despertador es eléctrico? ¿Lleva pilas? El próximo, cómpralo solar.
2. Si eres hombre, aféitate con una maquinilla de cuchillas recambiables en lugar de una desechable. Y no dejes correr el agua mientras te estás afeitando o cepillando los dientes. ¡Ahorrarás mucha agua!
3. Si compras zumos, no los compres en envases individuales.
4. Cuando salgas de casa, no olvides apagar todas las luces y aparatos eléctricos.
5. Para ir al trabajo, elige un medio "verde": en bicicleta o a pie es lo ideal; si no, en transporte público. Y si tienes que ir en coche, no vayas solo: comparte tu coche con compañeros o personas que van al mismo destino.
6. En el trabajo, usa el papel por las dos caras. E imprime solo lo que realmente necesites tener en papel.
7. Recicla tus residuos en el trabajo, en el colegio y en casa.
8. Coloca una planta en tu área de trabajo, además de decorar, elimina contaminantes del aire.
9. En los meses más calurosos, cambia tus hábitos: busca la sombra, usa ventilador y duerme en la habitación más fresca de la casa.
10. No uses la lavadora si no está llena. Y no laves la ropa si no está realmente sucia. Además, si cuelgas las toallas usadas en un lugar seco, durarán más tiempo limpias y sin malos olores.

- *¿Qué te parece lo del despertador?*
- *No es mala idea, pero yo uso el móvil.*
- *Yo también, pero me gustaría comprarme un despertador solar...*

PARA COMUNICAR

Yo ya tengo / me afeito / reciclo...
Yo no tengo / me afeito / reciclo... pero **me gustaría**.
debería hacerlo / probarlo / comprarlo.
podría hacerlo / probarlo / comprarlo.
tendría que hacerlo...

60

B. Un chico y una chica están leyendo el artículo y comentan cuáles de los consejos siguen y cuáles no. Completa el cuadro.

	Consejos que sigue	Consejos que no sigue	Consejos que no sigue, pero que debería o le gustaría seguir
Él			
Ella			

4. UN MUNDO SOSTENIBLE

A. Lee esta entrevista. ¿Te parece interesante lo que dice la especialista? Marca las ideas con las que estás de acuerdo.

ENTREVISTA A **LAIA SERRA**, INGENIERA INDUSTRIAL Y ESPECIALISTA EN SOSTENIBILIDAD

"No es suficiente que reciclemos los residuos"

Usted es ingeniera y especialista en sostenibilidad. ¿En qué consiste su trabajo?
Ayudo a las empresas a ser más eficaces, a contaminar menos y sobre todo a ser eficientes desde el punto de vista ecológico.

¿Y eso qué significa?
Es cierto que, durante los últimos años, el lema de los ecologistas **ha sido** "reducir, reutilizar, reciclar"; pero no es suficiente que **reciclemos** nuestros residuos. Debemos diseñar mejor los productos para generar menos residuos y consumir menos.

¿Y eso cómo se consigue?
Un ejemplo: un edificio mal diseñado gasta mucha energía eléctrica para tener iluminación, pero la solución no es usar bombillas de bajo consumo. Lo importante es que el edificio **esté** bien diseñado y que **use** al máximo la luz natural.

¿Otros ejemplos?
Muchos plásticos provienen del petróleo y son un recurso que se va acabar. Es absurdo que esa materia **tenga** un solo uso. Por eso, algunas empresas, por ejemplo, están reciclando botellas de plástico para crear ropa impermeable. Eso es eficiencia.

¿España es un país eficiente desde el punto de vista ecológico?
Bueno, **es cierto que** la situación es mejor que hace 10 años, pero todavía falta mucho por hacer. Por ejemplo, no es lógico que en España casi todas las botellas de vidrio **sean** de un solo uso.

B. ¿Las expresiones resaltadas en naranja van seguidas de indicativo o de subjuntivo? ¿En todos los casos? ¿Intuyes por qué?

5. OPINIONES CONTRARIAS

A. Ana y Ada tienen opiniones contrarias en casi todo. En parejas, completad las frases de la manera más lógica.

1 Sobre las centrales nucleares
- **a.** Ana es antinuclear. Cree que **no es lógico que...**
- **b.** Ada es pronuclear. Cree que **es necesario que...**

2 Sobre el cambio climático
- **a.** Ana cree que es cierto. Piensa que **es evidente que...**
- **b.** Ada es escéptica. Piensa que **no está probado que...**

3 Sobre los coches en la ciudad
- **a.** Ana cree que se deberían limitar. Según ella, **no es normal que...**
- **b.** Ada cree que son muy necesarios. Según ella, **es natural que...**

4 Sobre los transgénicos
- **a.** Ana está en contra. Cree que **no está bien que...**
- **b.** Ada cree que son muy necesarios. Cree que **es normal que...**

5 Sobre la experimentación con animales
- **a.** Ana, en contra. Cree que **no es ético que...**
- **b.** Ada está a favor. Piensa que **está totalmente justificado que...**

B. En parejas, pensad en más cosas sobre las que Ana y Ada no están de acuerdo. Escribid frases similares a las del apartado anterior.

6. LE PARECE FATAL

61

Las estructuras **parecer + adjetivo + que** también se usan con subjuntivo. Escucha las siguientes conversaciones y resúmelas en una frase.

1. Le parece mal que prohíban que los coches circulen por la ciudad algunos días.
2. Le parece...
3. Le parece...
4. Le parece...
5. Le parece...
6. Le parece...

7. ¿TÚ HARÍAS ESO? P. 217, EJ. 7; P. 218, EJ. 10-13

A. Aitor está leyendo una revista online sobre nuevas tendencias y comenta algunos artículos con un amigo. ¿Y tú? ¿Harías las cosas de las que habla Aitor?

- Aquí hay un artículo sobre una cosa que se llama *meal sharing*. ¿Tú **invitarías** a comer a tu casa a desconocidos?
- ○ No sé, es una idea bonita, pero creo que no lo **haría**.

- Y también hablan de compartir coche en viajes largos... Yo eso sí que **podría** hacerlo.
- ○ ¿Sí? ¿**Viajarías** en tu coche con un desconocido? Creo que a mí no me **gustaría**.

- Mira esta chaqueta: está hecha de bolsas de plástico recicladas. ¿Tú te **comprarías** algo así?
- ○ Qué va. No me **pondría** una chaqueta así en la vida.

B. Los verbos en negrita de las frases anteriores están en condicional. ¿Entiendes lo que expresamos con ese tiempo verbal?

C. ¿Recuerdas cómo se forma el futuro? El condicional es muy parecido. Completa las formas que faltan.

	FUTURO	CONDICIONAL
(yo)	viajar**é**	viajar**ía**
(tú)	viajar**ás**	....
(él/ella/usted)	viajar**á**	viajar**ía**
(nosotros/nosotras)	viajar**emos**	....
(vosotros/vosotras)	viajar**éis**	viajar**íais**
(ellos/ellas/ustedes)	viajar**án**	....

D. La raíz de los verbos irregulares en condicional es la misma que la del futuro. Intenta conjugar la primera persona de estos verbos.

- tener → tendría
- poder → ....
- salir → ....
- saber → ....
- decir → ....
- querer → ....
- hacer → ....
- ponerse → ....

8. ¿TE HAS ENTERADO DE...? P. 218, EJ. 8

62-65 **A.** Vas a escuchar cuatro conversaciones en las que varias personas comentan asuntos relacionados con el medioambiente. Escribe de qué hablan.

1 ....

....

....

2 ....

....

....

3 ....

....

....

4 ....

....

....

62-65 **B.** Escucha de nuevo las conversaciones y completa. ¿Cómo dices lo mismo en tu lengua?

1

- Oye, ¿te has enterado de .... parque?
- No, ¿qué parque?
- El parque del Castillo, lo van a cerrar.
- ¡No me digas! ¿Y eso por qué?
- Porque van a hacer un parking.

2

- Ya sabes que ahora va a ser obligatorio separar la basura, ¿verdad?
- Sí. Me parece bien, pero .... separar el vidrio por colores es un poco demasiado.
- ¿Cómo por colores?
- Sí, vamos a tener que separar el vidrio por colores, y ponerlos en contenedores separados.
- Pues no sabía nada...

3

- ¿Has visto .... ha hecho el ayuntamiento al lado de la autopista?
- No. ¿Qué han hecho?
- Han dejado unos terrenos para hacer huertos urbanos... y la gente ya ha empezado a organizarse y a plantar cosas.
- Ah, qué bien. ¿Y tú quieres participar?
- Pues me apetece mucho, me encantaría comer tomates plantados por mí.
- Pues sí, sería genial.

4

- ¿Has leído este artículo sobre cómo ahorrar electricidad?
- Sí, está bien, pero no dice nada nuevo, ¿no?
- Bueno... yo hay cosas que no hago. .... desconectar todos los electrodomésticos es imposible, ¿no crees?
- Bueno, solo hay que desconectar los que se quedan en *stand by*, como las teles, los microondas...
- Ya, ¿pero hacerlo todos los días?

EL CONDICIONAL

	ESTUDIAR	ENTENDER	VIVIR
(yo)	estudiar**ía**	entender**ía**	vivir**ía**
(tú)	estudiar**ías**	entender**ías**	vivir**ías**
(él/ella/usted)	estudiar**ía**	entender**ía**	vivir**ía**
(nosotros/nosotras)	estudiar**íamos**	entender**íamos**	vivir**íamos**
(vosotros/vosotras)	estudiar**íais**	entender**íais**	vivir**íais**
(ellos/ellas/ustedes)	estudiar**ían**	entender**ían**	vivir**ían**

El condicional en español tiene varios usos: expresar deseos difíciles de realizar, opinar sobre acciones y conductas, evocar situaciones imaginarias, aconsejar, pedir de manera cortés que alguien haga algo...

EXPRESAR DESEOS

Especialmente con verbos como **gustar** y **encantar**.

- ***Me encantaría*** *ir en bici al trabajo, pero es que vivo muy lejos.*
- *Ya, a mí también **me gustaría**...*

- *¿Has ido alguna vez a un restaurante Km 0?*
- *No, pero **me encantaría.***

OPINAR SOBRE ACCIONES Y CONDUCTAS

*Yo nunca me **compraría** un despertador solar.*

- *¿Tú **irías** a cenar a casa de un desconocido?*
- *¿Por qué no? Puede ser muy interesante, ¿no?*

EVOCAR SITUACIONES HIPOTÉTICAS

- *¿Qué **harías** para mejorar la alimentación?*
- ***Pondría*** *impuestos a los alimentos con grasas saturadas.*

ACONSEJAR, SUGERIR

Con verbos como **poder, deber** y **tener que**.

- *Yo a veces no reciclo porque no tengo espacio en casa...*
- *Pues yo creo que **deberías** empezar a hacerlo. **Podrías** comprarte una papelera de esas que están divididas y que no ocupan espacio.*

LÉXICO: MEDIOAMBIENTE + P. 220, EJ. 14-17

SUSTANTIVOS	ADJETIVOS	VERBOS
sostenibilidad	sostenible	reciclar
ecología	ecológico	ahorrar
reciclaje	reciclable	gastar
ahorro	reciclado	contaminar
gasto	contaminante	producir
consumo	contaminado	
contaminación		

VALORAR SITUACIONES Y HECHOS

(No) Es **(No) Me parece**	**(i)lógico** **necesario** **suficiente** **(in)justo** **grave** **increíble** **normal** **importante** **estupendo** **terrible** **un horror** **una vergüenza** **una tontería** **...**	**que** + presente de subjuntivo infinitivo
(No) Está **(No) Me parece**	**(muy) bien / mal**	**que** + presente de subjuntivo infinitivo
Es	**verdad** **cierto** **evidente**	**que** + presente de indicativo

- ***A mí no me parece normal que*** *consumamos productos que vienen de la otra punto del mundo cuando los producimos también aquí...*
- *A ver, **es verdad que** es extraño, pero **no me parece tan grave que** lo hagamos así... Es la ley de la oferta y la demanda...*

Está muy bien que *en algunas ciudades prohíban usar el coche todos los días.*

*Usamos el infinitivo cuando el hablante habla de sí mismo o queremos generalizar.
*Creo que **es muy importante** hacer todo lo posible por contaminar menos.*

LO DE, LO QUE

Cuando queremos hablar de un tema familiar para los interlocutores o que ha sido mencionado antes, usamos **lo de** y **lo que**.

- *Está muy bien **lo de** compartir coche: te ahorras gastos, conoces a gente nueva...*
- *¿Sí? Yo no lo he hecho nunca.*

- *¿Has leído **lo del*** meal sharing?
- *No, ¿qué es?*
- *Resulta que hay gente que invita a desconocidos a comer a su casa, para conocer gente...*

- *¿Has visto **lo que** ha hecho el ayuntamiento al lado de mi casa?*
- *No, ¿qué?*
- *Unos huertos urbanos. ¡Están superbién!*

9. NOTICIAS P. 218, EJ. 9

A. Imagina que estos titulares de periódico se han publicado hoy en España y que son reales. ¿Qué opinas? Coméntalos con un compañero.

1. Se prohíbe la fabricación de coches altamente contaminantes
2. Se conceden ayudas millonarias para impulsar la agricultura biológica
3. El Gobierno aumenta los impuestos a los aparatos que funcionan con pilas
4. El Gobierno quiere plantar 1 millón de árboles frutales en las ciudades de todo el país
5. Nueva "ecotasa": los turistas deberán pagar 100 euros para entrar en España
6. Los países productores acuerdan subir el precio del café para potenciar su desarrollo

- *A mí me parece muy bien que prohíban fabricar coches muy contaminantes. Hoy en día se pueden fabricar coches que contaminan poco.*
- *No sé, ¿esos coches que contaminan menos no son más caros?*

PARA COMUNICAR

Me parece bien / genial / lógico / raro / mal / horrible **que se prohíban...**

Yo creo que está (muy) bien / mal / fatal **que se prohíban...**

Yo creo que es lógico / normal / fantástico **que se prohíban...**

B. En parejas, escribid un titular imaginario. Luego, leedlo en voz alta. Vuestros compañeros lo comentarán.

10. ¿QUÉ HARÍAIS?

A. En parejas, imaginad que tenéis el poder de cambiar las cosas. ¿Qué haríais para mejorar la vida en vuestro país? Escribid dos ideas para cada objetivo.

Para elevar el nivel cultural en vuestro país

....

....

Para mejorar la alimentación en vuestro país

....

....

Para conservar la naturaleza de vuestro país

....

....

B. Poned en común vuestras propuestas. ¿Aparecen ideas buenas? Comentadlo.

- *Nosotros haríamos la escuela gratuita y obligatoria hasta los 18 años.*
- *¿Y creéis que así mejoraría el nivel cultural?*

PARA COMUNICAR

Yo **crearía...**
prohibiría...
haría...
obligaría a...
daría...

11. ¿PODEMOS CAMBIAR LAS COSAS?

P. 217, EJ. 5-6

A. Vamos a pensar en cosas ilógicas, injustas o perjudiciales para el medioambiente, la salud o la convivencia. Dividid la clase en grupos. Primero, cada grupo decide de qué ámbito quiere hablar.

El medioambiente
- Los coches y el transporte
- La energía nuclear
- El fin del petróleo
- La disponibilidad de agua
- Otros: ....

La alimentación
- La obesidad y los problemas alimentarios
- Comida rápida vs. Slow Food
- Los precios de los alimentos
- El hambre en el mundo
- Otros: ....

El mundo del trabajo
- El paro
- Los horarios
- Las diferencias de salario
- El acceso al trabajo
- Otros: ....

La desigualdad entre hombres y mujeres
- En el trabajo
- En la política
- En la escuela
- En casa
- Otros: ....

B. Cada uno piensa en uno o dos problemas o situaciones que se pueden mejorar en el ámbito escogido y las escribe.

No es lógico que mucha gente pase dos o más horas al día en el transporte, yendo al trabajo y volviendo...

C. Cada uno aporta sus ideas y un compañero toma notas de todo. ¿Tenéis ideas o soluciones para mejorar esas situaciones?

- *Yo creo que no es lógico que mucha gente pase tanto tiempo cada día para ir al trabajo y volver.*
- *¿Y qué se puede hacer?*
- *Hombre, los transportes podrían mejorar y...*

D. Ahora, con todas vuestras ideas, vais a crear un nuevo movimiento. Luego, elaborad una presentación para vuestros compañeros.

12. UNA CAPITAL VERDE

A. ¿Cuáles crees que son los criterios para darle a una ciudad el Premio Capital Verde Europea? Anótalos.

B. Vitoria recibió ese premio en 2012. Lee el texto y descubre por qué.

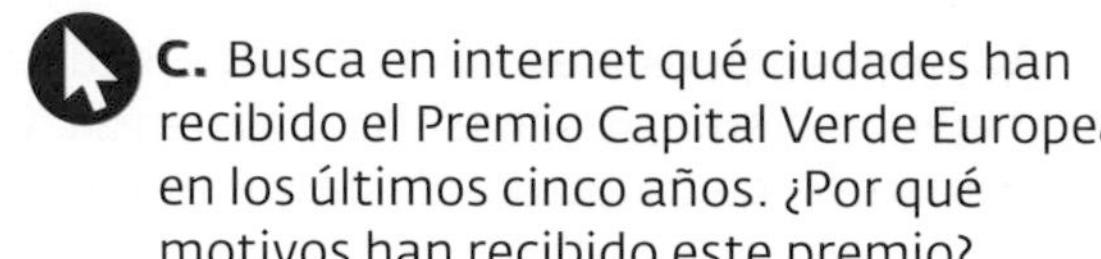

C. Busca en internet qué ciudades han recibido el Premio Capital Verde Europea en los últimos cinco años. ¿Por qué motivos han recibido este premio?

VITORIA CAPITAL

Cada año, la Comisión Europea otorga el Premio Capital Verde Europea a una ciudad que se preocupa de manera especial por el medio ambiente y el paisaje. En 2012, esa ciudad fue Vitoria. ¿Por qué?

PORQUE TIENE UN "ANILLO VERDE".

Alrededor de la ciudad hay una serie de parques de gran valor ecológico y paisajístico que están conectados entre ellos.

PORQUE TIENE UN TRANSPORTE URBANO SOSTENIBLE.

Vitoria ha cambiado la manera de moverse de sus ciudadanos mediante una red de autobuses más eficaz y varias líneas de tranvía. Así ha conseguido aumentar en un 44% los viajes en transporte urbano.

PORQUE HA CREADO UN "PACTO VERDE".

Muchas de las empresas situadas en la ciudad han firmado un "pacto verde" y se han comprometido a mejorar su funcionamiento desde el punto de vista ecológico: ahorrar energía, reciclar, reutilizar material o generar menos residuos.

D. Piensa en tu ciudad. ¿Crees que puede ser candidata a ese premio? ¿Qué debería cambiar para convertirse en una "ciudad verde"?

VERDE

PORQUE EL AIRE QUE RESPIRAN LOS VITORIANOS ES PURO.
La calidad del aire es muy alta y la ciudad cuenta con varias estaciones que controlan a diario esa calidad.

PORQUE AHORRA AGUA.
El ayuntamiento ha impulsado un plan para ahorrar agua y está concienciando a los ciudadanos para que la usen de manera eficaz.

VÍDEO

aulainternacional.difusion.com

EN CONSTRUCCIÓN

¿Qué te llevas de esta unidad?

Lo más importante para mí:

....

....

Palabras y expresiones:

....

....

Algo interesante sobre la cultura hispana:

....

....

Quiero saber más sobre...

....

....

12 MISTERIOS Y ENIGMAS

EMPEZAR

1. EN ESTE NÚMERO...

A. Mira la portada de la revista *Misterios y enigmas*. ¿Qué temas te interesan más?

B. Comenta con tus compañeros qué sabes o piensas sobre esos temas.

- *¿Tú crees que existe la telepatía?*
- *Sí, yo estoy convencido de que sí.*
- *Pues yo creo que no.*

EN ESTA UNIDAD VAMOS A
ESCRIBIR UN BLOG SOBRE MISTERIOS DE LA CIENCIA

RECURSOS COMUNICATIVOS

- hacer hipótesis y conjeturas
- relatar sucesos misteriosos
- expresar grados de seguridad

RECURSOS GRAMATICALES

- algunos usos del futuro simple y del condicional
- construcciones en indicativo y en subjuntivo para expresar diferentes grados de seguridad

RECURSOS LÉXICOS

- **creer algo / creerse algo / creer en algo**
- sucesos misteriosos y fenómenos paranormales
- psicología
- ciencia

¿EXISTEN LOS OVNIS? | EL MISTERIO DEL TRIÁNGULO DE LAS BERMUDAS | EL SIGNIFICADO DE LOS SUEÑOS

Misterios Y ENIGMAS

año 5 | Nº49

ENERO 2014

LÍNEAS DE NAZCA: ¿PISTAS DE ATERRIZAJE PARA LOS EXTRATERRESTRES?

FENÓMENOS PARANORMALES: PREMONICIONES, TELEPATÍA Y SUEÑOS QUE SE HACEN REALIDAD

EL LAGO NESS: ¿UN FRAUDE PARA ATRAER A LOS TURISTAS?

TEST: ¿Eres una persona desconfiada?

La ley de la atracción: una teoría sobre el increíble poder de la mente

2. LAS LÍNEAS DE NAZCA P. 222, EJ. 1-2

A. ¿Sabes qué son las "líneas de Nazca"? Lee la entradilla del artículo y, luego, comenta con tus compañeros quiénes crees que las hicieron y para qué.

- *Yo he leído que era un sistema de escritura antigua.*
- *¿Ah, sí? Pues yo no sabía que existían.*

PARA COMUNICAR

Para mí la explicación **más / menos** lógica / convincente **es** la de...
Yo (no) estoy de acuerdo con la teoría de...
A mí (no) me convence la teoría de que **es / son**...

B. Ahora, lee el resto del texto. ¿Con cuál de las hipótesis estás más de acuerdo? Coméntalo con tus compañeros.

LAS LÍNEAS DE NAZCA

En la región de Nazca, al sureste del Perú, existen, desde hace más de 1500 años, unas espectaculares y misteriosas líneas trazadas en el suelo. Declaradas en 1994 Patrimonio Cultural de la Humanidad por la Unesco, representan uno de los legados más importantes de las culturas preincaicas. Las más espectaculares son las que reproducen animales marinos y terrestres.

Desde que fueron redescubiertas en 1939 (los conquistadores españoles ya las describen en sus crónicas), el enigma de las líneas de Nazca no ha dejado de intrigar a arqueólogos, matemáticos y amantes de lo oculto. Pero, ¿qué son en realidad?

Las líneas de Nazca son rayas y figuras, dibujadas sobre una llanura, que han permanecido intactas durante los años gracias a las particulares condiciones metereológicas y geológicas del lugar. Las más impresionantes son, sin duda, las que representan animales. Hay un pájaro de 300 metros de largo, un lagarto de 180, un pelícano, un cóndor y un mono de más de 100 metros, y una araña de 42 metros. También hay figuras geométricas y algunas figuras humanas.

Teniendo en cuenta que los "dibujantes" probablemente nunca pudieron observar sus obras, ya que solo se pueden apreciar desde el aire o parcialmente desde algunas colinas, la perfección del resultado es asombrosa.

ALGUNAS HIPÓTESIS

- La primera teoría sobre el significado de estas figuras se remonta al siglo XVI. Los conquistadores españoles pensaron que las líneas eran antiguas carreteras o caminos.
- Paul Kosok, el primero en realizar una observación aérea, dijo que se trataba de rutas o caminos para procesiones rituales.
- La matemática alemana Maria Reiche pensaba que las líneas representaban un gigantesco calendario astronómico.
- El suizo Erich von Däniken afirmó que las líneas de Nazca fueron trazadas por extraterrestres para utilizarlas como pistas de aterrizaje para sus platillos volantes.
- Para los arqueólogos, el significado de estas figuras está relacionado con la importancia del agua en la cultura nazca. Según ellos, las líneas servían para canalizar el agua o para marcar corrientes de agua subterránea.
- Algunos historiadores mantienen que las líneas de Nazca representan un antiguo sistema de escritura.
- Otros estudiosos sostienen que son dibujos realizados en honor al dios de la lluvia.

C. ¿Conoces o has oído hablar de otros misterios o enigmas? Coméntalo con tus compañeros.

- *En Inglaterra hay unas ruinas, en Stonehenge, muy curiosas. Dicen que servían como calendario solar.*
- *Pues cerca de donde viven mis padres hay una cueva en la que dicen que...*

3. EXPERIENCIAS PARANORMALES + P. 223, EJ. 3

A. A veces pasan cosas que no tienen una explicación lógica. Aquí tienes algunas. ¿Puedes pensar en otras? Habla con tu compañero y completa la lista.

- Tener una premonición
- Tener sueños que se cumplen
- Tener telepatía
- Tener la impresión de que ya hemos vivido algo
- Oír voces extrañas
- Entender una lengua que nunca hemos oído antes
- Notar una presencia
- Pensar en alguien y encontrárselo poco después
- Otros: ....

- *¿Sabes cuando vas a un lugar por primera vez y tienes la sensación de haber estado antes?*
- *Sí, me ha pasado alguna vez...*

B. Lee estos tres testimonios y relaciónalos con uno de los fenómenos de la lista anterior.

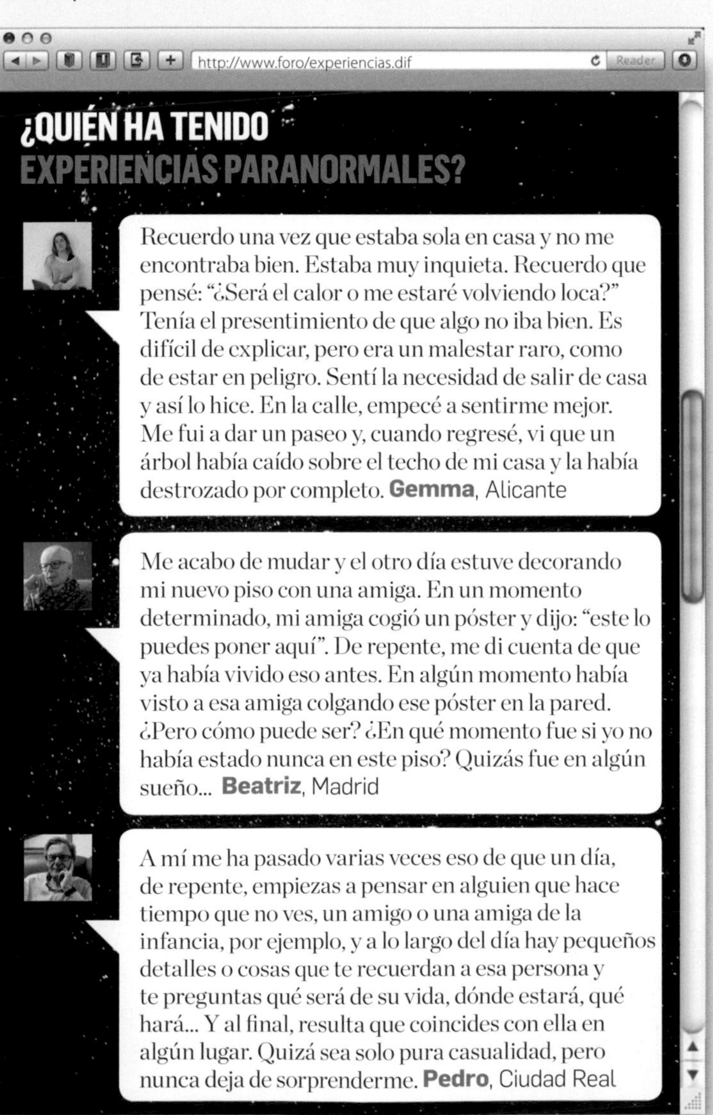
http://www.foro/experiencias.dif

¿QUIÉN HA TENIDO EXPERIENCIAS PARANORMALES?

Recuerdo una vez que estaba sola en casa y no me encontraba bien. Estaba muy inquieta. Recuerdo que pensé: "¿Será el calor o me estaré volviendo loca?" Tenía el presentimiento de que algo no iba bien. Es difícil de explicar, pero era un malestar raro, como de estar en peligro. Sentí la necesidad de salir de casa y así lo hice. En la calle, empecé a sentirme mejor. Me fui a dar un paseo y, cuando regresé, vi que un árbol había caído sobre el techo de mi casa y la había destrozado por completo. **Gemma**, Alicante

Me acabo de mudar y el otro día estuve decorando mi nuevo piso con una amiga. En un momento determinado, mi amiga cogió un póster y dijo: "este lo puedes poner aquí". De repente, me di cuenta de que ya había vivido eso antes. En algún momento había visto a esa amiga colgando ese póster en la pared. ¿Pero cómo puede ser? ¿En qué momento fue si yo no había estado nunca en este piso? Quizás fue en algún sueño... **Beatriz**, Madrid

A mí me ha pasado varias veces eso de que un día, de repente, empiezas a pensar en alguien que hace tiempo que no ves, un amigo o una amiga de la infancia, por ejemplo, y a lo largo del día hay pequeños detalles o cosas que te recuerdan a esa persona y te preguntas qué será de su vida, dónde estará, qué hará... Y al final, resulta que coincides con ella en algún lugar. Quizá sea solo pura casualidad, pero nunca deja de sorprenderme. **Pedro**, Ciudad Real

66

C. Ahora, vas a escuchar a una persona relatando una historia. Toma notas. ¿Con cuál de los fenómenos de la lista lo relacionas?

D. Aquí tienes algunas opiniones sobre este tipo de experiencias. ¿Con cuáles estás más de acuerdo? Coméntalo con tus compañeros.

Yo creo que, cuando pasan estas cosas, se trata simplemente de una casualidad.

Puede que exista una forma de comunicación extrasensorial.

Los animales y los hombres tenemos un sexto sentido que apenas hemos desarrollado.

Seguramente, dentro de unos años entenderemos cosas que ahora nos parecen inexplicables...

Para mí, la casualidad no existe.

Lo que pasa es que quizá vemos lo que queremos ver...

- *Yo también creo que, en el futuro, entenderemos...*

4. NO ME LO CREO + P. 224, EJ. 6

Lee estos diálogos y completa el cuadro con **creer** y **creerse**.

1

- ¿Sabes que un científico estadounidense ha descubierto una vacuna contra el miedo?
- ¿En serio?
- Es broma, ¡**te lo crees** todo!

- ¿Tú crees que algún día se descubrirá una vacuna contra el sida?
- Sí, **creo** que sí, algún día...

- He leído que hay unos monjes budistas que son capaces de controlar su mente y no sentir frío.
- ¡Qué dices! ¡No **me lo creo**!

- ¿Tú crees que algún día los humanos nos alimentaremos solo con pastillas?
- No **creo**, eso sería muy raro...

Con .... expresamos nuestro grado de seguridad o una opinión.
Con .... decimos si consideramos cierta una información.

5. PUEDE QUE SEA... + P. 226, EJ. 13

A. Aquí tienes una serie de opiniones e hipótesis sobre el misterio del lago Ness y sobre el misterio del Triángulo de las Bermudas. Marca a cuál se refieren en cada caso.

1. El lago Ness

2. El Triángulo de las Bermudas

	1	2
1. **Puede que** sea un monstruo prehistórico.		
2. **Igual** es un fraude para atraer al turismo.		
3. **A lo mejor** son algas que flotan en el agua.		
4. **Quizá** sea una base extraterrestre.		
5. **Es posible que** sea un campo electromagnético que afecta a los barcos y aviones que pasan por allí.		
6. **Quizá** es un "agujero espaciotemporal".		
7. **Seguro que** son animales marinos que entran por canales subterráneos y luego vuelven a salir al mar.		
8. **Tal vez** los barcos y los aviones simplemente se hunden por razones mecánicas.		
9. **Tal vez** sea una entrada a la Atlántida, el continente desaparecido.		
10. **Es probable que** sea una leyenda que surgió porque alguien contó que un gran animal lo había atacado.		

B. Las expresiones que están en negrita sirven para expresar hipótesis. Agrúpalas según si van acompañadas de un verbo en indicativo, en subjuntivo o si pueden ir con ambos.

C. ¿Con cuál de las anteriores partículas expresamos más seguridad? Coméntalo con tus compañeros.

6. EL PODER DE LA MENTE

A. ¿Has oído hablar de la ley de la atracción? Lee este texto y descubre en qué consiste.

Jueves 30 de enero de 2014 | 15.50 hs

La ley de la atracción: cómo transformar nuestra vida cambiando nuestra forma de pensar

Hace poco vi el documental *El secreto* y me empecé a interesar por la ley de la atracción. Es una teoría basada en los principios de la física cuántica. Según esta teoría, los pensamientos son una especie de antena. Cuando pensamos, generamos energía. Y esa energía atrae una energía del mismo tipo. Es decir, si pensamos algo positivo, atraemos energía positiva y si pensamos algo negativo, la energía que atraemos es negativa. Lo interesante es que si controlamos nuestros pensamientos, podemos conseguir lo que realmente deseamos. Lo único que tenemos que hacer es repetir con nuestra mente —como un mantra— lo que deseamos. Si logramos cambiar nuestra manera de pensar, podremos tener o hacer lo que queremos. Yo lo estoy intentando y estoy muy contenta con los resultados. Probadlo y ya veréis. ¡Todo está en la mente!

Comentarios

Yoli: ¿Basada en la física cuántica? No me lo creo. A mí estas teorías de "tienes el poder de cambiar tu vida" o "haz tus sueños realidad" me parecen tonterías. Eso sí, seguro que el autor del documental se ha hecho rico con su invención.

3345n: No creo que sea una teoría científica, pero probablemente sirva para aprender a ser más optimistas y a tener confianza en nosotros mismos.

Juliagar: Pues yo sí creo en esa teoría y en el poder de la mente. No todo lo que nos ocurre es pura suerte, es obvio que nuestra actitud hace mucho. Si vemos el futuro con optimismo es mucho más probable que nos pasen cosas buenas.

Milxx9: Sinceramente, yo creo que esta teoría considera que el individuo es lo único que existe e ignora por completo las circunstancias sociales. ¿Si naces en un país en el que hay miseria, no hay trabajo y se pasa hambre, resulta que si no consigues lo que quieres es porque tienes pensamientos negativos?

Luis: Estoy de acuerdo contigo. E incluso diría que me parece peligrosa porque en el fondo el mensaje es que si alguien tiene problemas él es el único culpable. ¿Y si pensamos así, qué pasa? ¿No hacemos nada para ayudar a la gente pobre? ¿Ni para resolver la crisis?

Anabel: Luis, lo que dices lo leí en un artículo hace poco. El artículo advertía precisamente de los riesgos de esa forma de pensar.

B. Estas frases resumen las opiniones de las personas que han escrito los comentarios del apartado anterior. ¿De qué personas se trata?

1. **Cree que** esta teoría da demasiada importancia al individuo.
2. **Cree que** es probable que funcione como técnica de autoayuda.
3. **Ha leído** en algún sitio **que** esta teoría puede ser peligrosa.
4. **Está convencida de que** una actitud optimista atrae circunstancias positivas.
5. **Cree que** esta teoría es una tontería y un fraude.
6. **No cree que** sea una teoría científica.
7. **Está segura de que** el que difundió la teoría ha tenido mucho éxito.

C. Fíjate en las frases 1, 2, 5 y 6 del apartado B. ¿Cuándo usamos **creer** + indicativo y cuándo **creer** + subjuntivo?

	creer + indicativo	**creer** + subjuntivo
En frases afirmativas		
En frases negativas		

D. ¿Y tú? ¿Qué piensas sobre esta teoría? Resume en unas frases tu opinión y léesela a tus compañeros. Puedes usar las expresiones en negrita del apartado B.

EXPLORAR Y REFLEXIONAR

7. ¿ERES UNA PERSONA DESCONFIADA?

P. 225, EJ. 11-12

A. ¿Eres una persona desconfiada? Responde a este test y lee los resultados. ¿Te sientes identificado? Coméntalo con un compañero.

¿Eres una persona desconfiada?

Si quieres saberlo, marca qué sueles pensar en estas situaciones.

1. Un/-a compañero/-a de trabajo te hace un regalo cuando no es tu cumpleaños.

- ☐ A. ¡Qué raro! ¿Qué **querrá**? Seguro que quiere algo a cambio.
- ☐ B. **Estará** enamorado/-a de mí.
- ☐ C. ¡Qué majo/-a! Claro, como soy tan simpático/-a. . .

2. Tu pareja no llega a casa.

- ☐ A. **Me estará** engañando con otro/-a.
- ☐ B. **Estará** tomando algo con los del trabajo.
- ☐ C. **Estará** trabajando. Ya llegará.

3. Recibes una llamada de tu jefa para que te presentes inmediatamente en su despacho.

- ☐ A. Me **querrán** despedir. Seguro.
- ☐ B. Me **querrá** decir que he hecho algo mal.
- ☐ C. Bueno, puedo aprovechar para pedirle un aumento de sueldo.

4. Ves a un compañero de trabajo comiendo con la jefa.

- ☐ A. **Estarán** saliendo juntos.
- ☐ B. Le **estará** haciendo la pelota para obtener un ascenso.
- ☐ C. **Estarán** hablando de trabajo.

5. Un hombre o una mujer se dirige a ti cuando vas por la calle.

- ☐ A. **Querrá** atracarme.
- ☐ B. **Tendrá** la intención de venderme algo.
- ☐ C. **Querrá** preguntarme una dirección.

6. Llamas a un amigo/-a para quedar pero te dice que no puede. Ya te lo ha dicho otras veces.

- ☐ A. No **querrá** verme, **estará** enfadado conmigo.
- ☐ B. **Tendrá** algún problema.
- ☐ C. **Estará** muy ocupado.

7. Te encuentras en la calle con la madre de un buen amigo tuyo pero te saluda muy rápidamente y no se para a hablar contigo.

- ☐ A. No le **caeré** bien.
- ☐ B. No **tendrá** ganas de hablar conmigo.
- ☐ C. **Tendrá** prisa.

RESULTADOS

MAYORÍA DE A:
Eres muy desconfiado/-a y un poco mal pensado/-a. Ante el abanico de posibilidades que se te ofrecen, siempre escoges la más negativa. Si sigues así, puedes acabar sin amigos.

MAYORÍA DE B:
Intentas ser sociable, pero no te fías totalmente de la gente. No ves el lado perverso de las cosas, pero tampoco te dejas llevar siempre por el optimismo y la buena fe.

MAYORÍA C:
Estás tan seguro/-a de ti mismo/-a que nada de lo que ves te parece sospechoso. Eres una persona confiada.

B. Fíjate en las formas verbales destacadas. Están en futuro simple. ¿Para qué sirven?

C. Pepa es muy desconfiada y Luz es muy confiada. Escribe lo que piensa cada una de ellas en estas situaciones, usando el futuro simple. Luego escribe en tu cuaderno lo que pensarías tú.

1. Está en casa y empieza a oler a quemado.
Luz: ¡Se estará quemando todo el edificio!
Pepa:

2. Un compañero de trabajo invita a todos los compañeros a su fiesta de cumpleaños menos a ella.
Luz:
Pepa:

3. Hace tres años que no sabe nada de su ex novio/-a, pero hoy le escribe un mensaje.
Luz:
Pepa:

4. Una vecina que siempre es muy antipática se muestra muy amable ella y la invita a su casa.
Luz:
Pepa:

5. Está en el metro por la noche y en el vagón no hay nadie. Entra un chico y se sienta a su lado.
Luz:
Pepa:

6. En un restaurante, le dan una carta en la que no están escritos los precios.
Luz:
Pepa:

RECURSOS PARA FORMULAR HIPÓTESIS

CON INDICATIVO

Estoy seguro/-a de que **Seguro que** **Seguramente** **Probablemente** **Posiblemente** **Supongo que** **A lo mejor** **Igual***	está bien. se han casado. fueron de vacaciones a París. estaban muy cansados.

* **Igual** se usa solo en la lengua coloquial.

CON SUBJUNTIVO

Lo más seguro es que **Es probable que** **Es posible que** **Puede que**	esté enfermo. tenga problemas. venga pronto.

CON INDICATIVO Y SUBJUNTIVO

Tal vez **Quizá(s)** **Probablemente** **Posiblemente**	está / esté enfermo. viene / venga más tarde.

EL FUTURO SIMPLE

Para formular hipótesis sobre el presente, podemos utilizar el futuro simple.

Afirmamos algo → *Pepe **está** trabajando.*
Planteamos una hipótesis → ***Estará** trabajando*
Invitamos al interlocutor a especular → *¿Dónde **estará** Pepe?*

- *¿Dónde estará tu hermano? Estoy preocupada.*
- *Tranquila, **estará** en la biblioteca, como siempre.*

- *Se ha pasado el día en la cama. Yo creo que le pasa algo.*
- *No... **Estará** cansado o **tendrá** sueño atrasado.*

¿Por qué están tan asustados?
No sé, estarán viendo un fantasma.

OTROS RECURSOS PARA EXPRESAR GRADOS DE SEGURIDAD

Estoy convencido/-a de	+ sustantivo + **que** + Indicativo
Es muy probable / posible	+ **que** + subjuntivo
No estoy muy seguro/-a, pero creo (que) + indicativo	
He leído / visto / oído (no sé dónde) que + indicativo	
Dicen que + indicativo	

Estoy absolutamente convencida de... *... **la existencia** de los extraterrestres.*
*... **que existen** los extraterrestres.*

CREER / CREERSE

Para expresar una opinión, podemos usar la construcción **creer que** + indicativo.
*Yo **creo que** las predicciones del horóscopo no se cumplen nunca.*

Para rechazar una hipótesis o una afirmación previa, usamos **no creer que** + subjuntivo.
*Yo **no creo que** existan los extraterrestres.*

Para expresar una creencia, usamos **creer en** + sustantivo.
- *Los budistas **creen en** la reencarnación, ¿no?*
- *Sí, me parece que sí.*

Para expresar si una afirmación o una opinión nos parece verdad o mentira, usamos **(no) creerse (algo)**.
- *Te prometo que mañana acabo el trabajo.*
- *Lo siento, pero **no me lo creo**.*

8. ESOTERISMO

Aquí tienes una serie de noticias sobre fenómenos paranormales. ¿Qué te parecen? ¿Puedes dar una explicación a alguna de las noticias? Coméntalo con tus compañeros.

- *Yo lo de los ovnis no me lo creo. Seguramente lo que vieron eran estrellas o aviones.*
- *Pues yo sí creo en los extraterrestres. No sé, tal vez los extraterrestres no sean verdes y con antenas, pero...*

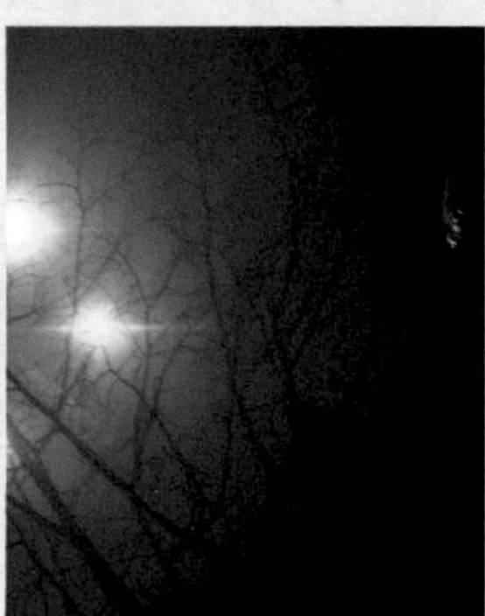

AVISTAMIENTO DE OVNIS EN MÁLAGA

Varias personas afirman haber visto ovnis la noche del pasado 23 de junio. La descripción de lo sucedido realizada por uno de los testigos: "Cuatro puntos de luz muy intensos que avanzaban muy lentamente y luego se alejaron a gran velocidad".

DEMONIO O ESQUIZOFRENIA

Fuentes del Vaticano han manifestado hoy que, según sus especialistas, más de la mitad de los 30 000 casos de exorcismos tratados en el año pasado se deben a trastornos de la personalidad y no a posesión demoníaca.

ACAMPAN EN UN BOSQUE Y AMANECEN EN UN LAGO

Un grupo de excursionistas de entre 17 y 20 años supuestamente acamparon la noche del pasado jueves en un bosque. A la mañana siguiente, despertaron en una isla en el centro de un lago.

PODEROSOS OJOS

En Cuzmel (México) una niña de 13 años sorprende a todos sus vecinos por su capacidad para mover objetos (algunos de hasta 50 kilos) con el poder de su mirada. "Solo tengo que abrir los ojos y concentrarme mucho", dijo.

9. LA INTERPRETACIÓN DE LOS SUEÑOS + P. 224, EJ. 7-9; P. 225, EJ. 10

A. ¿Habéis soñado alguna vez alguna cosa parecida a la que cuentan estas personas?

PSICOLOGÍA: ¿CON QUÉ SUEÑAS?

Yo últimamente he soñado varias veces con famosos. En cada sueño es un famoso diferente, pero la cuestión es que está por ahí conmigo y yo lo trato como a un amigo. ¿Qué puede significar? >> **Aitor**

¿Qué significa soñar que te pierdes y que no consigues llegar a tu destino? A mí me pasa mucho eso. >> **Manuel**

Yo sueño a veces que salgo a la calle desnuda o sin alguna prenda de ropa. Muy a menudo salgo descalza o en zapatillas. No recuerdo más detalles, solo sé que paso mucha vergüenza, pero que las demás personas parecen no darse cuenta. >> **Covadonga**

Estoy teniendo bastantes pesadillas. Una pesadilla muy recurrente es que me están persiguiendo porque quieren matarme. Nunca me hacen nada porque me escapo, pero me paso todo el sueño sufriendo porque tengo la sensación de que están a punto de alcanzarme. Es horrible. >> **Eli**

B. Comenta con tus compañeros cuál crees que es el significado de los sueños anteriores.

67-70

C. Escucha ahora lo que cuenta un experto en interpretación de sueños y comprueba tus respuestas.

PARA COMUNICAR

Yo he oído / leído que... **Dicen que...** **Seguramente / Probablemente...**	**eso significa...** **quiere decir...**
Es probable que... **Puede que...**	**eso signifique...** **quiera decir...**

10. MISTERIOS DE LA CIENCIA

A. Entre todos vais a hacer un blog titulado Misterios de la ciencia. Primero, vamos a decidir qué temas aparecerán. Podéis elegir algunos de estos y proponer otros.

Astrología
- ¿La astrología tiene poder de predicción?
- ¿El movimiento y la situación de los planetas (especialmente el Sol, Marte y la Luna) influyen en nuestro comportamiento?
- ¿Los horóscopos son fiables?

Robots
- ¿En el futuro podremos reproducirnos con robots?
- ¿Los robots sustituirán a los humanos en trabajos importantes?
- ¿Los robots del futuro tendrán inteligencia emocional?

Vida en otro planeta
- ¿Estamos solos en el universo?
- ¿Hemos recibido visitas de los extraterrestres?
- ¿La NASA y la CIA tienen pruebas de que existen los ovnis, pero no las revelan?
- ¿En el futuro podremos construir ciudades en otros planetas?

Sentimientos
- ¿Los sentimientos tienen una explicación científica?
- ¿Algún día existirán medicamentos contra sentimientos como el miedo o el odio?
- La infidelidad: ¿naturaleza o cultura?

B. Ahora vais a hacer grupos. Cada grupo prepara un texto sobre uno de los temas que habéis elegido. Si queréis, podéis buscar información en internet.

Una entrevista
Un reportaje
Un vídeo
Una noticia
Un artículo de opinión

C. Publicad vuestros textos en el blog. Luego, leed los textos de vuestros compañeros y escribid comentarios.

11. PINTURA SURREALISTA

A. ¿Qué sabes de Salvador Dalí y de Frida Kahlo? ¿Crees que tienen algo en común?

B. Mira los cuadros. ¿Qué crees que representan? Coméntalo con tus compañeros. Luego lee el texto y compruébalo.

EL SuRrealiSmO DE SALVADOR DALÍ Y FRIDA KAHLO

El surrealismo surgió en Francia en los años 20 del siglo XX. André Breton, precursor del movimiento, definió el surrealismo como un "automatismo psíquico puro, por cuyo medio se intenta expresar "el funcionamiento real del pensamiento".

El pintor español Salvador Dalí (1904 - 1989) se adhirió en París a este movimiento y fue uno de sus máximos representantes. A Dalí le interesaba entender la realidad a través de los sueños. En sus pinturas, se inspira en los sueños y en los momentos previos al sueño, esos en los que se empieza a mezclar lo real y lo fantástico.

La pintora mexicana Frida Kahlo (1907 - 1954), en cambio, nunca quiso formar parte del movimiento, aunque André Bretón se lo propuso y la consideró una pintora surrealista. La propia Frida dijo sobre ese asunto: "Creían que yo era surrealista, pero no lo era. Nunca pinté mis sueños. Pinté mi propia realidad." A pesar de eso, en 1940 expuso varias de sus obras en la Exposición Internacional de Surrealismo, en París.

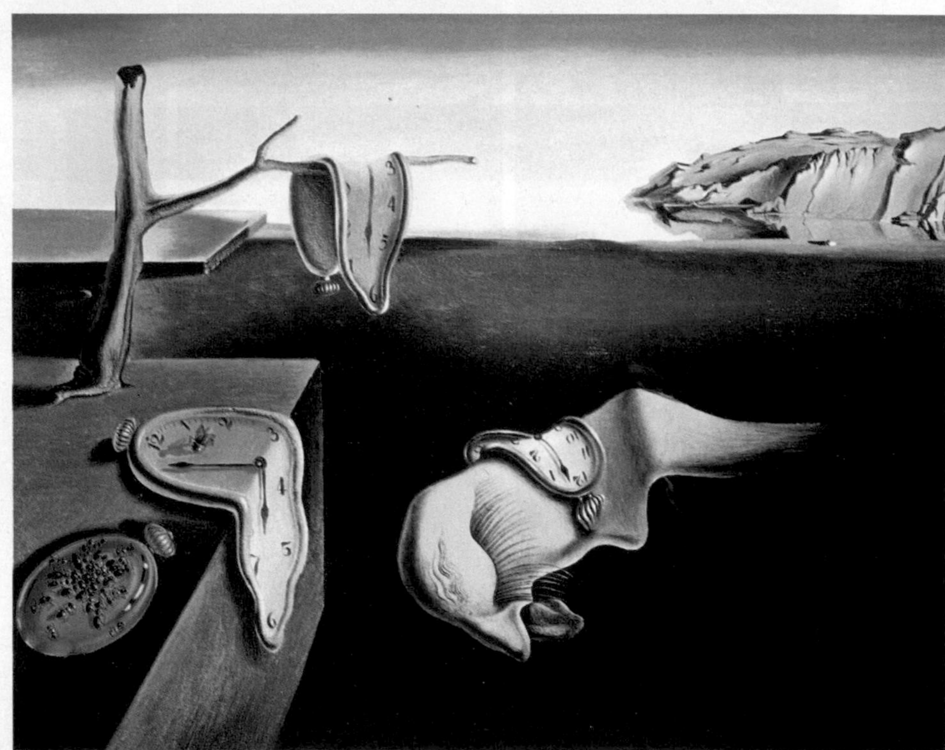

LA PERSISTENCIA DE LA MEMORIA (1931)
Es uno de los cuadros más conocidos de Dalí, y se interpreta normalmente como una alegoría de la subjetividad del tiempo. En él vemos un paisaje de una playa (la bahía de Port Lligat). En la parte izquierda del cuadro hay una mesa de madera, dos relojes blandos, que parece que se derriten, un reloj de bolsillo recorrido por hormigas y un árbol roto con una sola rama. En el centro, la cara de Dalí, con una gran nariz y largas pestañas. Parece que esté durmiendo –o soñando, o recordando– en la playa. Sobre su figura hay otro reloj blando. Dalí dijo que para hacer los relojes se había inspirado en un queso camembert derretido al sol.

C. Entre todos, vais a buscar más cuadros surrealistas de estos pintores. Escribid una descripción y montad una exposición en clase. Aquí tenéis algunos.

- *El sueño* (1937), Dalí
- *Sueño causado por el vuelo de una abeja alrededor de una granada un segundo antes de despertar* (1944), Dalí
- *La tentación de San Antonio* (1946), Dalí
- *Lo que el agua me dio* (1938), Kahlo
- *Ciervo herido* (1932), Kahlo
- *Raíces* (1943), Kahlo

LAS DOS FRIDAS (1939)
En este cuadro vemos dos autorretratos de Frida Kahlo. Las dos Fridas se cogen de la mano y sus corazones están unidos por una arteria. Sin embargo, uno está sano y el otro, no. La Frida de la izquierda lleva un traje europeo y la de la derecha, uno tradicional mexicano, como el que llevaba la pintora cuando se casó con Diego Rivera. Frida pintó este cuadro después de su divorcio. El corazón herido es el de la Frida que se casó.

VÍDEO

aulainternacional.difusion.com

EN CONSTRUCCIÓN

¿Qué te llevas de esta unidad?

Lo más importante para mí:

....

....

Palabras y expresiones:

....

....

Algo interesante sobre la cultura hispana:

....

....

Quiero saber más sobre...

....

....

MÁS EJERCICIOS

Este es tu "cuaderno de ejercicios". En él encontrarás actividades diseñadas para fijar y entender mejor cuestiones **gramaticales** y **léxicas**. Estos ejercicios pueden realizarse individualmente, pero también los puede usar el profesor en clase cuando considere oportuno reforzar un determinado aspecto.

También puede resultar interesante hacer estas actividades con un compañero de clase. Piensa que no solo aprendemos cosas con el profesor; en muchas ocasiones, reflexionar con un compañero sobre cuestiones gramaticales te puede ayudar mucho.

VOLVER A EMPEZAR

71

1. Completa los diálogos con las siguientes perífrasis. Luego escucha y comprueba.

acabo de conseguir | sigues viviendo | se ha vuelto a casar | sigo trabajando | estuve viviendo | dejó de trabajar | acabo de tener

1
- Eva: ¿.............................. en Alcalá?
- Pili: No, hace un par de años me fui a vivir a Montanilla, un pueblecito. Es que ahora trabajo en casa.

2
- Chus: .... el trabajo de mi vida. En "Médicos Mundi".
- Tere: ¡Qué envidia! Yo llevo un montón de años trabajando en el mismo lugar y estoy más harta...

3
- Luis: ¿Qué sabes de Juan?
- Marta: Pues está muy bien. Montó una empresa, la vendió por un montón de dinero y ....
- Luis: ¿Ah, sí? ¡Qué suerte!, ¿no?

4
- Inma: ¿Sabes? Mario ....
- Abel: ¿Otra vez? ¿Con quién?
- Inma: Pues con una chica de Santander muy maja.

5
- Laura: Oye, ¿qué tal el doctorado? ¿Lo has terminado?
- Belén: ¡No! ¡Qué va! Todavía no. Es que .... un hijo y, bueno, ya sabes...
- Laura: ¿Ah, sí? ¡Enhorabuena!

6
- Gerardo: ¿Y ahora qué estás haciendo?
- Julián: Pues .... en Chile, pero el año que viene vuelvo.

7
- Ana: ¿Cuánto hace que vives en Inglaterra?
- Andrés: Pues ya hace quince años. Al principio, ... en York y luego me trasladé a Londres.

2. Clasifica en el cuadro las siguientes expresiones.

1998 | el 1 de marzo de 2010 | mucho tiempo | el inicio del curso | el lunes | la boda de mi prima | llegué a España | bastante tiempo | me casé | no hago deporte | más de dos años | unos años | empecé a estudiar español | un par de semanas

CANTIDAD DE TIEMPO	PUNTO EN EL TIEMPO	
Hace / Desde hace	Desde	Desde que
Un par de semanas		

3. Escoge tres expresiones de la actividad anterior y escribe frases sobre ti.

....

....

....

....

4. Completa las frases con estas expresiones.

desde | desde hace | desde que | hace

1. Trabaja en nuestra empresa .... siete años.
2. Acabó la carrera de Económicas .... nueve años.
3. .... poco ha acabado el doctorado.
4. .... está al mando de su departamento, ha conseguido duplicar los beneficios.
5. Está poco dispuesto a viajar .... tuvo un hijo.
6. .... un año que estudia alemán.
7. Vive en Valencia .... 2001.
8. .... ha hecho el máster, ha ganado seguridad.

5. Mira este anuncio de trabajo y escribe cinco frases describiendo al candidato ideal (cosas que ha hecho, durante cuánto tiempo, etc.).

Encuentra trabajo

http://www.encuentratutrabajo.dif

IMPORTANTE ESCUELA DE IDIOMAS NECESITA CONTRATAR A UN PROFESOR DE INGLÉS

SE REQUIERE:

- Experiencia
- Formación (licenciado en Filología inglesa)
- Idiomas: inglés (nativo) y español
- Conocimientos de internet
- Preferiblemente nativo

Hace cinco años que trabaja en una escuela de lenguas.

1. ....
2. ....
3. ....
4. ....
5. ....
6. ....

72

6. Escucha la entrevista de trabajo que le hacen a Ana y marca la opción correcta en cada caso.

1. **¿Desde cuándo trabaja en el sector de la restauración?**
   - ☐ **a.** Desde los 15 años.
   - ☐ **b.** Desde los 18 años.
   - ☐ **c.** Desde que terminó los estudios.
2. **¿Cuándo empezó a trabajar de cocinera?**
   - ☐ **a.** En 1996, cuando terminó sus estudios.
   - ☐ **b.** En 1996, cuando empezó a estudiar.
   - ☐ **c.** Cuando llegó a Argentina.
3. **¿Cuántos años estuvo trabajando en España de cocinera?**
   - ☐ **a.** 18
   - ☐ **b.** 5
   - ☐ **c.** 15
4. **¿Por qué dejó de trabajar durante un tiempo?**
   - ☐ **a.** Porque tuvo un hijo.
   - ☐ **b.** Porque se casó.
   - ☐ **c.** Porque se fue de España.
5. **¿Cuánto tiempo hace que vive en Argentina?**
   - ☐ **a.** Hace cinco años.
   - ☐ **b.** Hace unos meses.
   - ☐ **c.** Hace mucho tiempo.

7. Escribe información sobre ti situándola en el tiempo y relacionándola con el momento presente.

Hago yoga desde hace seis años.

1. Algo que llevas haciendo desde hace tiempo.
   ....
2. La última vez que te has cambiado de casa.
   ....
3. Una cosa que acabas de conseguir.
   ....
4. Algo que quieres dejar de hacer.
   ....
5. Algo que quieres terminar de hacer.
   ....

8. ¿Conoces a estas personas? Relaciona la información de la derecha con cada una de ellas.

1. Mario Vargas Llosa
2. Ricky Martin
3. Salma Hayek
4. Bardem
5. Pep Guardiola

A. Hace años ganó el premio Nobel de Literatura.
B. Dejó de entrenar el FC Barcelona en 2012.
C. Desde que ganó un Óscar ha trabajado en muchas películas de Hollywood.
D. Desde que vive en Estados Unidos es la actriz mexicana más internacional.
E. Trabaja en el mundo de la música desde niño.

9. Completa con las perífrasis adecuadas: **acabar de** / **empezar a** + infinitivo, **llevar** / **seguir** + gerundio.

"Llegué a España en 1995. Vine solo a pasar las vacaciones y .... ya casi 20 años **viviendo** aquí." En España, Paolo ha trabajado de camarero, de profesor de italiano, de editor... Su español es bastante bueno, aunque afirma: "No voy a clases de español porque me aburro. Eso sí, ... **estudiando** por mi cuenta y leo mucho". Tiene muchos amigos españoles y una vida montada aquí. "En octubre .... **trabajar** en un proyecto editorial y de momento no pienso volver a Italia. Además .... **conocer** a una chica de aquí y..."

10. Escribe un texto similar al anterior con información sobre ti utilizando al menos tres perífrasis de la actividad anterior.

....

....

....

....

....

11. Imagina que estamos en el año 2050. ¿Qué cambios ha habido y qué sigue igual? Escribe frases usando las perífrasis siguientes.

Seguir	+	gerundio
Dejar de	+	infinitivo
Empezar a	+	infinitivo
Volver a	+	infinitivo
Acabar de	+	infinitivo
Llevar	+	gerundio

Se acaba de descubrir una cura para el cáncer.

12. Marca la opción más adecuada en cada caso.

1. Ayer **he estado cenando** / **estuve cenando** en casa de unos amigos.
2. Hoy **he estado viendo** / **estuve viendo** la tele un buen rato.
3. Durante todo este año mi hermano **ha estado haciendo** / **estuvo haciendo** prácticas en una empresa.
4. Estos últimos meses **hemos estado trabajando** / **estuvimos trabajando** en un proyecto nuevo.
5. En 2009 mis dos hermanos pequeños **han estado trabajando** / **estuvieron trabajando** en Salamanca.
6. El año pasado Juan Carlos **ha estado viviendo** / **estuvo viviendo** en Japón.
7. Ayer **he estado contestando** / **estuve contestando** toda la mañana correos electrónicos.

13. Imagina que han seleccionado a Lucía (actividad 7 de la página 16) para el puesto y que tiene que hacer una entrevista en la empresa. Tú eres la persona encargada de hacerle la entrevista. ¿Qué preguntas le harías? Escríbelas.

14. ¿Eres buen amigo de tus amigos? Responde a este test y descúbrelo.

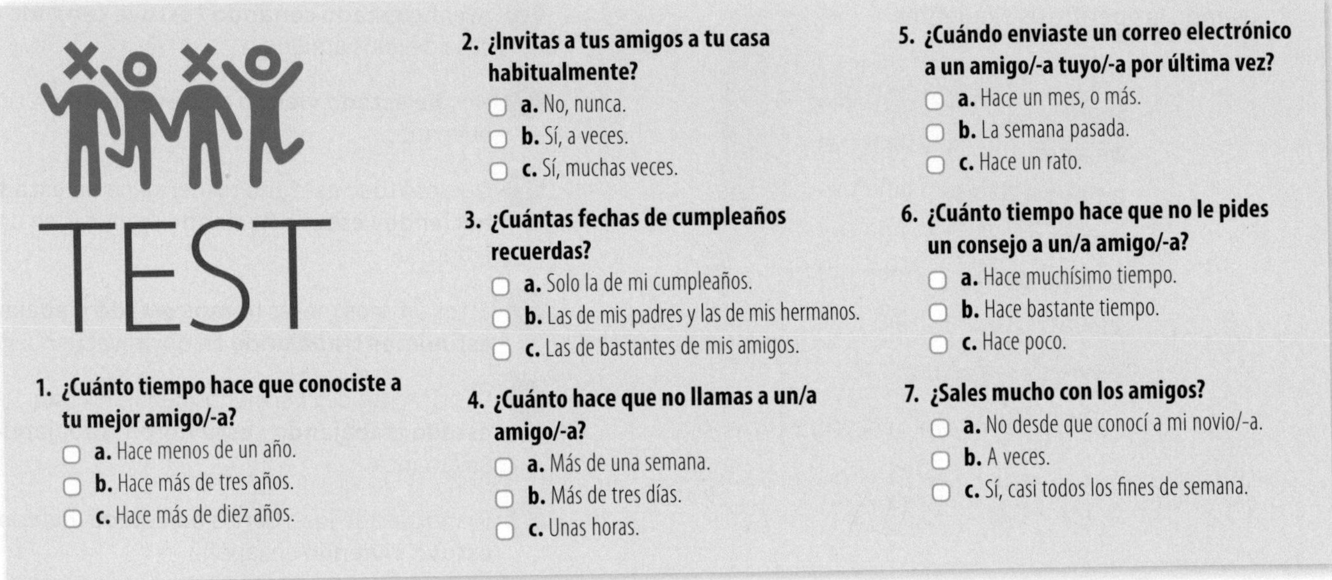

TEST

1. ¿Cuánto tiempo hace que conociste a tu mejor amigo/-a?
- ▢ **a.** Hace menos de un año.
- ▢ **b.** Hace más de tres años.
- ▢ **c.** Hace más de diez años.

2. ¿Invitas a tus amigos a tu casa habitualmente?
- ▢ **a.** No, nunca.
- ▢ **b.** Sí, a veces.
- ▢ **c.** Sí, muchas veces.

3. ¿Cuántas fechas de cumpleaños recuerdas?
- ▢ **a.** Solo la de mi cumpleaños.
- ▢ **b.** Las de mis padres y las de mis hermanos.
- ▢ **c.** Las de bastantes de mis amigos.

4. ¿Cuánto hace que no llamas a un/a amigo/-a?
- ▢ **a.** Más de una semana.
- ▢ **b.** Más de tres días.
- ▢ **c.** Unas horas.

5. ¿Cuándo enviaste un correo electrónico a un amigo/-a tuyo/-a por última vez?
- ▢ **a.** Hace un mes, o más.
- ▢ **b.** La semana pasada.
- ▢ **c.** Hace un rato.

6. ¿Cuánto tiempo hace que no le pides un consejo a un/a amigo/-a?
- ▢ **a.** Hace muchísimo tiempo.
- ▢ **b.** Hace bastante tiempo.
- ▢ **c.** Hace poco.

7. ¿Sales mucho con los amigos?
- ▢ **a.** No desde que conocí a mi novio/-a.
- ▢ **b.** A veces.
- ▢ **c.** Sí, casi todos los fines de semana.

15. Escribe en tu cuaderno la biografía de un personaje que, en tu opinión, haya tenido una vida muy especial.

SONIDOS Y LETRAS

73

16. Escucha estas frases y fíjate en cómo se pronuncian las vocales marcadas en negrita. Luego, lee el cuadro de abajo y subraya las opciones correctas.

- Hace 10 años que trabaj**a e**n la empresa.
- Habl**a i**nglés.
- Ha vuelt**o a** trabajar.
- Habl**a a**lemán muy bien.
- ¿Tien**e e**studios universitarios?

Cuando una palabra termina en vocal y la siguiente empieza en vocal, las dos vocales se pronuncian normalmente en **una sola sílaba / en sílabas separadas**. Cuando las vocales son iguales, se pronuncian como **una sola vocal más larga / dos vocales separadas**.

LÉXICO

17. ¿Con cuáles de estos verbos puedes asociar los sustantivos de la derecha? En algunos casos deberás poner una preposición.

casarse
acabar
mudarse
competir
cambiar
divorciarse
conseguir
terminar
quedarse

con
de
por
en
ø

el paro
alguien
los estudios
la carrera
casa
piso
trabajo
un trabajo

18. Fíjate en estas frases. ¿Significan lo mismo? Luego, tradúcelas a tu lengua.

NIVERSID
NIVERSID
1. Acabo de empezar la carrera.
2. Acabo la carrera este trimestre.

1. ....
2. ....

19. Completa con las siguientes palabras relacionadas con los estudios y el trabajo.

empresa | carrera | puesto de trabajo | contrato | Departamento | clases | candidato | doctorado | prácticas

1. Tener un .... indefinido.
2. Estudiar la .... de Económicas.
3. Conseguir un .... en una empresa.
4. Trabajar en el .... de Marketing de una empresa.
5. Hacer un .... en una universidad.
6. Hacer .... en una empresa.
7. Ser .... a un puesto de trabajo.
8. Montar una ....
9. Dar .... en una universidad.

20. Forma expresiones con los elementos de las tres columnas y escríbelas en tu cuaderno.

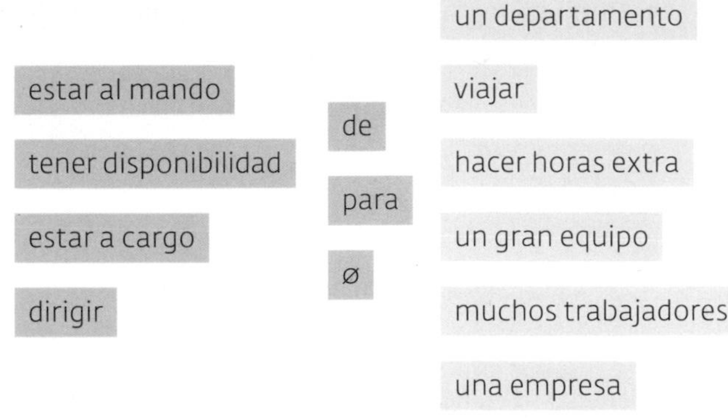

21. Escribe en tu cuaderno frases sobre ti o sobre gente que conoces usando las expresiones de las actividades 19 y 20. Luego, tradúcelas a tu lengua.

Mi hermana ha hecho un doctorado.

Yo hago prácticas en una empresa de seguridad.

22. Mi vocabulario. Anota las palabras de la unidad que quieres recordar.

MAÑANA

1. Conjuga los siguientes verbos regulares en futuro.

	TRABAJAR	CORRER	VIVIR
(yo)	....	....	....
(tú)	....	....	....
(él/ella/ usted)	....	....	....
(nosotros/ nosotras)	....	....	....
(vosotros/ vosotras)	....	....	....
(ellos/ellas/ ustedes)	....	....	....

2. Ahora conjuga en futuro estos verbos irregulares.

	HACER	PODER	VENIR
(yo)	....	....	....
(tú)	....	....	....
(él/ella/ usted)	....	....	....
(nosotros/ nosotras)	....	....	....
(vosotros/ vosotras)	....	....	....
(ellos/ellas/ ustedes)	....	....	....

3. Completa las frases con la forma del futuro del verbo correspondiente.

poder | haber | llegar | aprobar | ir | ser | subir | acostarse | hablar | terminar

1. Se calcula que en la India .... unos 1 600 millones de habitantes en el año 2075.
2. Estoy cansado de trabajar tantas horas. Mañana creo que .... con mi jefe.
3. Mira, Juan, solamente .... el examen si estudias.
4. • ¿Todavía no han llegado?
   ○ No. Acaban de llamar. Estaban saliendo de la autopista, así que .... enseguida.
5. • ¿Ya sabes qué vas a hacer estas vacaciones?
   ○ Pues seguramente .... a Suiza, a ver a unos amigos.
6. Si compramos el piso este año, no .... ir de vacaciones.
7. Creo que Luis .... los estudios dentro de dos años.
8. Esta noche supongo que .... temprano. Estoy muerto.
9. Muy probablemente, las temperaturas .... en toda la península en las próximas horas.
10. La lucha contra el cambio climático .... el desafío más importante en las próximas décadas.

4. Relaciona cada frase con su réplica.

1. Si me voy a vivir a París, ¿vendrás a verme?

2. El lunes es la mudanza, ¿podréis ayudarnos?

3. Supongo que mañana me dirán la nota del último examen de la carrera.

4. ¿Dónde pondrán la nueva guardería del barrio?

a. Creo que habrá una reunión de vecinos para decidirlo.

b. Y si apruebas, ¿cómo lo celebrarás?

c. Vale, pero tendremos que pedirle la furgoneta a Blas.

d. Si me prometes que querrás acompañarme a todos los museos...

5. Responde a estas preguntas con una condición.

1.
- ¿Qué vas a hacer este verano?
- Si ...., ...

2.
- ¿Qué vas a regalarle a tu mejor amigo por su cumpleaños?
- Si ...., ...

3.
- ¿Qué vas a cenar esta noche?
- Depende. Si ...., ...

4.
- ¿Vas a salir este fin de semana?
- Depende. Si ...., ...

6. Relaciona los elementos de las dos columnas para formar predicciones del horóscopo de una revista.

1. Si tienes pareja...

2. Si te gusta viajar...

3. Si haces algo para ayudar a los demás...

4. Si tienes problemas con alguien de tu familia...

5. Si tienes problemas de dinero...

6. Si no tienes pareja...

7. Si no te cuidas un poco...

a. tendrás problemas de salud.

b. seguramente este año os iréis a vivir juntos.

c. posiblemente conocerás a alguien muy especial.

d. no debes preocuparte, porque alguien te prestará una buena cantidad.

e. recibirás una recompensa.

f. ¡enhorabuena!: este año visitarás muchos países por trabajo.

g. seguramente este año haréis las paces.

MÁS EJERCICIOS

7. ¿Cómo crees que será tu vida dentro de dos años? Escribe cinco frases.

1. ....
2. ....
3. ....
4. ....
5. ....

8. Escribe en tu cuaderno frases sobre tu futuro usando los siguientes elementos. Recuerda que puedes usar el presente, el futuro e **ir a** + infinitivo.

1. Al terminar este ejercicio...
2. Dentro de tres horas...
3. Pasado mañana...
4. El sábado por la noche...
5. El domingo por la mañana...
6. Al terminar el curso...
7. Las próximas Navidades...
8. Dentro de diez años...

9. Imagina cómo será el mundo dentro de 50 años. Escribe frases relacionadas con los siguientes aspectos.

1. Los coches: Todos los coches serán eléctricos y habrá puntos en la ciudad para recargarlos gratis.

2. La familia: ....

3. Las casas: ....

4. El transporte: ....

5. El ocio: ....

6. El trabajo: ....

7. La moda: ....

8. La política: ....

9. La educación: ....

10. ¿A qué tipo de texto corresponde cada muestra?

1. Tranquilo, seguro que no tendrás ningún problema, ya verás. ¿Nos vemos después de la reunión?
2. El galés Bale no jugará la final.
3. La ceremonia inaugural tendrá lugar en el Centro Cultural y estará presidida por el rector de la Universidad.
4. Esta ciudad necesita un cambio, estamos cansados de palabras y de promesas vacías. Nosotros reduciremos los impuestos, haremos accesibles muchos más servicios, construiremos una ciudad moderna, una ciudad para el futuro.

.... Mitin político

.... Mensaje de móvil

.... Titular de prensa

.... Invitación a un evento

11. Mari Luz está nerviosa y preocupada porque dentro de una semana tiene que viajar a Nueva York para participar en un congreso. Imagina que te escribe este correo electrónico. ¿Qué le dices para animarla y tranquilizarla? Escribe tu respuesta.

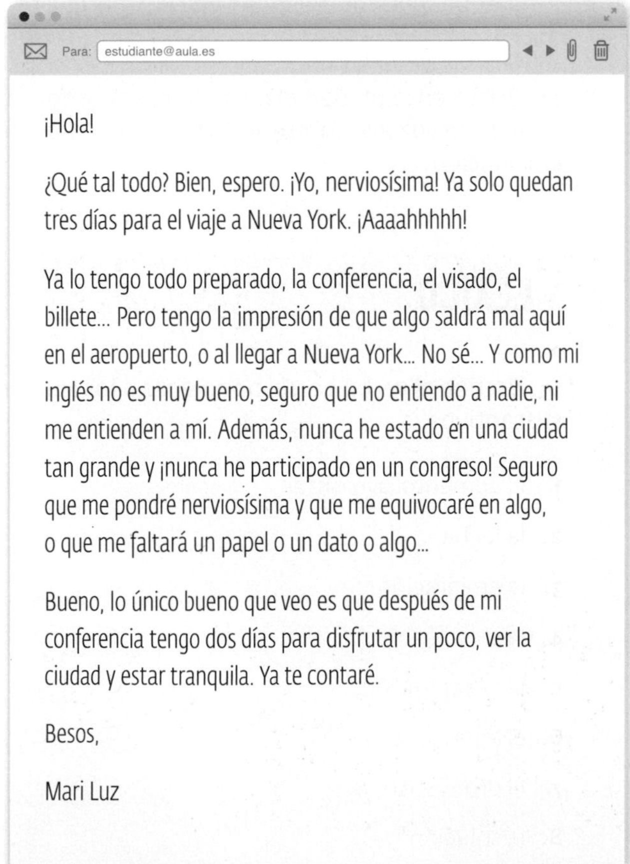

Para: estudiante@aula.es

¡Hola!

¿Qué tal todo? Bien, espero. ¡Yo, nerviosísima! Ya solo quedan tres días para el viaje a Nueva York. ¡Aaaahhhhh!

Ya lo tengo todo preparado, la conferencia, el visado, el billete... Pero tengo la impresión de que algo saldrá mal aquí en el aeropuerto, o al llegar a Nueva York... No sé... Y como mi inglés no es muy bueno, seguro que no entiendo a nadie, ni me entienden a mí. Además, nunca he estado en una ciudad tan grande y ¡nunca he participado en un congreso! Seguro que me pondré nerviosísima y que me equivocaré en algo, o que me faltará un papel o un dato o algo...

Bueno, lo único bueno que veo es que después de mi conferencia tengo dos días para disfrutar un poco, ver la ciudad y estar tranquila. Ya te contaré.

Besos,

Mari Luz

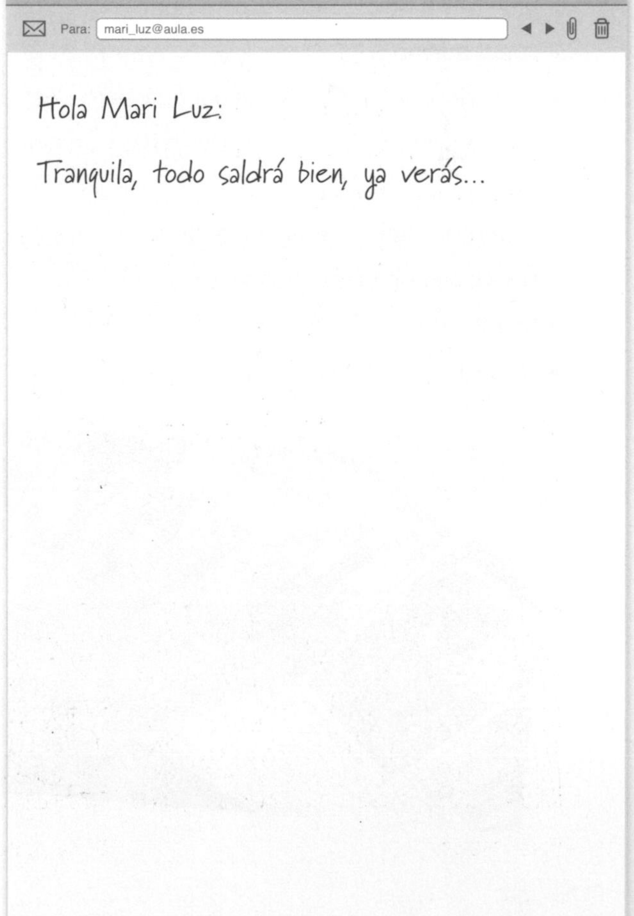

Para: mari_luz@aula.es

Hola Mari Luz:

Tranquila, todo saldrá bien, ya verás...

MÁS EJERCICIOS

74

12. Escucha otra vez la conversación entre Eva y la adivina (actividad 11, página 31) y completa los espacios que faltan.

- Vamos a ver qué es lo que veo para ti... Mira, ... a un país extranjero dentro de uno o dos años.
- ¿Me iré a un país extranjero? ¿Y a hacer qué?
- Pues déjame ver, déjame ver... Será... por trabajo. .... muy interesante relacionado con el cine...
- ¿Sí? ¿Con el cine? Es que soy actriz... ¿Entonces .... algún día?
- Sí, corazón, serás muy famosa y ...., te harás muy rica.
- ¿Y en el amor?
- Vamos a ver... ¡Ah, sí! Mira... .... que te .... mucho, pero nunca ....
- ¿Y por qué no?
- Ay, cariño, no lo veo... No sé por qué, pero... Espera, espera, veo tres hijos... tres. Dos niñas y un niño. Sí, ...
- ¡Pues qué bien! ¿Y ve alguna cosa más?
- No, ya no puedo ver nada más...
- Bueno, ¿qué le debo?
- No sé, lo que a ti te parezca...

SONIDOS Y LETRAS

75

13. Escucha estas frases condicionales y fíjate en su curva de entonación.

Si vamos en coche, podremos ver el paisaje.
Si voy a la fiesta, me lo pasaré muy bien.
Si vamos a Rusia, podremos visitar Moscú.

La curva de entonación de las frases condicionales puede dividirse en dos partes, la primera tiene un final que sube y la segunda tiene un final que baja.

14. Busca en la unidad otras tres frases condicionales y léelas en voz alta intentando hacer este tipo de entonación.

LÉXICO

15. Escribe el verbo correspondiente a los siguientes sustantivos.

1. el aumento: aumentar
2. la lucha: ....
3. la emigración: ....
4. la solución: ....
5. la desaparición: ....
6. el ahorro: ....
7. el pronóstico: ....
8. la solución: ....
9. la colaboración: ....
10. la amenaza: ....

16. Relaciona los elementos de las dos columnas.

1. Energía	**a.** en extinción
2. Aumento	**b.** renovable
3. Cambio	**c.** del nivel del mar
4. Intereses	**d.** climático
5. Temperatura	**e.** media
6. Especie	**f.** económicos

17. Relaciona los elementos de las dos columnas para formar combinaciones posibles. Escríbelas.

	paces
tener	bien
hacer las	decisiones
pasarlo	éxito
lograr	negocios
pedir	resultados
hacer	ayuda
tomar	obligaciones
ir	planes
	paso a paso

tener éxito, tener obligaciones........................

....

....

....

....

....

....

....

....

....

18. Las siguientes palabras aparecen en la unidad. ¿Puedes completar la tabla con palabras de la misma familia?

SUSTANTIVO	VERBO	ADJETIVO
peligro	....	....
....	....	*renovable*
....	*cooperar*	....
lucha	....	....
contaminación	....	....
....	....	*innovador*
responsabilidad	....	....
preocupación	....	....
residencia	....	....
....	*separarse*	....

19. Mi vocabulario. Anota las palabras de la unidad que quieres recordar.

PROHIBIDO PROHIBIR

estupefacientes

1. Escribe una posible norma para cada uno de estos lugares.

1. Un museo: Está prohibido tocar las obras de arte.
2. Un gimnasio: Se prohíben las botas
3. Un supermercado: Es obligatorio el uso de talegos
4. Una escuela: Están prohibidos los estupefacientes
5. Un hospital: ....
6. Un teatro: ....
7. Una piscina: ....
8. Una oficina: ....
9. Una fábrica: ....
10. Un hotel: ....

2. ¿Cómo imaginas una sociedad ideal? Escribe diez normas que existen en esa sociedad.

(No) Está/n prohibido/-a/-os/-as...
(No) Está/n permitido/-a/-os/-as...
(No) Se admite/n...
(No) Se puede / Se admite / Se prohíbe...

Está prohibido usar coches en las ciudades.

1. ....
2. ....
3. ....
4. ....
5. ....
6. ....
7. ....
8. ....
9. ....
10. ....

3. Elige la opción adecuada. En algunos casos hay dos respuestas posibles.

1

Se prohíben ....

- [ ] **a.** la entrada a los menores de 18 años
- [x] **b.** las pintadas
- [ ] **c.** fumar

2

Están prohibidos ....

- [x] **a.** los teléfonos móviles
- [ ] **b.** las visitas
- [ ] **c.** hablar por teléfono

3

Están prohibidas ....

- [ ] **a.** hacer ruido
- [x] **b.** los objetos metálicos
- [ ] **c.** las visitas

4

Se prohíbe ....

- [x] **a.** la entrada a los menores de 18 años
- [ ] **b.** visitar a los enfermos
- [ ] **c.** los objetos metálicos

5

Es obligatorio ....

- [x] **a.** el uso del casco
- [x] **b.** ponerse el cinturón de seguridad
- [ ] **c.** la asistencia a clase

6

Es obligatoria ....

- [ ] **a.** el uniforme
- [x] **b.** la asistencia a clase
- [ ] **c.** dejar propina

4. Piensa en qué cosas hace la gente en tu país y escribe un pequeño párrafo sobre cada uno de los ámbitos que aparecen más abajo. Intenta utilizar los siguientes cuantificadores.

(casi) todo el mundo
la mayoría (de...)
mucha gente
(casi) nadie
no mucha gente

1. MATRIMONIO
2. RELIGIÓN
3. VACACIONES
4. TRABAJO
5. COMIDA
6. OCIO

5. Lee los comentarios de varias personas sobre su infancia y su adolescencia. Reacciona según tu propia experiencia.

1. "Cuando tenía 15 años, mis padres no me permitían llegar a casa después de las nueve de la noche."
2. "Mis padres me dejaron ir de vacaciones solo al extranjero por primera vez a los 16 años."
3. "Hasta los 15 años, mis padres no me dejaron dormir en casa de mis amigos."
4. "Hasta que cumplí 12 años, no pude escoger qué ropa me ponía."
5. "Cuando iba a la escuela (hasta los 14 años), no podía llevar vaqueros a clase."

6. ¿Qué otras cosas no te permitían hacer cuando eras niño/-a o adolescente?

MÁS EJERCICIOS

7. Dos personas hablan de sus trabajos. Escucha las conversaciones y marca las cosas que están prohibidas, las que están permitidas y las que son obligatorias en su trabajo.

76-77

		1	2	3
1. RAQUEL	Llevar una bata blanca			
	Maquillarse			
	Ser puntual			
	Comer			
2. RAÚL	Comer durante los servicios			
	Llevar uniforme			
	Afeitarse cada día			
	Pintarse las uñas y llevar *piercings*			
	Invitar a amigos a comer gratis			

1 Está prohibido 2 Está permitido 3 Es obligatorio

8. ¿Qué cosas se pueden hacer en tu clase de español? Responde a estas preguntas.

	SÍ	NO
1. ¿Está prohibido usar el móvil?		
2. ¿Se puede comer?		
3. ¿Es obligatorio llevar uniforme?		
4. ¿Está permitido quitarse los zapatos?		
5. ¿Es obligatorio hacer los deberes?		
6. ¿Se puede llegar tarde?		
7. ¿Es obligatorio estar siempre sentado?		
8. ¿Se puede hablar en otro idioma además de en español?		
9. ¿Está permitido el uso del diccionario?		

9. Completa las frases con la forma singular o plural de estos verbos.

produce/n deja/n estudia/n usa/n paga/n toma/n habla/n escribe/n

1. En España se .... cuatro idiomas.
2. En algunas culturas se .... de derecha a izquierda.
3. El jerez y el fino son unos vinos que se .... en el sur de España.
4. En España, en Nochevieja se .... doce uvas.
5. En los restaurantes normalmente se .... propina.
6. En Argentina no se .... la forma "vosotros".
7. En Estados Unidos se .... español en las escuelas.
8. En la mayoría de los países europeos se .... con euros.

10. Completa las siguientes frases con información sobre tu país. Puedes utilizar las expresiones **es normal**, **es (poco) habitual**, etc.

1. Cuando es el cumpleaños de un amigo, ...
2. Si te invitan a una fiesta, ...
3. Si se casa un familiar, ...
4. Si visitas a alguien que está en un hospital, ...
5. Si te instalas en una casa nueva, ...
6. Si apruebas un examen, ...
7. Si se muere un familiar de un amigo, ...
8. Si un amigo tiene un hijo, ...

11. Fíjate en estas tres personas y lee lo que dicen. Luego contesta las preguntas.

¿Qué es lo que más te gusta de tu trabajo y lo que menos te gusta?

ROBERTO

Lo que más me gusta de mi trabajo

"Una de las cosas que más me gusta de mi trabajo son las vacaciones. Tenemos más de dos meses en verano, dos semanas en Navidad y una semana en Semana Santa. También me gusta trabajar con niños. Es muy gratificante. Y me gusta la libertad que tengo: nadie me obliga a nada, puedo hacer lo que quiero en clase."

Lo que menos me gusta de mi trabajo

"Lo peor es que muchos padres piensan que somos los únicos responsables de la educación de sus hijos cuando, en realidad, solo compartimos con ellos esa responsabilidad."

ELISENDA

Lo que más me gusta de mi trabajo

"Me gusta tratar con la gente. Me encanta la ropa y todo lo que está relacionado con la moda. Me llevo muy bien con mis compañeras."

Lo que menos me gusta de mi trabajo

"En mi trabajo es obligatorio llevar uniforme y no me gusta nada. El horario tampoco me gusta mucho. Empiezo a las 10 h y tengo que hacer una pausa de 14 a 16:30 h. Vivo bastante lejos del trabajo así que normalmente me quedo por el centro de la ciudad, como y, a veces, voy a un gimnasio para aprovechar el tiempo. Suelo llegar a casa a las 21 o a las 21:30 h de la noche. Y encima, trabajo casi todos los sábados. Pero lo peor es que el sueldo tampoco es gran cosa. Por eso todavía vivo con mis padres."

ARTURO

Lo que más me gusta de mi trabajo

"Lo mejor es que suelo salir a las 18 h de la tarde y que no trabajo los fines de semana. También me gusta tratar con la gente y vender. Otra cosa buena es que cuando hago una venta importante, cobro una comisión y mi sueldo se duplica o se triplica."

Lo que menos me gusta de mi trabajo

"No me gusta llevar traje, pero en mi trabajo es obligatorio. No me gusta viajar y, a veces, tengo que ir a ferias o a otras ciudades para visitar a clientes y, claro, a veces estoy más de una semana sin ver a mi familia. Eso es lo peor de mi trabajo."

1. ¿En qué crees que trabaja cada uno de ellos? ¿Por qué? ....

....

2. Si trabajas, ¿cuál de estos tres trabajos se parece más al tuyo? ¿Por qué? ....

....

3. ¿Cuál de los tres trabajos te gusta más? ¿Por qué? ....

....

12. Escribe en tu cuaderno un texto sobre qué es lo que te gusta más y lo que te gusta menos de uno de los siguientes temas.

tu ciudad | tu trabajo | tu país | tu clase de español

13. Estas son algunas fiestas y celebraciones de España. Busca información sobre una de ellas y escribe un texto explicando en qué consiste.

- Fiestas de Moros y Cristianos
- Los Reyes Magos
- San Juan
- Sant Jordi
- Arde Lucus
- Carnaval de Tenerife
- Las fiestas de El Pilar

Qué es
Cuándo, dónde y cómo se celebra
Quiénes participan

SONIDOS Y LETRAS

14. Escucha estos tres diálogos. Fíjate en las expresiones marcadas en negrita y señala:

78-80
1. Las expresiones que se usan para elogiar.
2. Las expresiones que sirven para insistir.
3. La palabra que introduce una frase que quita importancia a un elogio.

1

- *A ver, a ver... Uau, ¡una camiseta!*
- ○ *¿Te gusta?*
- ***Me encanta**, **es superoriginal**...*
- ○ *¿De verdad?*
- ***Sí, sí, en serio, qué buena idea**...*
- ○ ***Bueno**, es un detalle...*

2

- *Oye, muchísimas gracias por todo, ¿eh?* ***La cena estaba riquísima**...*
- ○ ***Bueno**, era muy sencillita.*
- ***No, en serio, buenísimo todo**. Venga, la próxima la hacemos en mi casa, ¿eh?*
- *¡Va, venga!*

3

- *Mira, y esta es la habitación.*
- ○ ***¡Qué bonita! ¡Y qué cama más grande! ¡Es enorme!***
- *Sí, nos gusta tener espacio.*
- ○ ***Y además tiene mucha luz**. **Preciosa, de verdad**...*
- ***Bueno**, sí, la verdad es que hemos tenido suerte.*

15. Ahora, en parejas, representad los diálogos de la actividad anterior, intentando imitar la entonación.

LÉXICO

16. En estas frases tienes diferentes usos del verbo **dejar**. Traduce a tu lengua lo que está en negrita. ¿Qué verbos usas? ¿Conoces otros usos del verbo **dejar**? ¿Cuáles?

1. **Me lo dejaron muy claro** cuando empecé: la puntualidad es muy importante.

   ....

2. Aquí cuando vas a un restaurante tienes que **dejar propina**, por lo menos un 20 % de propina.

   ....

3. En las clases de matemáticas **no nos dejan utilizar la calculadora**.

   ....

4. Cuando **un compañero de trabajo deja la empresa**, es habitual hacerle un regalo.

   ....

17. Busca en la unidad palabras con las que podemos combinar estos verbos. Puedes añadir otras si quieres.

invitar a alguien a... una fiesta, ...

....

dar... las gracias, ...

....

comer... pan, con palillos, ...

....

enviar... una tarjeta, ...

....

recibir... un regalo, ...

....

llegar... tarde, ...

....

18. Clasifica en el cuadro las palabras en negrita.

- Está prohibido **el uso** del teléfono móvil
- Prohibida **la entrada** a menores de 16 años
- No se permiten **las visitas**
- Está prohibida **la venta** de alcohol
- Prohibido **el baño**
- No se puede **pasar**
- Prohibido **el paso**
- No **se venden** bebidas alcohólicas
- No se puede **visitar** a los estudiantes en sus habitaciones
- Prohibido **entrar** con alimentos
- No está permitido **usar** aparatos electrónicos
- Está prohibido **bañarse**

SUSTANTIVO	VERBO

19. Mi vocabulario. Anota las palabras de la unidad que quieres recordar.

VA Y LE DICE...

1. Estas son algunas películas adaptadas de libros en español. Elige una y busca información sobre la obra literaria (autor, siglo, género, nacionalidad...) y sobre la película (director, actores principales, año...). Luego, resume el argumento de la obra.

La casa de los espíritus
Soldados de Salamina
El perro del Hortelano
El capitán Alatriste
La lengua de las mariposas
Crónica de una muerte anunciada
Don Quijote de la Mancha
Los girasoles ciegos

2. Escribe el título y la sinopsis de dos películas que te hayan gustado mucho.

Título:

Sinopsis:

Título:

Sinopsis:

3. ¿Cuál es tu programa de televisión favorito? ¿Cómo se llama? ¿De qué va? ¿Por qué te gusta? Escríbelo.

Mi programa favorito se llama "Superquark". Lo dan en la Rai 1. Es un programa de divulgación cultural. Aprendes mucho y...

4. Identifica los **OD** y los **OI**.

1. Decir algo a alguien.
   OD OI
2. Conocer a alguien.
3. Abandonar a alguien.
4. Pedir algo a alguien.
5. Dar algo a alguien.
6. Ver a alguien.
7. Ver algo.
8. Robar algo a alguien.
9. Querer a alguien.

5. ¿**Le** o **la**?

1

• ¿Daniel va a ir a la fiesta de Noelia mañana?
○ No, ... ha dicho a Juana que no va a poder ir. Pero .... ha comprado un regalo muy chulo.

2

• Fede tiene muy buena relación con su madre, ¿no?
○ Sí, ... ve todos los días.
• Se nota que .... quiere mucho.

3

• Marta se pasa todo el día delante del ordenador. Dice que .... envían más de cien mails de trabajo al día.
○ Sí, trabaja un montón. Además sus compañeros no paran de pedir .... favores y preguntar ...... cosas...

4

• ¿Qué .... regalamos a Carmen para su cumpleaños?
○ No sé, a ver qué dice David... Él ...... conoce muy bien.

6. Este es el resumen de una obra de teatro infantil basada en una antigua leyenda vasca. Complétalo con los pronombres necesarios.

José, un joven pastor, encuentra un día, a la entrada de una cueva, a una joven bellísima que se está peinando con un peine de oro. Cuando .... ve, José se enamora inmediatamente de la joven y .... pide casarse con ella. La misteriosa joven .... pone una condición. Para casarse con ella, él debe acertar cuántos años tiene. José vuelve a su pueblo y .... pide ayuda a una vecina, que .... promete averiguar .... Para ello, la vecina va a aquella misma cueva, se pone de espaldas a esta y .... enseña el trasero. Asustada, la bella joven exclama: "¡En los ciento cinco años que tengo, jamás he visto nada igual!". La mujer vuelve al pueblo y .... comunica a José la edad de la misteriosa mujer. De ese modo, cuando al día siguiente José va a ver a la joven y esta .... recibe en su cueva, José acierta la edad de la bella, por lo que esta acepta casarse con él. Sin embargo, antes del matrimonio José .... comenta el asunto a sus padres. Sus ancianos padres .... advierten de que su amada puede ser una lamía, un hada de las montañas y .... dicen que, antes de casarse, debe ver .... los pies para saber si es humana o no. Al día siguiente, José encuentra de nuevo a la bella joven y .... obliga a enseñar .... los pies; cuando .... enseña, José comprueba que no son humanos, sino pies de pato. Así, confirma que es una lamía. El joven rompe de inmediato su compromiso y no se casa, pero como está muy enamorado, enferma de tristeza y muere. El día de su funeral, las campanas de la iglesia tocan por la muerte de José. Cuando la lamía .... oye, va al pueblo para decir .... adiós.

7. Relaciona las preguntas con las respuestas.

1. ¿Has visto la última película de Guillermo del Toro?

2. ¿Has visto el nuevo hotel de la calle Trafalgar?

3. ¿Has visto los pantalones que lleva Katia?

4. ¿Le has dicho a Pedro que no vas a ir a la fiesta?

5. ¿Les has dicho a tus padres que has suspendido?

6. ¿Le has contado a Julia todos nuestros secretos?

a. No, todavía no se lo he comentado.

b. No, no les he dicho nada.

c. No, no se los he contado a nadie.

d. Sí, la vi la semana pasada.

e. No, no los he visto. ¿Cómo son?

f. No, no lo he visto. ¿Es bonito?

8. Este es el argumento de la novela *El amor en los tiempos del cólera*, de Gabriel García Márquez. ¿Puedes volver a escribir los fragmentos en negrita usando pronombres?

Florentino Ariza se enamora de Fermina Daza **cuando ve a Fermina Daza** en su casa, en Cartagena de Indias. Desde ese día, **escribe a Fermina Daza** cartas de amor. Ella **lee las cartas** y poco a poco se enamora de él. Sin embargo, el padre de Fermina se opone a esta relación y **envía a Fermina** lejos de Cartagena de Indias para **alejar a Fermina** de él. Pasa el tiempo, y Fermina se casa con el doctor Juvenal Urbino. Sin embargo, Florentino sigue enamorado de ella. Muchos años después, cuando el marido de Fermina muere, Florentino **va a ver a Fermina** para **declarar a Fermina** su amor y **decir a Fermina** que está dispuesto a casarse con ella. Ella **rechaza a Florentino**, pero él no se rinde y **empieza a enviar cartas a Fermina** hasta que ella accede a **ver a Florentino**. Así empieza una relación de amistad entre ellos. Un día deciden hacer un viaje en barco, por el río Magdalena. Es allí cuando 53 años después pueden estar finalmente juntos.

9. Escribe en tu cuaderno frases con elementos de las dos cajas, usando **como** y **porque**.

CAUSA
- se enamoró de un alemán
- se ha roto la pierna
- han tenido un hijo
- se quedó sin trabajo
- les gusta mucho la playa

CONSECUENCIA
- tuvo que volver a casa de sus padres
- se fue a vivir a Berlín
- van siempre de vacaciones a la costa
- se han mudado a un piso más grande
- no puede andar

Como se enamoró de un alemán, se fue a vivir a Berlín. ....

10. Imagina que una tía lejana te ha dejado como herencia todas estas cosas. ¿Qué vas a hacer con ellas? ¿Qué cosas te vas a quedar? ¿Qué cosas vas a vender o regalar? ¿A quién? ¿Por qué? Escríbelo.

El loro *me lo voy a quedar. Me encantan los animales.* ....
El gato ....
La televisión ....
El vestido de novia ....
La cama ....
El cuadro ....
El coche ....
Los discos ....
El reloj de oro ....
La peluca ....
La guitarra ....
La máquina de escribir ....
La casa ....

11. Continúa las frases de forma lógica.

1. **Aunque** tiene tres hijos, ...

....

2. **Como** tiene tres hijos, ...

....

3. Pili no viaja con nosotros a Japón **porque** ....

....

4. Pili no viaja con nosotros a Japón, **pero** ....

....

5. Tiene un trabajo muy bueno. **Sin embargo**, ...

....

6. **Aunque** tiene un trabajo muy bueno, ...

....

81

12. Vas a escuchar una historia. Marca cuál de las dos afirmaciones es la verdadera en cada caso.

1

a. En un bar, un camarero le dice que tiene una llamada.
b. En un bar, una chica le deja una nota.

2

a. El mensaje es que una chica lo espera en un bar.
b. El mensaje es que una chica lo espera en un parque.

3

a. En el lugar acordado, se encuentra con la chica.
b. En el lugar acordado, no está la chica; solo hay una pareja.

4

a. Al final descubre que era una broma de su hermana.
b. Al final descubre que la mujer es una chica que está enamorada de él y que se lo quiere decir.

82

13. Esta es la transcripción del diálogo de la actividad anterior. Complétala con los siguientes conectores. Luego, vuelve a escuchar el diálogo y comprueba.

porque | como | al final | y entonces | es que | en aquel momento | de repente

- Pues el sábado pasado estaba tomando un café en el parque que hay al lado de mi casa... cuando, ..., el camarero se acerca a mi mesa y me dice que tengo una llamada. Bueno... "un poco extraño", pensé. Me pongo al teléfono y una voz de mujer medio distorsionada me dice: "Tenemos que vernos en el Parque Central dentro de media hora. Voy a estar detrás del tercer árbol que hay entrando a la derecha."
- ○ Pues sí que es raro, sí...
- Pues la verdad es que sí. Pero bueno, yo me subo a mi Chevrolet descapotable y voy al parque. A medida que me iba acercando, me ponía cada vez más contento ...., claro, pensaba que era una chica que me gusta y pensaba que ella también estaba enamorada de mí y me quería dar una sorpresa declarándose así...
- ¿En serio?
- ○ Ya, ya sé que es raro, pero no sé, a mí siempre me han gustado este tipo de sorpresas... No sé, ... yo soy muy romántico...
- Ya...
- ○ Bueno, ..., cruzo la ciudad a toda velocidad y llego al parque diez minutos antes de la hora prevista. Entro en el parque y me dirijo al sitio donde me ha dicho la chica. ...., veo a una pareja, un chico rubio y una chica morena, justo en ese lugar, pero la chica no estaba. Así que me siento en un banco a esperarla. Pero .... al cabo de tres cuartos de hora la chica todavía no ha aparecido... pues .... decido volver a casa.
- Hmm... vaya.
- ○ Sí, pero, espera, espera, cuando llego a casa, me encuentro una nota en la puerta que dice: "Feliz día de los inocentes. Tu hermana, Rosa".

SONIDOS Y LETRAS

83

14. Escucha estos trabalenguas. Luego léelos tú. ¿Eres capaz de hacerlo en poco tiempo?

En todos los idiomas existen juegos de palabras formados por sonidos que, juntos, son difíciles de pronunciar. Se llaman trabalenguas, aunque, en algunos lugares también son conocidos como "destrabalenguas" o "quiebralenguas". La gracia de estas pequeñas composiciones está en decirlas sin parar, de forma rápida y clara, y sin equivocarse.

1. — ¿USTED NO NADA NADA?
   — NO, NO TRAJE TRAJE.
2. NO ME MIRES, QUE MIRAN QUE NOS MIRAMOS,
   Y VERÁN EN TUS OJOS QUE NOS AMAMOS.
3. ¡QUÉ COL COLOSAL COLOCÓ EN AQUEL LOCAL EL LOCO AQUEL!
4. PABLITO CLAVÓ UN CLAVITO.
   ¿QUÉ CLAVITO CLAVÓ PABLITO?
5. UN BURRO COMÍA BERROS Y EL PERRO SE LOS ROBÓ,
   EL BURRO LANZÓ UN REBUZNO Y EL PERRO AL BARRO CAYÓ.
6. ME HAN DICHO QUE HAS DICHO UN DICHO
   QUE HAN DICHO QUE HE DICHO,
   Y EL QUE LO HA DICHO MINTIÓ.
7. — COMPADRE, CÓMPREME UN COCO.
   — COMPADRE, NO COMPRO COCO,
   PORQUE COMO POCO COCO COMO,
   POCO COCO COMPRO, COMPADRE.
8. CUANDO CUENTAS CUENTOS,
   NUNCA CUENTAS CUÁNTOS CUENTOS CUENTAS.
9. ¿CÓMO COMO? ¡COMO COMO COMO!

15. Intenta crear tu propio trabalenguas en español con sonidos difíciles y palabras con sonidos similares.

84 - 87

16. En parejas, volved a escuchar los diálogos de la actividad 1 (página 46) y representadlos. Intentad que vuestra pronunciación y vuestra entonación sean lo más parecidas posibles a las de los nativos.

1
- ¿A que no sabes a quién vi ayer? A Sara y Álex, en el parque, cogidos de la mano.
- No.
- Sí, tío, muy fuerte. Mira, salgo de casa para ir a la biblioteca, paso por el parque y, de repente, oigo un ruido, me giro y los veo allí en un banco.
- ¿Y te vieron?
- No lo sé, yo creo que sí.

2
- Está muy bien, te la recomiendo.
- ¿De qué va?
- Es una historia que ocurre en la guerra civil. Va de una niña que descubre un laberinto en el que vive un fauno y le pone pruebas...
- Ah, ¿es esa en la que sale Maribel Verdú?
- Sí, y Sergi López.

3
- Me sé un chiste muy bueno. En la consulta del médico, llega uno y dice: "Doctor, doctor, nadie me hace caso". Y el doctor le contesta: "El siguiente, por favor".
- Yo me sé otro de médicos. Llega un paciente y dice: "Doctor, vengo a que me reconozca". Y el doctor: "Pues ahora mismo no caigo".
- ¡Qué malo!

4
- Bueno, pues entonces va y Gonzalo le dice...
- No, jo, no me cuentes más, que todavía no he visto el capítulo.

LÉXICO

17. ¿Con qué palabras asocias estos tipos de películas?

De ciencia ficción: naves espaciales, futuro,

De amor:

De misterio:

De aventuras:

De guerra:

De terror:

Del oeste:

Histórica:

18. En tu vida diaria, ¿qué sueles...

1. recomendar?
2. devolver?
3. contar?
4. dejar?
5. pedir prestado?
6. enviar?

19. Escribe en tu cuaderno cuáles de las cosas de la actividad anterior has hecho últimamente.

La semana pasada le recomendé "Avatar" a un compañero de clase. Es mi película favorita.

20. Anota todas las palabras que sabes relacionadas con estos temas. Puedes buscar más palabras en la unidad, en un diccionario o en internet.

Películas

director, guión, actriz, géneros...

Literatura

novela, poesía, escritor...

Televisión

programa, canal, informativo...

21. Mi vocabulario. Anota las palabras de la unidad que quieres recordar.

BUSQUE Y COMPARE

1. Haz una búsqueda en internet de anuncios españoles o de otro país de habla hispana. Escoge uno de esos anuncios y completa la ficha.

Producto: ....
Marca: ....
Eslogan: ....
Público objetivo: ....
Argumento o trama: ....
....
....
....
Valores asociados al producto: ....
....

2. Completa con las formas del imperativo afirmativo.

	IR	HACER	VENIR
(tú)	....	....	....
(vosotros/-as)	....	....	....
(usted)	....	....	....
(ustedes)	....	....	....

3. Completa con las formas del imperativo negativo.

	LAVAR	CONSUMIR
(tú)	....	....
(vosotros/-as)	....	....
(usted)	....	....
(ustedes)	....	....

	PERDER	SALIR
(tú)	....	....
(vosotros/-as)	....	....
(usted)	....	....
(ustedes)	....	....

4. Completa los siguientes consejos para un consumo responsable. Usa los siguientes verbos en la forma **tú** del imperativo afirmativo o negativo.

anotar | hacer | informarse | caminar | ir (4) | intercambiar | pensar | usar (2)

1. .... si lo necesitas o si te hace ilusión tenerlo.
2. No .... a comprar si estás triste.
3. .... una lista de lo que necesitas antes de ir de compras.
4. .... todos tus gastos.
5. No .... de compras los primeros días del mes.
6. .... sobre el proceso de elaboración de los productos.
7. .... la ropa con amigos o familiares.
8. .... a tiendas de segunda mano.
9. No .... a comprar comida con el estómago vacío.
10. .... o .... la bici para desplazarte.
11. .... bombillas de bajo consumo.

5. Completa la siguiente receta con los pronombres que faltan. ¿Van delante o detrás del verbo? Luego, pon acentos en los imperativos que lo necesiten.

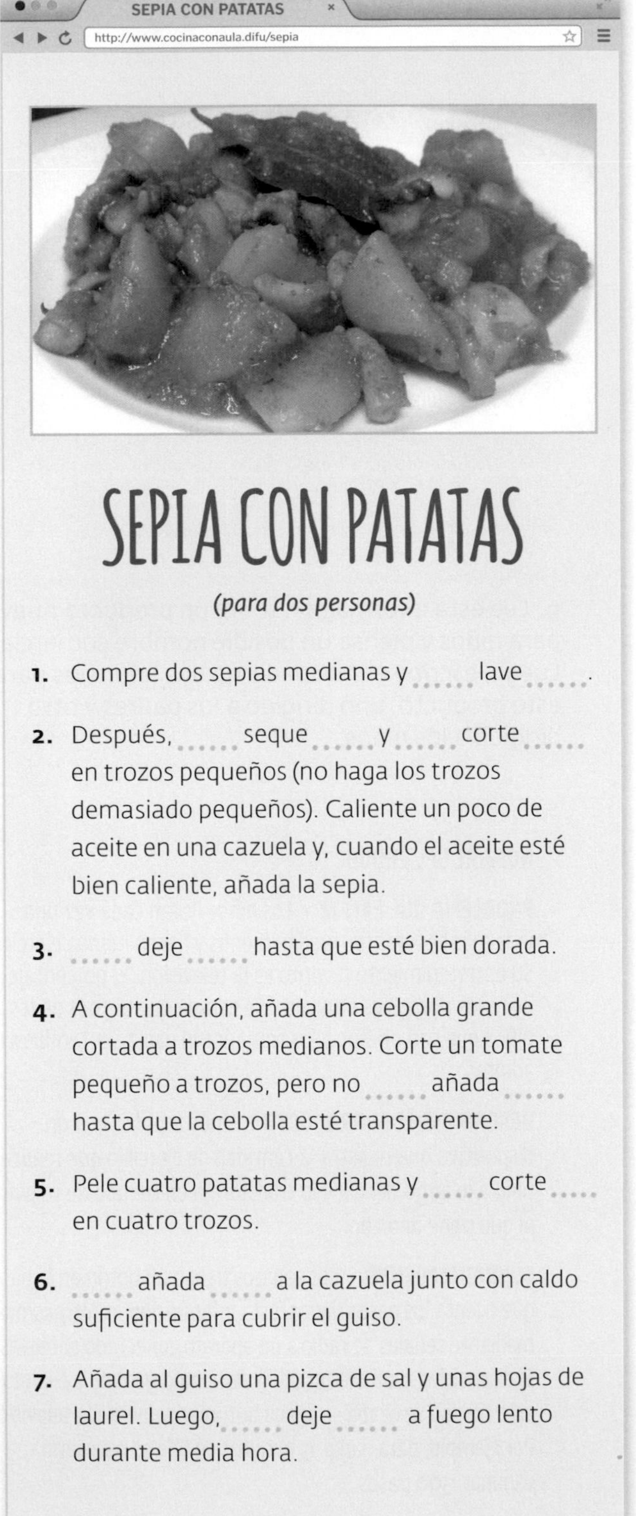

SEPIA CON PATATAS

(para dos personas)

1. Compre dos sepias medianas y ...... lave ......
2. Después, ... seque ...... y ...... corte ...... en trozos pequeños (no haga los trozos demasiado pequeños). Caliente un poco de aceite en una cazuela y, cuando el aceite esté bien caliente, añada la sepia.
3. ...... deje ...... hasta que esté bien dorada.
4. A continuación, añada una cebolla grande cortada a trozos medianos. Corte un tomate pequeño a trozos, pero no ...... añada ...... hasta que la cebolla esté transparente.
5. Pele cuatro patatas medianas y ...... corte ...... en cuatro trozos.
6. ...... añada ...... a la cazuela junto con caldo suficiente para cubrir el guiso.
7. Añada al guiso una pizca de sal y unas hojas de laurel. Luego, ... deje ...... a fuego lento durante media hora.

6. Completa estos eslóganes con la forma adecuada del imperativo de los verbos que aparecen entre paréntesis. Luego, escribe qué tipo de producto crees que anuncian.

1. "Este fin de semana (HACER, TÚ) .... historia."
   ▸ ....
2. "(BUSCAR, USTED) ...., (COMPARAR, USTED) .... y, si encuentra algo mejor, (COMPRARLO, USTED) ...."
   ▸ ....
3. "(DESCUBRIR, USTED) .... el equilibrio. Viña Albati: un vino para descubrir."
   ▸ ....
4. "(RENOVARSE, TÚ) .... con Telestar y (CONSEGUIR, TÚ) .... un móvil de última generación."
   ▸ ....
5. "No (PERDER, TÚ) .... esta oportunidad, (VENIR, TÚ) .... a conocernos."
   ▸ ....
6. "(CREÉRSELO, TÚ) ...., Londres desde 38 euros."
   ▸ ....
7. "No (DUDARLO, USTED) ...., (VOLAR, USTED) .... con Cheap-Air."
   ▸ ....
8. "(DESCONECTAR, TÚ) ...., (DESCUBRIR, TÚ) ...., (DESAHOGARSE, TÚ) ...., (DESPREOCUPARSE, TÚ) .... Hay otra forma de tomarse la vida. Con Raimaza descafeinado."
   ▸ ....

7. Piensa en dos recomendaciones que pueden servir de eslogan publicitario para estos productos o servicios.

PRODUCTO / SERVICIO	IMPERATIVO AFIRMATIVO	IMPERATIVO NEGATIVO
Un gimnasio	Haz deporte, muévete.	No te quedes en casa.
Un refresco		
Una impresora		
Una bañera		
Un café		
Un curso de español		
Un disco		
Un destino turístico		
Un microondas portátil		

8. Tu escuela va a lanzar una campaña de publicidad para promocionar el estudio del español. Escribe el texto que se utilizará para informar y animar a los futuros estudiantes. Usa imperativos.

¿Quieres aprender español?

9. Lee esta información sobre un producto nuevo para niños y piensa un posible nombre comercial. Luego, escribe en tu cuaderno dos anuncios para este producto: uno dirigido a los padres y otro dirigido a los niños.

NOMBRE DEL PRODUCTO ▸ ....

PROBLEMA QUE EXISTE ▸ Los niños llevan cada vez una vida más sedentaria, juegan menos y hacen menos ejercicio. Su entretenimiento favorito es la televisión. El porcentaje de niños obesos es muy alto. Se estima que el 50 % de los niños que son obesos a los seis años lo van a ser también de adultos.

DESCRIPCIÓN DEL PRODUCTO ▸ Unos zapatos con un dispositivo que registra la cantidad de ejercicio que realiza el niño a lo largo del día y lo transforma en tiempo de televisión al que tiene derecho.

FUNCIONAMIENTO ▸ Los zapatos tienen un botón en la base que cuenta los pasos dados. Esta información es retransmitida mediante señales de radio a un aparato conectado al televisor. El dispositivo acumula un saldo de tiempo ganado y cuando este tiempo se acaba se apaga automáticamente la televisión. Por ejemplo, para ganar 15 minutos de tele es necesario caminar 1500 pasos.

10. Lee este artículo sobre las tendencias del mercado. ¿En qué lugares del texto colocarías las siguientes frases?

1. Si se pretende dar una imagen popular, se colocan los productos en montones y desordenados.
2. Sin embargo, las que escogen una música *techno* y estridente, incitan a comprar deprisa.
3. Por su culpa, podemos bajar al supermercado a comprar leche y volver con dos bolsas llenas de otras cosas.
4. Otras tiendas han establecido un punto de entrada y otro de salida con un recorrido obligatorio por toda la tienda.

Ese cliente, ¡que no se escape!

Nada es casualidad en una tienda: ni los colores, ni la música, ni la luz, ni el olor. Desde que entra en un establecimiento comercial, sobre todo en las grandes superficies, el cliente se convierte en víctima de la guerra de las marcas y puede salir de allí llevando algo que no estaba en sus planes o comprando algo en el último momento. Es lo que se llama "compra por impulso", un comportamiento provocado por el marketing y sus técnicas perfectamente medidas y estudiadas. En el argot profesional se denomina "publicidad en el punto de venta" e influye en casi el 30% de las ventas.

Todo empieza por los escaparates, diseñados cuidadosamente para influir en el cliente e incitarlo a comprar. Las tiendas caras, selectas y exclusivas optan por colocar un solo objeto en un entorno lujoso e iluminado por varios focos.

Dentro de la tienda, hay sitios donde se vende más, son las zonas "calientes", que suelen situarse en la entrada, en los extremos de los pasillos y al lado de la cola de la caja de salida. La altura a la que se colocan los productos también es importante. Se sabe que se vende más lo que está a la altura de los ojos; un poco menos lo que está cerca de las manos, y muy poco lo que tenemos a nuestros pies. Se supone que por tendencia natural miramos más a la derecha, así que se colocan a ese lado los productos más nuevos o especiales. Un cambio de ubicación puede hacer subir las ventas de un producto en casi un 80%.

El recorrido del cliente también está estudiado. Es frecuente encontrar los productos básicos o de primera necesidad al fondo; así, hay que atravesar toda la tienda para llegar a ellos y resulta fácil caer en alguna tentación por el camino.

Las tiendas que apuestan por un hilo musical suave y relajante y con una decoración pastel están invitando a permanecer allí durante un buen rato, a comprar tranquilamente. Una curiosidad: un experimento realizado en un hipermercado demostró que la música italiana elevaba las ventas de pasta.

11. Escribe el nombre de tiendas que conozcas con las siguientes características.

Tiendas con una música suave: ....

Tiendas con música estridente: ....

Tiendas que colocan un solo objeto en un entorno lujoso: ....

Tiendas que colocan los productos desordenados y en montones: ....

Tiendas que obligan al consumidor a hacer un recorrido por toda la tienda: ....

MÁS EJERCICIOS

12. Lee estos eslóganes de campañas institucionales que se han divulgado en España en los últimos años. ¿Cuál puede ser su objetivo? Clasifícalos en la tabla. Luego, búscalos en internet y comprueba tus respuestas.

1. Si no les enseñas a vivir, no les habrás enseñado nada.
2. Engánchate a la vida.
3. Habla con tu hijo.
4. Todos somos responsables.
5. Hay un montón de razones para decir no.
6. La solución está en tus manos.
7. Vive y deja vivir.
8. Haz algo.
9. Mejor sin ellas.
10. Cumple las normas. Tú sí puedes evitarlo.
11. Piénsalo. Las imprudencias no solo las pagas tú.
12. Abróchate a la vida.

	1	2	3	4	5	6	7	8	9	10	11	12
Prevención de accidentes de tráfico												
Lucha contra el consumo de drogas												
Pueden referirse a las dos cosas												

88 **13.** Vas a escuchar una campaña radiofónica de la FAD (Fundación de Ayuda contra la Drogadicción). Contesta las siguientes preguntas.

1. ¿Qué crees que es "Duérmete niño, duérmete ya, que viene el Coco y te llevará"? ....
2. ¿Quién crees que es el Coco? ....
3. ¿A qué público va dirigida la campaña? ....
4. ¿Cuál es el mensaje principal de la campaña? ....

SONIDOS Y LETRAS

89 **14.** Clasifica los siguientes imperativos en la tabla. Luego escucha y comprueba. ¿Se pronuncian igual las letras marcadas en negrita? ¿Por qué se escriben de forma distinta?

- bus**c**a
- reco**j**a
- cuel**gu**e
- se**c**a
- co**j**a
- se**qu**e
- cuel**g**a
- apa**gu**e
- reco**g**e
- co**g**e
- apa**g**a
- bus**qu**e

	TÚ	USTED
BUSCAR	....	....
RECOGER	....	....
SECAR	....	....
COLGAR	....	....
APAGAR	....	....
COGER	....	....

LÉXICO

15. ¿Qué palabra no es de la serie? ¿Por qué?

1	2	3
▪ logo ▪ feminidad ▪ solidaridad ▪ belleza	▪ radio ▪ anunciante ▪ televisión ▪ internet	▪ marca ▪ imagen ▪ libertad ▪ eslogan

4	5	6
▪ consumidor ▪ seguridad ▪ publicista ▪ actor	▪ éxito ▪ marca ▪ solidaridad ▪ amor	▪ concienciar ▪ sorprender ▪ impactar ▪ lujo

16. Escribe los sustantivos correspondientes a estos adjetivos. Los puedes buscar en la unidad.

ambicioso/-a: ....

solidario/-a: ....

libre: ....

lujoso/-a: ....

agresivo/-a: ....

bello/-a: ....

amistoso/-a: ....

exitoso/-a: ....

violento/-a: ....

17. Escribe el nombre de distintas tareas del hogar usando los siguientes verbos.

fregar | lavar | colgar | dar de comer | pasar | ordenar | quitar | regar | apagar | vaciar

fregar los platos, fregar el...

....

....

....

....

....

....

18. ¿Con qué productos asocias las siguientes palabras o expresiones? Escríbelo. Puede haber más de una opción.

más económico/-a | sin alcohol | más rápido/-a | más ecológico/-a | tecnológicamente perfecto/-a | con menos aditivos | con más memoria | más sencillo/-a | más sabroso/-a | más seguro/-a | elegantísimo/-a | más pequeño/-a

1. un coche: ....
2. una crema facial: ....
3. gasolina: ....
4. un reloj: ....
5. una loción para el pelo: ....
6. un ordenador: ....
7. un teléfono móvil: ....
8. un televisor: ....
9. una compañía aérea: ....

19. Mi vocabulario. Anota las palabras de la unidad que quieres recordar.

¡BASTA YA!

1. Escribe las formas que faltan del presente de subjuntivo.

	ESCUCHAR	PROCEDER	VIVIR
(yo)	....	proceda	....
(tú)	....	....	....
(él/ella/usted)	escuche	....	....
(nosotros/nosotras)	....	....	vivamos
(vosotros/vosotras)	....	....	....
(ellos/ellas/ustedes)	....	....	....

2. Clasifica en regulares e irregulares estas formas verbales conjugadas en presente de subjuntivo. Piensa primero en su infinitivo correspondiente.

viva · vayan · sepan · habléis · empiecen · traduzcas · veamos · digan · bebáis · salgamos · escriban · oigas · duermas

REGULARES	IRREGULARES
vivir → viva	

3. Conjuga los siguientes verbos en presente de subjuntivo.

	(yo)	(tú)	(él/ella/ustedes)	(nosotros/as)	(vosotros/as)	(ellos/as ustedes)
HACER	haga	....	haga	....	hagáis	....
SER	sea	seas	....	seamos	....	sean
QUERER	quiera	....	....	....	queráis	....
JUGAR	juegue	juegues	....	juguemos	....	....
PODER	pueda	....	....	....	....	....
ESTAR	esté	....	....	....	estéis	....
PEDIR	pida	....	pida	....	....	....
SABER	sepa	....	....	....	....	sepan
IR	vaya	vayas	....	....	....	....
CONOCER	conozca	....	....	conozcamos	....	....
TENER	tenga	....	....	....	....	tengan
PONER	ponga	....	....	....	....	....

4. ¿A qué persona corresponden estas formas verbales? Escribe el pronombre personal de sujeto al lado de cada forma.

- aciertes: tú
- traduzcas: ....
- nieguen: ....
- conduzcamos: ....
- te vistas: ....
- vuelvas: ....
- cuentes: ....
- valgan: ....
- produzcáis: ....
- tengáis: ....
- sirva: ....
- sienta: ....
- salgamos: ....
- duelan: ....

5. Clasifica los verbos de la actividad anterior según su irregularidad.

COMO CERRAR	acertar,
COMO PODER	
COMO PEDIR	
COMO PONER	
COMO CONOCER	

6. Completa estas frases de manera lógica. Recuerda que puedes usar un sustantivo, un infinitivo o una frase con **que** + presente de subjuntivo.

1. Los ecologistas quieren ....
....
2. Las feministas exigen ....
....
3. Los estudiantes reclaman ....
....
4. Los jubilados necesitan ....
....
5. Los pacifistas piden ....
....
6. Los parados quieren ....
....

7. En español usamos mucho la estructura **que** + **subjuntivo**. ¿Qué te dicen en estas situaciones? Completa con la forma en subjuntivo que corresponda.

mejorarse · tener (2) · cumplir · ir · pasar · divertirse · aprovechar · ser

1. **Si sales con unos amigos**:
¡Que lo .... bien!
2. **Cuando estás comiendo**:
¡Que ....!
3. **El día de tu cumpleaños**:
¡Que .... muchos más!
4. **Si vas a hacer un examen**:
¡Que te .... muy bien!
5. **Si te vas de viaje**:
¡Que .... buen viaje!
6. **Si vas a hacer algo divertido**:
¡Que ....!
7. **El día de tu boda**:
¡Que .... muy felices!
8. **Si participas en un sorteo**:
¡Que .... suerte!
9. **Si estás enfermo**:
¡Que ....!

8. Escribe un deseo que tengas para cada una de estas personas.

1. tu pareja · **2.** tu hermano/-a · **3.** tus compañeros/-as de trabajo · **4.** tu mejor amigo/-a · **5.** tus padres

1. Quiero que ....
2. Espero que ....
3. Quiero que ....
4. Espero que ....
5. Quiero que ....

9. ¿Cómo crees que se podrían solucionar los siguientes problemas? Escribe tus propuestas. Puedes usar las estructuras **debería/n**, **se debería/n**, **deberíamos**, **habría que** u otras.

1. La inseguridad ciudadana: ....

2. El desempleo: ....

3. La contaminación: ....

4. Las guerras: ....

5. El hambre: ....

6. El terrorismo: ....

10. Lee el siguiente texto y escribe cuáles son los temas que más preocupan a Raúl.

Raúl Oliva Pozo
22 años
estudiante de Psicología

"Yo termino la carrera este año y no sé qué voy a hacer después. Vivo con mis padres, aunque me gustaría vivir solo. Pero es que encontrar trabajo es cada vez más difícil, especialmente si no tienes experiencia. Comprar un piso es imposible y los pisos de alquiler que hay son carísimos. El Gobierno debería construir más viviendas para jóvenes."

....

11. ¿Y a ti? Escribe un texto similar sobre un tema que te preocupe.

12. ¿Hay algo de lo que te quieras quejar o algo que quieras reivindicar? Ahora tienes la oportunidad de hacerlo. Escribe una carta al periódico con una reclamación o con una reivindicación.

13. ¿Conoces el cuento de la lechera? Lee el cuento y completa las formas que faltan en presente de subjuntivo.

Una lechera llevaba en la cabeza un cubo de leche recién ordeñada y caminaba hacia su casa soñando despierta. "Como esta leche es muy buena", se decía, "dará mucha nata. Batiré la nata hasta que se convierta en una mantequilla sabrosa. Cuando (**tener**) .... la mantequilla, la venderé en el mercado. Cuando me (**pagar**) .... , me compraré un canasto de huevos y, en cuatro días, tendré la granja llena de pollitos. Cuando (**empezar**) .... a crecer, los venderé a buen precio, y con el dinero que saque me compraré un vestido nuevo. Cuando lo (**ver**) .... , el hijo del molinero querrá bailar conmigo al verme tan guapa. Pero no voy a decirle que sí de buenas a primeras. Esperaré a que me lo pida varias veces y, al principio, le diré que no con la cabeza. Eso es, le diré que no, ¡así!".

La lechera comenzó a menear la cabeza para decir que no, y entonces el cubo cayó al suelo y toda la leche se derramó. Así que la lechera se quedó sin nada: sin vestido, sin pollitos, sin huevos, sin mantequilla, sin nata y, sobre todo, sin la leche que la incitó a soñar.

14. Ahora imagina tu propio cuento de la lechera. Escríbelo en tu cuaderno.

Cuando sepa hablar español muy bien, encontraré un trabajo en un hotel de 5 estrellas. Cuando esté trabajando en el hotel, ganaré mucho dinero. Cuando tenga dinero, me compraré...

15. Lee estos ejemplos. ¿Entiendes la diferencia de signficado? Luego, completa las frases con indicativo o subjuntivo.

- Cuando el gobierno baja los impuestos, la gente consume más.
  (***cuando*** *+ indicativo: acción habitual)*
- Cuando el gobierno baje los impuestos, la gente consumirá más.
  (***cuando*** *+ subjuntivo: hablamos del futuro)*

1

a. Estoy muy cansado. Cuando (llegar) .... a casa, me iré a la cama directamente.

b. Cuando (llegar) .... a casa, siempre me tomo una taza de café.

2

a. Cuando (estar) .... triste, eres tú la única persona que me entiende.

b. Cuando (estar) .... triste, pensaré en los buenos momentos que vivimos juntos.

3

a. Te llamo cuando (salir) .... del trabajo y vamos al cine, ¿de acuerdo?

b. Siempre te llamo cuando (salir) .... del trabajo y nunca te encuentro.

4

a. Cuando (tener) .... dinero, me compraré un coche nuevo.

b. Cuando (tener) .... dinero, me lo gasto enseguida.

SONIDOS Y LETRAS

90 - 91

16. Escucha los poemas de las páginas 80 y 81. Después, léelos tú e intenta imitar la manera de recitarlos de la audición.

17. Busca en internet poemas de tema social o político de Juan Gelman o Mario Benedetti. Elige uno que te guste, léelo en voz alta y grábate para luego escuchar cómo lo has hecho.

LÉXICO

92-94

18. Aquí tienes la transcripción del programa de radio de la actividad 3 (página 73). Como verás, faltan algunas palabras. Complétala dándole sentido. Luego, escucha la audición para comprobar si has coincidido con el original.

1

- Hoy ha sido un día especialmente movido en nuestra ciudad. Se han producido tres (1) ...., convocadas por tres colectivos diferentes. Nuestro reportero Víctor Santos ha ido a las tres para conocer de cerca las (2) ...., los porqués de estas tres manifestaciones.
- ○ Efectivamente. La primera manifestación la (3) .... el Colectivo de Ocupas de la ciudad. Hemos preguntado a algunas personas que estaban allí cuál era el motivo de su (4) ....
- ¡Solo queremos tener un lugar para vivir! La ciudad está llena de casas (5) .... La gente las compra para especular y (6) .... los precios. ¿Por qué tenemos que vivir en la calle si hay casas que no usa nadie?
- ○ No somos criminales; no hacemos ningún daño a nadie. Además, cuando (7) .... una casa normalmente la cuidamos y muchas veces la convertimos en un centro social, cultural... ¡La gente tiene que saber eso!

2

- La segunda manifestación que ha recorrido las calles de nuestra ciudad estaba convocada por la (1) .... de inmigrantes Acogida. Estas son algunas de las opiniones de los (2) ....
- ○ Estamos aquí para (3) .... la legalización de los (4) .... sin papeles. Pedimos al Gobierno que (5) .... a todos los que tengan una oferta de trabajo. ¡Pensamos que todos tenemos (6) .... a una vida mejor, a un trabajo digno y a una (7) .... digna!
- En España mucha gente se ha olvidado de que, no hace mucho, los españoles también (8) .... para buscar (9) .... y tener una vida mejor. Ahora, España no puede cerrarle la puerta a toda esta gente.

3

- El grupo ecologista Vida Verde ha convocado hoy también una (1) .... en el centro de la ciudad. Oigamos por qué se manifestaba este grupo y cuáles eran sus (2) ....
- ○ Lo que quiere nuestro grupo es (3) .... a la sociedad sobre el problema de la desertización del suelo. Exigimos al Gobierno que limite las talas de árboles y que controle las malas prácticas agrícolas. ¡Entre todos tenemos que (4) .... la desertización!
- Es increíble que cada vez haya menos tierra fértil. La desertización amenaza a 850 millones de personas. Dentro de poco será muy difícil alimentarnos. Ahora es el momento de (5) ....

19. Lee el poema "La poesía es una arma cargada de futuro" de Gabriel Celaya (página 80). ¿Con qué compara a la poesía? ¿Y al poeta?

Poesía: arma, ...
....

Poeta: ....
....

20. Relaciona estas expresiones que aparecen en el poema de Gabriel Celaya con su significado.

1. Lavarse las manos
2. Tomar partido
3. Tocar fondo

a. llegar a una situación muy complicada
b. no intervenir en un asunto
c. defender una causa, una posición, etc.

21. Completa la carta abierta.

amenaza con | luchar | trasladarse | exigir | invertirá | hacemos un llamamiento | sufrirán un daño | abajo firmantes | actuar | cursar | disminuir | abandonarán

Apreciado señor alcalde:

Los (1) ...., representantes de asociaciones de vecinos y comerciantes y grupos culturales de Monreal, nos dirigimos a usted para hablarle de una cuestión de gran importancia para el futuro de nuestro pueblo: el instituto de enseñanza media Camilo José Cela.

Como usted sabe, el instituto tiene más de 50 años de historia y por él han pasado muchas generaciones de jóvenes de Monreal, pero sobre todo, es el único centro de la comarca en el que se puede (2) .... bachillerato. Desde hace ya algunos años, la Consejería de Educación (3) .... cerrar el instituto por razones económicas. Si finalmente se toma esa decisión, nuestro pueblo y toda la comarca (4) .... enorme. Nuestros jóvenes tendrán que (5) .... en autobús a la capital en un viaje de 90 minutos de ida y 90 minutos vuelta todos los días; tendrán que comer allí, con el gasto que eso comporta y, con seguridad, muchos de ellos (6) .... los estudios.

Si finalmente se produce, el cierre será dramático para el pueblo: ¿quién se querrá quedar a vivir en Monreal si se cierra el instituto? ¿Qué hará el ayuntamiento cuando la población empiece a (7) .... y se queden en el pueblo únicamente los viejos, como ha pasado en tantos otros lugares? Ustedes hablan de atraer inversiones a Monreal, pero ¿qué empresa (8) .... en nuestro pueblo cuando no tengamos jóvenes formados?

Por todo ello, antes de que se tome esa decisión, el ayuntamiento debería (9) .... Le pedimos a usted y a todo el ayuntamiento que luche por la continuidad del centro. Tenemos que (10) .... a la Consejería que mantenga el instituto Camilo José Cela porque es esencial para el futuro de nuestro pueblo y de nuestra comarca. Pero sería injusto decir que este problema es únicamente responsabilidad del ayuntamiento. Este es un tema que nos afecta a todos y todos deberíamos (11) .... juntos. Por eso, (12) .... a todos los ciudadanos de Monreal y les pedimos que se unan a nosotros para salvar el instituto.

Quedamos a la espera de una pronta respuesta y nos ponemos a su disposición para elaborar un calendario de actuaciones.

22. Escribe el nombre de otros movimientos políticos y sociales. Si quieres, puedes inventarte alguno.

movimiento ecolog**ista**, movimiento femin**ista**, ...

....

....

....

movimiento **anti**globalización, movimiento **anti**nuclear,

....

....

....

23. Mi vocabulario. Anota las palabras de la unidad que quieres recordar.

MENSAJES

95-97

1. Hoy Bibiana ha hablado por teléfono con tres personas. Escucha las conversaciones y completa el cuadro.

	CON QUIÉN HABLA	PARA QUÉ LLAMA BIBIANA	QUÉ DICE LA OTRA PERSONA
1			
2			
3			

2. Completa el mail y la carta con las siguientes expresiones.

apreciados clientes | le informamos de que | en relación al | estimada Sra. | le agradecemos | le reiteramos | un cordial saludo | les adjunto

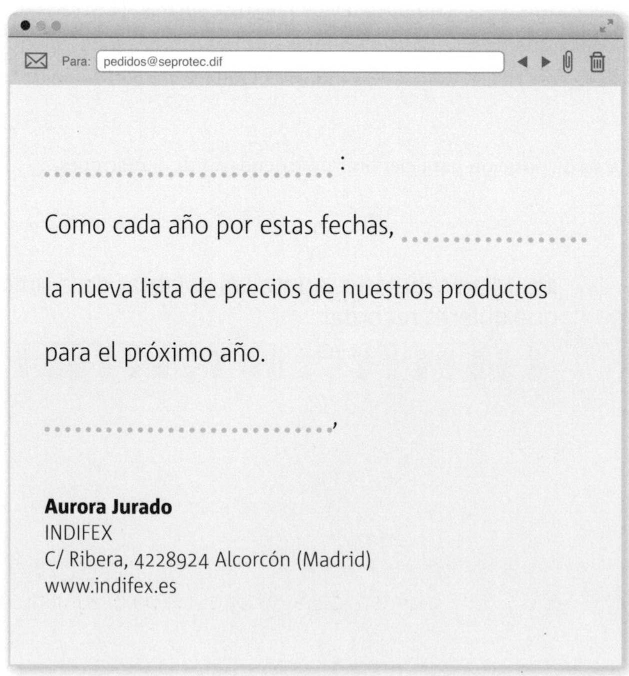

Para: pedidos@seprotec.dif

.............................:

Como cada año por estas fechas, ...
la nueva lista de precios de nuestros productos
para el próximo año.

.............................,

Aurora Jurado
INDIFEX
C/ Ribera, 4228924 Alcorcón (Madrid)
www.indifex.es

OLATZ BATEA RODRÍGUEZ
Avda. de Madrid, 23
20011 San Sebastián

.............................:

Ante todo, ... la confianza que deposita en ALDA SEGUROS y .... nuestro compromiso de ofrecerle siempre la máxima protección y un alto servicio de calidad. .... seguro de su vehículo, ... el día 01/04/2014 se produce el vencimiento de su póliza, cuyo importe para la próxima anualidad es de 409,80 euros.

Atentamente,
Director General

3. Laura ha recibido un correo electrónico de Alberto y se lo cuenta a Beatriz, su compañera de trabajo. Lee la conversación e intenta escribir el correo electrónico de Alberto.

- Hoy he recibido un mail de Alberto.
- ¿Ah, sí? ¿Y qué dice?
- Que está muy contento con su nuevo trabajo. Ah, y que le gusta mucho Londres. Me ha propuesto ir a pasar este fin de semana con él.
- ¡Qué bien!, ¿no? ¿Y qué más te cuenta?
- Bueno, pues nada, cosas personales...
- ¿Cómo qué?
- Pues me pregunta si le quiero, si pienso mucho en él...
- Ya...
- Sí, y dice que está muy enamorado de mí y que me quiere mucho.
- ¡Qué bien!, ¿no?

98

4. Escucha cada una de estas preguntas que te han hecho hoy. ¿Cómo se lo cuentas a otra persona? Escríbelo.

1. Mi madre me ha preguntado ....
2. Antonio me ha preguntado ....
3. Mario me ha preguntado ....
4. Miguel y Lucía me han preguntado ....
5. Elena me ha preguntado ....
6. El quiosquero de la esquina me ha preguntado ....
7. María me ha preguntado ....
8. Sara me ha preguntado ....
9. Alicia me ha preguntado ....
10. La recepcionista de la escuela me ha preguntado ....

5. Escribe cómo le cuentas a un amigo las cosas que te han dicho. Tienes que usar los siguientes verbos.

~~me ha recomendado~~ | me ha dicho que | me ha pedido | me ha invitado | me ha dado las gracias por | me ha felicitado por | me ha recordado que

1. Carlos: "Tienes que visitar el Museo de Arqueología, es muy interesante."
   Carlos me ha recomendado ir al Museo de Arqueología.
2. Juan: "¿Me dejas el coche para el fin de semana?" ....
3. Un vecino: "Hago una fiesta esta noche, ¿quieres venir?" ....
4. Lucía: "He conocido a un chico simpatiquísimo." ....
5. Graciela: "Gracias por acompañarme hasta el hotel." ....
6. La recepcionista de la escuela: "Recuerda que mañana tienes que pagar el curso." ....
7. Tu profesor de español: "Enhorabuena. Tu redacción está muy bien escrita." ....

6. Completa con preposiciones, si son necesarias.

1

- Te marchas esta tarde, ¿no? ¿Ya te has despedido .... los abuelos?
- Sí. Los he llamado hace un rato.

2

Esta mañana el profesor ha felicitado .... Jutta .... sus notas.

3

Luis siempre les pide .... dinero .... sus amigos.

4

Mucha gente salió a la calle .... protestar .... la guerra.

5

Esta mañana me he encontrado a Carlos y me ha preguntado .... ti.

6

¿Ya le has dado las gracias .... tu hermano .... el regalo?

7

- ¿Sabes que Luis y Cruz no han invitado .... Julián .... su boda?
- ¿En serio? ¡Pero si son superamigos!

8

- Le recomendé .... mi novio *Los hombres que no amaban a las mujeres*, pero no le gustó nada.
- Ah, pues a mí me gustó mucho.

9

Ayer le comenté .... un amigo los resultados de los análisis.

10

- ¿Qué me recomienda?
- Le sugiero .... nuestra especialidad: pescado al horno.

7. Lee este artículo del escritor Juan José Millás sobre la arroba y contesta las preguntas.

LA ARROBA es una unidad de medida cuyo símbolo (@) se ha instalado en la jerga informática tras realizar un viaje alucinante a través de los siglos. Quiso el azar que cuando el inventor del correo electrónico buscaba en la parte alta de su teclado un carácter con el que separar el nombre del destinatario del nombre del servidor, eligiera ese hermoso grafismo, que originalmente representaba un ánfora. Ni en sus más delirantes fantasías habría podido imaginar el autor de este símbolo un futuro tan brillante para su garabato, que se encuentra, por cierto, en la frontera entre la escritura y el dibujo, como la estrella de mar (que parece un logotipo) vive en la línea que divide el mundo vegetal del animal. Cualquier diseñador daría el brazo izquierdo a cambio de que una creación suya, además de resistir el paso del tiempo de ese modo, acabara convirtiéndose en el emblema de las tecnologías del porvenir.

Pero eso no es todo. Recibo continuamente invitaciones, circulares o cartas que en vez de comenzar con un queridos amigos y queridas amigas, comienzan con un querid@s amig@s. Su uso está tan generalizado que casi podemos afirmar que nuestro alfabeto se ha enriquecido con una nueva y rara vocal que sirve de manera indistinta para el masculino y el femenino porque es simultáneamente una o y una a. Mira por dónde, el símbolo de una antiquísima unidad de medida (parece que procede del siglo XVI) ha venido a resolver una insuficiencia del lenguaje, pues el queridos amigos utilizado hasta hace poco resulta machista o excluyente y el queridos amigos y queridas amigas resulta fatigoso.

Ya no hay problema. Coloque usted, como vienen haciendo algunos adelantados, en el encabezamiento de sus cartas, de sus circulares, de su publicidad, un querid@s alumn@s, un estimad@s compañer@s, un ilustrísim@s diputad@s, y matará dos pájaros de un tiro sin ofender a ninguno de los dos. Esperamos ansiosos que la Academia se pronuncie ante este grafismo polivalente que ha ensanchado por sorpresa nuestro alfabeto y, de paso, que le invente un sonido, pues no vemos el modo de utilizarlo en el lenguaje hablado con la facilidad con la que se ha introducido en el escrito.

JUAN JOSÉ MILLÁS, El País, *(30/04/2004)*

1. ¿De dónde viene este símbolo? ¿Qué representaba antes de internet?

....

2. ¿Por qué dice que es un "grafismo polivalente"? ¿Para qué se usa en español la arroba?

....

3. ¿A qué frase equivale "querid@s amig@s"?

....

4. ¿Crees que al autor le gusta el símbolo de la arroba? ¿Por qué?

....

....

5. ¿Cómo se llama la arroba en tu lengua? ¿Se utiliza para algo más que para escribir la dirección de los correos electrónicos?

....

....

MÁS EJERCICIOS

7. Continúa estas frases de una manera lógica.

1. No aprobé el examen **porque** ....
2. **Como** me quedé solo en casa aquel verano, ...
3. Perdimos el tren de las 23:00 h, **así que** ....
4. No llegamos a un acuerdo sobre el precio, **de modo que** ....
5. Al final nos cambiaron de hotel **porque** ....
6. **Como** me levanté muy tarde, ...
7. Cancelaron la excursión al lago, **así que** ....
8. No me encontraba muy bien, **de modo que** ....

8. Lee estas frases y marca si la acción expresada por los verbos en negrita es anterior o posterior a la acción expresada por el verbo subrayado.

	ANTES	DESPUÉS
1. Cuando <u>llegamos</u> a la estación, el tren ya **había salido**.		
2. Cuando <u>llegó</u> Pedro, **empezamos** a cenar.		
3. No los <u>encontré</u> en casa porque **se habían ido** de vacaciones.		
4. <u>Estudió</u> mucho y, por eso, **aprobó** el examen.		
5. <u>Reclamé</u> a la agencia, pero no **aceptaron** ninguna responsabilidad.		
6. La guía que nos <u>acompañó</u> no **había estado** nunca en Madrid.		
7. Nos <u>llevaron</u> a un hotel muy malo, pero **habíamos reservado** uno de tres estrellas.		
8. Cuando <u>llegamos</u> al aeropuerto, ya **habían empezado** a embarcar.		

9. Piensa en cosas que ya habías hecho en tu vida en cada uno de los siguientes momentos y continúa las frases siguientes.

1. A los 15 años ya ....
2. Antes de estudiar español ....
3. Antes de empezar este curso ....
4. Cuando conocí a mi mejor amigo/-a ....

10. Subraya la opción correcta en cada una de las siguientes frases.

1. • ¿Has visto a Carla últimamente?
   ○ Sí, la **veía** / **vi** ayer.
2. Ayer fuimos al cine; **vimos** / **veíamos** una peli malísima.
3. • Hablas muy bien alemán.
   ○ Bueno, es que de joven **pasé** / **pasaba** dos años en Berlín.
4. • Llegas tardísimo, Marta.
   ○ Es que **he perdido** / **perdía** el bus.
5. El jueves pasado no **iba** / **fui** a clase. Tuve que quedarme en casa.
6. Antes no **me gustaba** / **me gustó** el pescado. Ahora me encanta.
7. Leí ese libro hace tres años y **me encantaba** / **me encantó**.
8. Pasé tres meses en Suecia, pero no **aprendí** / **aprendía** casi nada de sueco.
9. Mi hermano nunca **ha estado** / **estaba** en Italia, pero habla muy bien italiano.
10. Se tomó una aspirina porque **le dolía** / **le dolió** la cabeza.
11. Me encontré con Pablo y no lo reconocí: **estuvo** / **estaba** muy cambiado.

11. Busca en la red el microcuento *El dinosaurio* de Augusto Monterroso. Imagina que es la última frase de un cuento más extenso. Escribe ese cuento.

12. ¿Conoces algún personaje famoso por sus viajes? Busca información y escribe en tu cuaderno un pequeño texto sobre su vida. Acompáñalo de fotografías.

SONIDOS Y LETRAS

101

13. Lee estos diálogos y escribe los signos de puntuación (¿ ?, ¡ !, Ø) que llevan las expresiones en negrita. Luego escucha y comprueba. ¿Entiendes para que sirven estas expresiones en cada caso?

1

- Ayer me encontré en la calle un billete de cien euros.
- ¡Qué suerte!, ... **no** .....

2

- Ayer me encontré en la calle un billete de cien euros.
- ..... **No** ..... ¿Y lo cogiste?

3

- ¿Sabes a quién vi ayer? ¡A Teo!
- ..... **Ah, sí** ..... ¿Dónde?

4

- ¿Sabes a quién vi ayer? ¡A Teo!
- Teo... ..... **Ah, sí** ..... ¡El del instituto!

5

- Esta mañana me he encontrado a Juan en el metro. Está tan cambiado que casi no lo he reconocido.
- ..... **Ya** ....., es increíble, yo lo vi hace poco y pensé lo mismo.

6

- Esta mañana me he encontrado a Juan en el metro.
- ..... **Ya** ..... ¡Pero si acaba de llegar a Madrid!

102 - 103

14. Escucha estas dos conversaciones y reacciona con las siguientes expresiones. Presta atención a la entonación.

1

1. ¿Ah, sí? ¡Qué rabia!, ¿no?
2. ¡Qué rollo!
3. ¡A Cuba!
4. ¿Y qué hiciste?
5. Ya, claro. Eso o ir desnuda.
6. ... ibas todo el día disfrazada, ¿no? ¡Menos mal!

2

1. ¿Qué?
2. ¿Ah, sí? ¿Y por qué? ¿Qué pasó?
3. ¡No!
4. Ya
5. ¿Y qué hiciste?
6. ¡Qué mala suerte!
7. ¡Menos mal!

LÉXICO

15. Escribe un lugar para cada uno de estos tipos de turismo. ¿Qué actividades se pueden hacer? Puede ser un lugar de tu país o de otro país que te interese.

turismo rural	
turismo de aventura	
turismo de sol y playa	
turismo cultural	
turismo gastronómico	
turismo musical	
turismo urbano	
turismo deportivo	

16. En un viaje, escribe qué cosas se pueden...

1. organizar	
2. recorrer	
3. perder	
4. facturar	
5. cancelar	
6. reservar	
7. descubrir	

17. Relaciona los elementos de las dos columnas.

1. ir de	**a.** un hotel
2. decidir sobre	**b.** noche
3. planificar con	**c.** vacaciones
4. perderse por	**d.** las calles
5. alojarse en	**e.** la marcha
6. salir de	**f.** antelación

18. Completa estos textos (de las páginas 94 y 95) con las palabras que faltan.

Cartagena de Indias

predilecto | los turistas | cuenta con | amantes

Esta ciudad declarada Patrimonio de la Humanidad por la UNESCO es el destino .... de los .... de la arquitectura colonial. En la región hay playas increíbles y la ciudad .... multitud de servicios para .... que buscan placer y descanso.

Bogotá

increíble | oferta | del arte

La capital de Colombia es un destino .... para los amantes ...., por sus museos y festivales (como el famoso Festival Iberoamericano de Teatro). Bogotá es también una ciudad con una amplia .... de restaurantes de comida típica, bares y discotecas.

El Amazonas

interesados | los que | ideal

Destino .... para los turistas que quieren estar en contacto con la naturaleza, para los .... en la fauna y la flora y para .... desean conocer la cultura de las comunidades indígenas.

19. Ahora completa estas frases sobre cuatro lugares de tu país.

[ ]: Es un destino .... para los .... de ....

[ ]: Es un destino .... para los .... en ....

[ ]: Es un lugar .... para los que ....

[ ]: Es una ciudad .... para .... Cuenta con ....

20. Relaciona con los dibujos correspondientes.

a. hacer escala en un lugar
b. embarcar
c. facturar
d. compañía aérea
e. buscador de vuelos
f. perder el equipaje
g. hacer una reclamación
h. recibir una indemnización
i. agencia de viajes

21. ¿Cómo dices las palabras y expresiones de la actividad anterior en tu lengua? Escríbelo.

a. ....
b. ....
c. ....
d. ....
e. ....
f. ....
g. ....
h. ....
i. ....

22. En todas estas frases aparece el verbo **salir**. Traduce a tu lengua las partes en negrita.

1. **El vuelo sale** a las 8:00 h.

   ....

2. **Las maletas saldrán** pronto.

   ....

3. Fue un viaje perfecto. **Todo salió bien**.

   ....

4. **Cuando salimos del teatro** fuimos a cenar a un restaurante japonés.

   ....

23. Mi vocabulario. Anota las palabras de la unidad que quieres recordar.

TENEMOS QUE HABLAR

1. Completa de forma lógica los diálogos de las siguientes viñetas.

2. Según el artículo de la página 109, ¿qué tipo de manía tienen estas personas?

1. manías de orden y posición
2. manías de comprobación
3. manías higiénicas
4. manías de contar
5. manías relacionadas con la superstición

◯ Ana siempre tiene que besar la puerta al salir de casa. Si no lo hace, le da miedo que pase algo malo.

◯ A Pepe le provoca ansiedad ver que los bolígrafos están mal colocados y siempre los pone en la mesa de forma simétrica.

◯ Lola no soporta que los desconocidos la toquen ni dar la mano al saludar.

◯ Celia llama cada día a sus hijos para preguntarles si han cerrado las ventanas al salir de casa.

◯ A Carina le da asco beber del mismo vaso que otras personas.

◯ Ignacio cuenta el número de palabras de los mails que escribe y siempre tiene que ser un número par.

◯ Chema siempre comprueba si los platos están bien colocados en el lavavajillas y los cambia de sitio si su mujer no lo ha hecho bien.

3. ¿Qué manías tienes tú? ¿Y otra persona que conoces bien? Escríbelo.

Mis manías	Las manías de ....

4. ¿A qué personas corresponden estas series de verbos? Escríbelo. En cada serie hay una forma que no pertenece al presente de subjuntivo. Márcalo.

1. vayamos / estemos / comamos / tenemos ....
2. tenga / compre / está / vuelva ....
3. lleváis / perdáis / estéis / volváis ....
4. escribas / hagas / pierdes / tengas ....
5. vendan / compran / sientan / estén ....
6. duerma / pierde / cierre / venga ....

5. ¿Cuál de estas formas verbales no corresponde a la misma persona que las demás? Márcala.

useís | vayáis | pongáis | durmáis
escribáis | paséis | lleves | estéis

6. Escribe en tu cuaderno qué sentimientos te provocan las siguientes cosas o situaciones.

Los atascos | La gente mentirosa
Tener demasiado trabajo | Envejecer
Que te regalen algo | Que te engañen
Que te llamen por tu cumpleaños
Hablar en público | Que critiquen a un amigo

7. Completa con los verbos adecuados este fragmento del diario de un joven.

Mis padres son unos pesados. Estoy harto de que siempre (ellos) me .... todo lo que tengo que hacer. ¡Nada de lo que hago les parece bien! Por ejemplo, a mi padre no le gusta que (yo) .... el pelo largo, ni que (yo) .... gorra dentro de casa. Y a mi madre le da miedo que (yo) .... al colegio en el skate. Prefiere que (yo) .... en autobús, claro.

Esta tarde he estado estudiando en casa de Vanesa. Vanesa es genial, me encanta ir a su casa porque allí podemos pasar la tarde oyendo música tranquilamente, estudiando un poco o charlando. A su padres no les molesta que (yo) .... la tarde en su casa, y creo que les gusta que Vanesa y yo .... amigos. ¡Son mucho más modernos que mis padres! Además, son muy interesantes. El padre de Vanesa trabaja en la tele; me encanta hablar con él, porque siempre me cuenta cotilleos de personas famosas que conoce. Su madre es fotógrafa y, de vez en cuando, nos hace fotos a Vanesa y a mí. A mí me da un poco de vergüenza que nos .... fotos, pero, por otro lado, está muy bien, porque las fotos que hace son superguays...

MÁS EJERCICIOS

8. Relaciona cada principio de frase con su correspondiente final.

1

1. A mi prima Marta
2. La gente hipócrita
3. A los padres de mi novio

a. no los soporto.
b. no me gusta.
c. no la aguanto.

2

1. A las dos nos fascinan
2. A las dos nos encanta
3. Las dos estamos hartas

a. los mismos grupos de música.
b. de tener que llegar a casa a las 10.
c. comprar ropa.

3

1. A Pati le da rabia que
2. A Pati le gustan
3. Pati no aguanta

a. los chicos altos y fuertes.
b. su novio sea amigo de su ex novia.
c. a la ex novia de su novio.

9. Completa estos diálogos con las siguientes expresiones.

pero si | yo no diría eso | lo que pasa es que | pero qué dices | pues | callada

1. • Javi, ¡ayer por la noche te dejaste la ropa en la lavadora y ahora está húmeda y huele mal!
   ○ ¡.......................! ¡Si la lavadora no la puse yo!
2. • Estás muy callada hoy, ¿no?
   ○ ¿.......................? ¡Pero si no paro de hablar!
3. • Nunca vamos al cine, ni al teatro...
   ○ ¡............................ me dijiste que no querías salir tanto!
4. • El novio de Ruth es un poco antipático, ¿no?
   ○ Mujer, ... es un poco tímido.
5. • Estoy harta de que me critiques continuamente
   ○ ¿Ah, sí? .... yo estoy harto de muchas cosas, también.

10. Pili, Mili y Loli son trillizas pero, en lo que se refiere a las relaciones con sus novios, son muy diferentes. Completa las frases e intenta formular una más para cada una.

Pili es tradicional y muy romántica.

- Le gusta que su novio ....
- Le encantan ....
- Le hace mucha ilusión ....
- ....

Mili es muy abierta y moderna.

- No le importa que su novio ....
- No le gustan demasiado ....
- Le hace gracia ....
- ....

Loli es intolerante y egoísta.

- No soporta que su novio ....
- Le horroriza ....
- No le hace ninguna gracia ....
- ....

11. Vuelve a escuchar la conversación que tienen Ana y Carlos con un amigo y completa las frases.

104 - 105

1

a. Lo que más le gusta a Carlos de Ana como persona es que es muy .... y ....

b. A Carlos no le gustan nada las mujeres que quieren que ....

c. Carlos cree que lo mejor de su vida en común es que ....

d. Carlos dice que a Ana no le importa que él ....

e. Lo que no le gusta tanto a Carlos de su vida en común es que ....

2

a. Lo que a Ana le gusta más de Carlos es que es una persona ....

b. A Ana le encanta que Carlos ....

c. A Ana le da pena que Carlos ....

d. Lo que no le gusta a Ana de su vida en común es que ....

12. Escribe una lista con los factores que consideras más importantes para que una relación de pareja funcione.

1. ....
2. ....
3. ....
4. ....
5. ....
6. ....
7. ....
8. ....

13. Seguro que en tu vida hay muchas cosas positivas. Escríbelas en tu cuaderno.

RELACIONADO CON LA CASA
Una cosa positiva:
- de la(s) persona(s) con la(s) que vivo
- de la casa en sí

....
....

RELACIONADO CON MI CALLE, CON MI BARRIO O CON MI CUIDAD
Un aspecto positivo:
- del lugar en el que vivo
- de mis vecinos

....
....

RELACIONADO CON EL TRABAJO O CON LA ESCUELA
Una cosa positiva:
- de la(s) persona(s) con la(s) que trabajo o estudio
- del mismo trabajo o de los estudios

....
....

RELACIONADO CON LA POLÍTICA O CON LA SOCIEDAD
Una cosa positiva de mi país

....

14. Samuel y Sara están casados. Completa las frases de manera lógica con algunos de los problemas que tienen.

1. La madre de Samuel aparece muchas veces en su casa sin avisar aunque ....
2. Samuel no sabe cocinar y no le hace nunca la cena a Sara; por eso ....
3. Sara solo tiene dos semanas de vacaciones al año, así que ....
4. Samuel está en el paro desde hace ocho meses; por eso ....

15. ¿A cuál de los siguientes ámbitos pertenece cada uno de los problemas anteriores? Anótalo.

el trabajo	☐	las tareas de casa	☐
la familia	☐	el tiempo libre	☐

SONIDOS Y LETRAS

106

16. Escucha estas seis conversaciones y marca la opción correcta.

	EXPRESA RECHAZO	NO HA OÍDO O ENTENDIDO BIEN
1. ¿Qué?		
2. ¿Qué?		
3. ¿Cómo?		
4. ¿Cómo?		
5. ¿Qué dices?		
6. ¿Qué dices?		

107

17. Ahora escucha las conversaciones completas y comprueba.

LÉXICO

18. Marca en cada caso si los siguientes verbos expresan un sentimiento positivo o negativo.

	+	–
1. horrorizar		
2. fascinar		
3. apasionar		
4. irritar		
5. entusiasmar		
6. molestar		
7. dar vergüenza		
8. encantar		
9. poner de mal humor		
10. hacer ilusión		
11. dar rabia		
12. dar miedo		

19. Escribe qué situaciones te provocan los sentimientos de la actividad anterior.

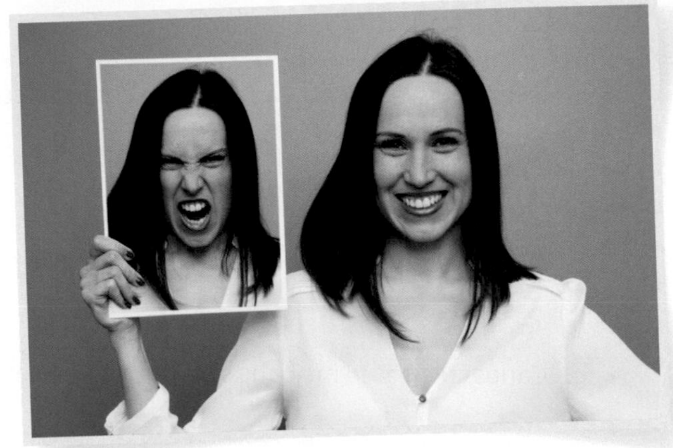

– *Me horroriza que...* ....

....

20. ¿Conoces a personas con estas características? Piensa en cinco personas y escribe cómo son y por qué son así.

detallista | maniático/-a | celoso/-a | moderno/-a | tradicional | romántico/-a | tolerante | intolerante | posesivo/-a | independiente | dependiente | fuerte | abierto/-a | ordenado/-a | metódico/-a | desordenado/-a | divertido/-a

Un amigo mío, Connor, es muy posesivo, porque no soporta que su novia salga con amigos chicos.

1. ....

....

2. ....

....

3. ....

....

4. ....

....

5. ....

....

21. ¿Cómo traducirías a tu lengua los adjetivos que has usado en la actividad anterior? Escríbelo.

22. De las siguientes tareas de la casa, ¿cuáles haces tú? Márcalo. Luego, da más detalles en tu cuaderno sobre lo que haces y lo que no.

- hacer la compra ☐
- poner la lavadora ☐
- barrer ☐
- bajar la basura ☐
- regar las plantas ☐
- limpiar los cristales ☐
- preparar la comida ☐
- quitar el polvo ☐
- limpiar el cuarto de baño ☐
- hacer la cama ☐

23. Mi vocabulario. Anota las palabras de la unidad que quieres recordar.

DE DISEÑO

1. ¿Qué te parecen estos diseños? Escribe tus comentarios en tu cuaderno.

Mercado de Santa Caterina, Barcelona.
Diseño de Enric Miralles, Benedetta Tagliabue y Toni Comella.

....

....

Hotel Silken Puerta de América, Madrid.
Diseño de Javier Mariscal.

....

....

Zapatería Camper, Tokio.
Diseño de Jaime Hayón.

....

....

108 - 113

2. Escucha estos fragmentos de las conversaciones de la actividad 3 (página 121) y completa con las expresiones que faltan. Luego, clasifícalas en tu cuaderno según si valoran positiva o negativamente.

1
- ¿Y qué tal funciona?
- Bueno, (1) .... O sea, además, es que (2) ...., porque te hace masajes en los pies, en las piernas, sobre todo en el cuello, que yo tengo muchísimas molestias... Bueno, para cualquier parte del cuerpo... Es increíble.
- ¿Y es fácil de usar?
- Sí, sí, (3) .... Se enchufa en la corriente y ya está.

2
- ¿Qué le parece?
- (1) ...., pero creo que con este vestido (2) ....

3
- ¡Mira lo que nos ha regalado mi suegra!
- ¡Uf! ¡(1) ....!, ¿no?
- (2) .... Además, no sabemos ni para qué sirve.

4
- Pues (1) .... Sirve para un montón de cosas: para amasar, para picar, para batir claras de huevo... (2) ....
- Y, además, no ocupa mucho espacio, ¿no?
- ¡No, qué va! (3) .... Y (4) ...., de verdad. Ayer hice una torta riquísima.

5
- (1) ...., ¿no? Así puedes guardar las mantas y la ropa de invierno...
- Sí, (2) .... Caben un montón de cosas. Además, como mi dormitorio no es demasiado grande... Y mira qué fácil se abre: se levanta por aquí y ya está.
- ¡(3) ....!

6
- Pues (1) .... Además, no tienes que poner casi aceite. Solo pones un poco de agua, las verduras o la carne o el pescado, o lo que quieras, y en unos minutos ya está: tienes una comida riquísima y muy muy sana.

3. Completa las siguientes descripciones.

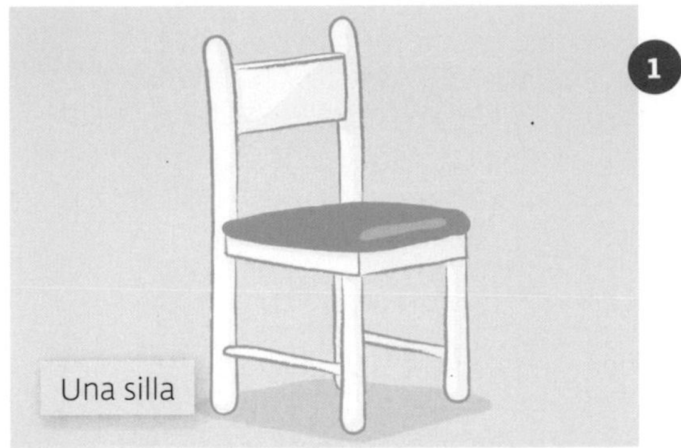

Es un mueble en ....

....

....

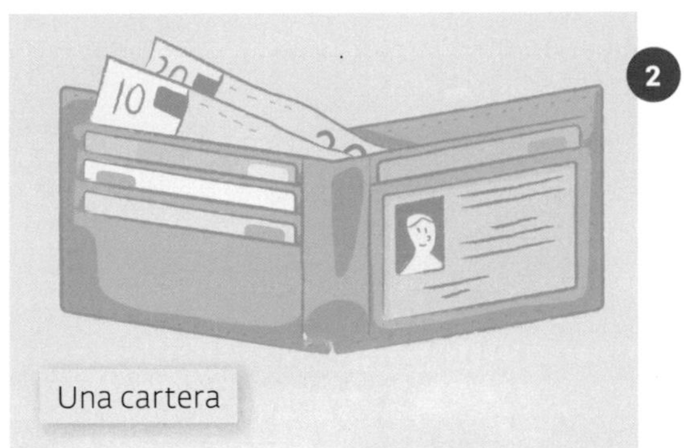

Es una cosa en ....

....

.... normalmente el dinero y las tarjetas de crédito.

Es un establecimiento donde ....

....

....

Es un líquido con ....

....

....

Es un utensilio con ....

....

....

4. ¿Cuáles de estos comentarios te parecen positivos (+)? ¿Cuáles negativos (-)? Márcalo.

	+	–
1. Los encuentro un poco caros.		
2. Me parece horroroso.		
3. Pues a mí no me desagrada.		
4. Esas son un poco llamativas, ¿no?		
5. No sé si voy a comprármela.		
6. La encuentro espantosa.		
7. No es excesivamente barato.		
8. Este me va genial.		

5. Relaciona los elementos de las columnas para obtener definiciones. En algunos casos, hay varias posibilidades.

un abrigo		un mueble			iluminas cuando no hay luz.
una linterna		una etapa			descansas o puedes echar la siesta.
un sofá		un objeto	con		todo el mundo pasa.
un sacacorchos		un documento	de		puedes cortar un cable.
una tenaza	es	un lugar	a	el que	te proteges del frío.
un pasaporte		una prenda de vestir	por	la que	todo el mundo habla.
una biblioteca		una tienda	en		puedes viajar por otros países.
una droguería		un tema			vas a leer o a estudiar.
el tiempo		un utensilio			puedes comprar productos de limpieza.
la adolescencia		una herramienta			abres una botella.

6. Completa estas frases conjugando los verbos que están entre paréntesis en presente de indicativo o en presente de subjuntivo según corresponda.

1. He conocido a una chica que (llamarse) .... Alba.
2. Quiero un coche que no (costar) .... más de 12 000 euros.
3. Quiero llevar a María José a un restaurante que (tener) .... una terraza con vistas al mar. ¿Conoces alguno?
4. ¿Sabes dónde están los zapatos que (ponerse, yo) .... normalmente con el vestido rojo?
5. No encuentro ningún trabajo que (gustar, a mí) .... realmente.
6. ¿Sabes ese bar que (estar) .... en la esquina de tu casa? Pues allí nos encontramos ayer a Luisa.
7. ¿Conoces a algún arquitecto que (tener) .... experiencia en locales comerciales? Es que necesito encontrar uno urgentemente.

7. Imagínate que te encuentras en las siguientes situaciones. ¿Qué dices?

1. Quieres comprar unos pantalones vaqueros azules de 40 euros. Estuviste ayer en la tienda y te los probaste, pero no los compraste. ¿Qué le dices a la dependienta?

Busco unos pantalones vaqueros que ....

....

2. Quieres comprar una chaqueta de piel marrón. No te quieres gastar más de 100 euros. Entras a una tienda y le preguntas al dependiente si tiene algo así. ¿Cómo lo dices?

Estoy buscando una chaqueta que ....

....

3. Ayer, en un bar, conociste a Julia, una chica muy simpática que trabaja en el Hospital del Mar. Hoy se lo cuentas a un amigo. ¿Qué le dices?

Ayer conocí a una chica que ....

....

4. Quieres comprarte un champú biológico. Tienes el pelo muy graso y con tendencia a tener caspa. En muchas farmacias no tienen lo que buscas, así que has ido a una tienda de productos ecológicos. ¿Cómo explicas lo que quieres?

Busco un champú que ....

....

5. Eres celíaco y no puedes comer gluten. Una vez compraste un pan sin gluten en una panadería y te gustó mucho. Vuelves a la panadería para comprarlo. ¿Qué le dices al panadero?

Estoy buscando un pan que ....

....

8. Describe en tu cuaderno las siguientes cosas. Intenta usar las expresiones que aparecen al lado de las fotos.

1
Es...
Sirve para...
Funciona con...
Consume...
Ocupa...
Cabe en...
Va muy bien para...

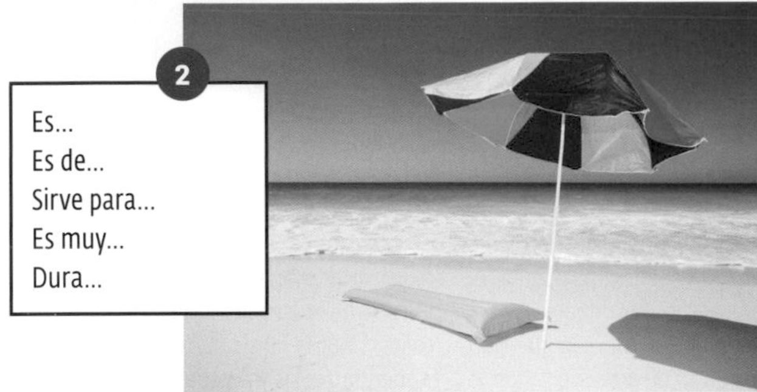

2
Es...
Es de...
Sirve para...
Es muy...
Dura...

3
Es...
Es de...
Sirve para...
Es muy...
Ocupa...
Cabe en...
Dura...

4
Es...
Sirve para...
Funciona con...
Consume...
Ocupa...
Cabe en...
Va muy bien para...

5
Es...
Es de...
Lo usas cuando...
Se guarda en...

9. Relaciona estas cosas con su texto correspondiente.

gafas de sol | minifalda | cremallera | corbata

1 .... En julio de 1964, la diseñadora inglesa Mary Quant revolucionó el mundo de la moda con su nueva colección de verano, en la que mostró por primera vez esta prenda de vestir para la mujer. Esta falda corta, que medía entre 35 y 45 cm y que dejaba al descubierto la mayor parte de las piernas, tuvo y continúa teniendo un gran éxito.

2 .... El estadounidense Whitcomb L. Judson patentó en 1893 un sistema de cierre consistente en una serie de ojales y ganchos. En 1913, el sueco Sundback perfeccionó la idea de Judson y creó un cierre sin ganchos, con dientes metálicos que se encajaban los unos con los otros. Este cierre se utilizó primero en monederos y, en 1917, la Marina estadounidense lo utilizó en sus chaquetas oficiales. En España se llamó "cierre relámpago". Schiaparelli, en 1932, fue el primer diseñador que lo utilizó en sus modelos.

3 .... En el siglo XVII, en tiempos del rey Luis XIV, llegó a Francia un regimiento de caballería proveniente de Croacia. Los croatas, llamados por los franceses "cravates", tenían por costumbre usar una larga pieza de paño que sujetaban en el cuello para protegerse del frío. A los franceses les encantó la idea. Con el tiempo, este uso pasó a Italia y, después, a otros países de Europa.

4 .... Las primeras datan de 1885 y estaban hechas con un vidrio ligeramente coloreado. En la década de 1930 se convirtieron en un accesorio de moda cuando las popularizaron las estrellas de cine. En los años 50, aparecieron modelos extravagantes, una tendencia que siguió hasta bien entrados los años 60. En los 70, triunfaron los modelos más sobrios y, en los 80, se pusieron de moda las negras. Actualmente, hay una enorme variedad de estilos.

10. Ahora, en tu cuaderno, escribe un texto similar sobre otro objeto o prenda de vestir.

11. Lee el siguiente texto sobre Gaudí. ¿Qué características de su obra ves en las imágenes? Escríbelo en tu cuaderno.

GAUDÍ, EL ARQUITECTO DE LA NATURALEZA

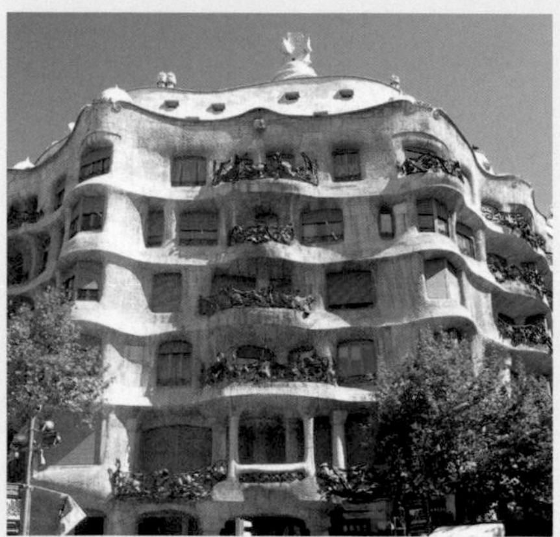

Antoni Gaudí i Cornet (1852-1926) fue un artista total: arquitecto innovador, escultor, interiorista, ceramista, forjador... Empleó y combinó todo tipo de materiales: piedra, hierro, cerámica, yeso, cristal, madera y pintura. Sus principales fuentes de inspiración fueron el paisaje, la vegetación y la fauna de su Mediterráneo natal. De hecho, en la obra de madurez de Gaudí se produce una identificación entre arquitectura y naturaleza conocida como *arquitectura orgánica*. Gaudí combinaba sabiamente su dominio de la geometría y los cálculos matemáticos con métodos intuitivos que aplicó a su arquitectura, con lo que obtuvo formas equilibradas muy parecidas a las que se encuentran en la naturaleza.

«Ese árbol que crece ahí fuera, ese es mi mejor libro de arquitectura»

Su universo decorativo es riquísimo y complejo, repleto de símbolos en cada detalle. Para decorar sus edificios Gaudí exploró todas las técnicas tradicionales: los trabajos de forja, el uso del ladrillo, la cerámica, la ebanistería... Es el original uso de esas técnicas lo que da a sus obras su especial dimensión plástica. El lenguaje gaudiniano está lleno de color, texturas, formas ondulantes y constantes referencias al mundo vegetal y animal.

«El color es la señal de la vida»

EL MOSAICO

Aunque el mosaico está presente en Cataluña desde el siglo I d.C., el *trencadís* es una técnica nueva que no se utilizó hasta el Modernismo y que fue impulsada como método decorativo por Gaudí y sus discípulos. En esta técnica, los fragmentos que forman el mosaico suelen ser de cerámica, lo que permite realizar magníficas obras de arte con restos de baldosas rotas. El *trencadís* tiene la ventaja de ofrecer un diseño muy espontáneo. Se utiliza para la decoración de superficies verticales exteriores, en las que se obtienen ricos efectos decorativos.

GAUDÍ DISEÑADOR

Gaudí diseñó también el mobiliario para los edificios que le encargaron. Cada mueble es una auténtica pieza de arte y tiene personalidad propia, pero se combina y se integra tanto en el conjunto del mobiliario como en el espacio al que va destinado. El artista catalán estudió detalladamente el cuerpo humano para poder adaptar muchos de sus muebles a la anatomía humana.

Gaudí diseñó una estructura única en su género: un banco de dos plazas no alineadas. Aquí, el espacio de cada persona está delimitado por un apoyabrazos central que actúa de divisor. Además, los asientos están opuestos. Estamos ante una muestra del gusto de Gaudí por los símbolos: en la realidad íntima humana, las personas a menudo se encuentran solas y aisladas aunque compartan un mismo espacio.

SONIDOS Y LETRAS

12. Completa estas frases con **que** o **qué**.

1. ¿.......... es esto?
2. ¡.......... horror! ¡Es feísimo!
3. Quiero un gorro .... cueste menos de 20 euros.
4. ¡.......... maravilla de hotel!
5. Es un restaurante en el .... solo hacen tacos.
6. ¡.......... vestido tan bonito!
7. Yo creo .... con ese traje está guapísimo.

114

13. Subraya la sílaba tónica de estas palabras. Léelas poniendo énfasis en la sílaba tónica. Luego escucha y comprueba.

1. caro – carísimo
2. raro – rarísimo
3. feo – feísimo
4. rico – riquísimo
5. largo – larguísimo
6. cómodo – comodísimo

LÉXICO

14. Escribe tres nombres de...

1. aparatos eléctricos: ....

2. prendas de vestir: ....

3. muebles: ....

4. utensilios de cocina: ....

5. recipientes: ....

6. objetos de decoración: ....

7. establecimientos comerciales: ....

8. instrumentos musicales: ....

15. Fíjate en el ejemplo y transforma estas frases intensificando de otra manera el valor del adjetivo.

1. Es un vestido **muy feo**.
....
2. Ayer en una tienda vi unos zapatos **supercaros**.
....
3. Tengo un aparato que hace unos zumos **muy buenos**.
....
4. El otro día me compré un sofá **muy cómodo**.
....
5. Me encanta. Es **muy moderno**.
....
6. Este horno tiene muchas funciones, es **muy práctico**.
....

16. Tacha el adjetivo que no se puede combinar con el nombre.

1. Un vestido **favorecedor** / **extravagante** / **fácil de usar** / **precioso**
2. Un hotel **sofisticado** / **feo** / **clásico** / **favorecedor**
3. Una camiseta **moderna** / **portátil** / **alegre** / **reversible**
4. Una situación **colorida** / **especial** / **delicada** / **cómoda**

17. Piensa en objetos que tienes con estas características. Escríbelos en tu cuaderno.

muy práctico | elegante | llamativo | clásico | original

18. Fíjate en estas frases y tradúcelas a tu lengua. ¿Entiendes cuándo decimos **sirve para** y **sirve de**?

- Es un aparato que **sirve para** cocinar al vapor todo tipo de alimentos.
- Es un sillón que **sirve de** maceta y de vivienda para los animales.

19. Mi vocabulario. Anota las palabras de la unidad que quieres recordar.

UN MUNDO MEJOR

1. ¿Qué te parecen estas iniciativas para cuidar el medio ambiente?

Alquilar bicicletas y usar bicicletas eléctricas

Muchas ciudades están implantando un servicio de alquiler de bicicletas públicas. Además, comienza a extenderse el uso de la bicicleta eléctrica como alternativa más cómoda y atractiva a la bicicleta convencional.

....

....

....

....

....

....

....

....

....

2. Busca en internet alguna iniciativa interesante para cuidar el medio ambiente. Prepara una presentación y di qué te parece.

3. Vuelve a escuchar la conversación de la actividad 3 (página 133) y completa las frases.

115

1
- • ¿Qué es un despertador solar?
- ○ Pues un despertador que funciona con energía solar.
- • Ah, es buena idea, ...
- ○ Pues a mí no me parece muy fiable, la verdad. Si no le da el sol no funciona, ¿no? Yo prefiero seguir usando el móvil.
- • Pues no ...., ¿eh? No es bueno tener el móvil cerca de ti por la noche.

2
- • ¿Y esto de los zumos lo haces?
- ○ No, yo los compro en tetrabriks pequeños. Me parecen muy prácticos. Me tomo uno cada mañana.
- • Pues yo también lo hago así, igual ....
....

3
- • Me ....,
pero vivo en la montaña e ir en bici cuesta arriba es duro, ¿eh?
- ○ Ya, es verdad... Yo es que vivo en la parte llana de la ciudad y es más fácil. No me canso nada.
- • En cambio lo de compartir el coche con otra gente que va al mismo lugar que tú ....
- ○ ¿Ah, sí? Yo creo que no. No me gusta mucho la idea de ir con desconocidos.

4
- • ¿Tú sabías esto de que las plantas eliminan los contaminantes del aire?
- ○ No, pero a mí me encantan las plantas, tengo una en mi oficina.
- • Pues yo no. ...., ¿no?

5
- • La verdad es que a veces necesito lavar algo y pongo una lavadora con la ropa que tengo.
- ○ Ah, yo eso no lo hago nunca. Siempre espero a tener mucha ropa sucia antes de poner una lavadora. Si no, me parece un gasto de agua y de electricidad inútil.
- • Sí, yo sé que ...., pero...

4. Lee esta entrevista y contesta las preguntas en tu cuaderno.

«La gente sigue tratando mal a los animales»

Raúl Santos es el presidente de APDA, una asociación para la defensa de los animales. Acaba de publicar un libro titulado *Atacados e indefensos*.

¿En España todavía se maltrata a los animales?
Creo que hemos mejorado mucho en los últimos años, pero todavía hay mucha gente que se comporta de forma cruel con los animales.

Tu asociación denuncia cientos de casos cada año.
Sí, y nos parece vergonzoso que, a estas alturas, algunas personas traten a los animales así, pero ocurre. Cada año denunciamos aproximadamente 500 casos de familias que abandonan a su perro o a su gato. Es inconcebible que hagan eso con animales indefensos. Deberíamos tener leyes más duras para todas las personas que cometen esos crímenes.

¿Cuál es la postura de tu asociación respecto a las corridas de toros?
Las hemos denunciado muchas veces y todos los años organizamos manifestaciones delante de las plazas de toros. Es lamentable que en el siglo XXI todavía exista esta demostración de crueldad y creemos que debería aprobarse de inmediato una ley para prohibir las corridas en todas partes de España.

Pero hay algunos datos positivos, ¿no crees? Últimamente se han prohibido varias fiestas populares en las que se maltrataba a animales.
Es verdad que la situación actual es mucho mejor que la de hace dos años. Es lógico también que las leyes cambien y que se prohíban costumbres primitivas. Es más, pensamos que habría que prohibirlas todas ya. Nuestra postura es clara: pedimos que la sociedad y las leyes respeten a los animales.

1. ¿Qué piensa el entrevistado sobre el maltrato de animales? ¿Estás de acuerdo con su opinión?
2. ¿Qué casos de maltrato menciona?
3. ¿Qué soluciones propone?
4. ¿Estás de acuerdo con esas soluciones? ¿Se te ocurren otras?
5. ¿Crees que en tu país se dan casos de maltrato contra los animales? ¿Cuáles?

5. Piensa en tu ciudad o en tu país y completa estas frases.

1. Me parece horrible que ....
2. Es injusto que ....
3. No es lógico que ....
4. Es necesario que ....
5. Me parece una vergüenza que ....

6. Escribe en tu cuaderno qué piensas sobre estos temas.

1. Sobre las centrales nucleares
2. Sobre el cambio climático
3. Sobre los coches en la ciudad
4. Sobre los alimentos transgénicos
5. Sobre la experimentación médica con animales

116

7. Vas a escuchar a personas hablando de iniciativas para cuidar el medioambiente. Completa el cuadro.

	¿De qué hablan?	¿Qué les parece? ¿Y a ti?
1.		
2.		

8. Marca la opción correcta. Luego, escribe a qué crees que pueden referirse las expresiones en negrita en cada conversación.

1 ....

- ¿Qué piensas de **lo que / lo de** Mario?
- ○ Ah, uf, no sé... Él está muy contento, pero yo no lo haría nunca. Me gusta demasiado vivir en la ciudad.

2 ....

- Ya sabes **lo que / lo de** ha hecho Julia, ¿no?
- ○ Sí, está muy bien su página web. ¡Y parece que está funcionando!
- Sí, es que esto de compartir coche ahora se está empezando a hacer mucho...

3 ....

- ¿Te has enterado de **lo que / lo de** las luces?
- ○ Sí. Me han dicho que con este cambio vamos a ahorrar mucha energía.
- Sí, parece que será un gran ahorro para la empresa.

 ....

- ¡Qué fuerte **lo que / lo de** ha pasado en tu barrio!
- ○ Sí, los vecinos están hartos del ruido y de la contaminación. ¡Es que hay muchísimo tráfico durante todo el día!

9. Imagina que en tu país se han publicado estos titulares. Escribe tu opinión en tu cuaderno.

Se prohíben los exámenes en las escuelas públicas

El Gobierno elimina varios impuestos a las parejas con hijos

Se prohíbe el matrimonio a menores de 21 años

Entra el vigor la nueva ley que permite fumar en todos los lugares públicos

Me parece fantástico que el Gobierno elimine los impuestos...

10. Completa esta tabla con las formas adecuadas del condicional.

	PREPARAR	SABER	DECIR	TENER	HACER
(yo)	prepararía			tendría	
(tú)		sabrías	dirías		harías
(él/ella/ usted)	prepararía			tendría	
(nosotros/ nosotras)		sabríamos	diríamos		haríamos
(vosotros/ vosotras)	prepararíais			tendríais	
(ellos/ellas/ ustedes)		sabrían	dirían		harían

11. Relaciona estos usos del condicional con las siguientes conversaciones.

a. expresar deseos
b. opinar sobre acciones y conductas
c. evocar situaciones imaginarias
d. aconsejar, sugerir

1 ☐

- ¡Qué jardín más grande! **Podrías** plantar un huerto, ¿no?
- Sí, es una buena idea

- Es imperdonable lo de los productos transgénicos.
- Sí, la Unión Europea **debería** prohibir totalmente su venta.

- Yo nunca me **iría** a vivir a un pueblo pequeño. **Echaría** de menos la ciudad, no **sabría** qué hacer...
- Yo tampoco lo haría. Me **aburriría** un montón.

- Cada vez hay más tiendas que venden productos biológicos.
- Sí, me **encantaría** comprar siempre productos biológicos, pero es que es carísimo.

- Yo nunca **me maquillaría** con cosméticos biológicos. Dicen que producen alergias...
- ¿Ah, sí?

- Ana, **deberías** comprar siempre productos locales. Es importante que apoyemos la producción local.
- Ya...

- Me **gustaría** mucho probar eso del *couchsurfing*. Ahorras dinero en alojamiento y además conoces gente.
- Sí, a mí también, pero **preferiría** hacer lo del intercambio de casas. Tú dejas tu casa a unos turistas y te vas de vacaciones a la suya.

- Elena siempre se queja de que no tiene dinero, pero es que no para de comprar ropa.
- Sí, yo creo que **tendría** que ahorrar un poco o comprar ropa de segunda mano.

12. Marca cuáles de estas cosas haces. De las que no haces, ¿cuáles harías y cuáles no? ¿Por qué? Escríbelo en tu cuaderno.

1. producir tu propia miel ☐
2. usar un despertador solar ☐
3. compartir coche con desconocidos ☐
4. hacer compost en casa ☐
5. no tener ningún producto hecho con piel de animal ☐
6. dejar de tomar productos lácteos ☐
7. dejar de comer carne ☐
8. plantar un huerto urbano ☐
9. invitar a desconocidos a casa ☐
10. vivir en el campo, en un lugar donde no hay ondas magnéticas ☐
11. comprar alimentos a granel ☐
12. no usar nunca bolsas de plástico ☐
13. hacerte tu propio champú con productos naturales ☐
14. reutilizar las botellas ☐

A mí me gustaría hacer mi propia miel, pero lo veo muy complicado y además ¡no me gustan nada las abejas!

MÁS EJERCICIOS

SONIDOS Y LETRAS

117

13. Marca la sílaba tónica de estos verbos. Luego escucha y comprueba. Repite poniendo énfasis en la sílaba tónica.

FUTURO	CONDICIONAL
sabré	sabría
sabrás	sabrías
sabrá	sabría
sabremos	sabríamos
sabréis	sabríais
sabrán	sabrían

LÉXICO

14. Escribe los sustantivos correspondientes a cada uno de estos adjetivos.

1. adjetivo: **injusto/-a**

sustantivo: ....

2. adjetivo: **sorprendente**

sustantivo: ....

3. adjetivo: **normal**

sustantivo: ....

4. adjetivo: **importante**

sustantivo: ....

5. adjetivo: **vergonzoso/-a**

sustantivo: ....

6. adjetivo: **sostenible**

sustantivo: ....

7. adjetivo: **exigente**

sustantivo: ....

8. adjetivo: **ético/-a**

sustantivo: ....

9. adjetivo: **difícil**

sustantivo: ....

10. adjetivo: **necesario/-a**

sustantivo: ....

11. adjetivo: **lógico/-a**

sustantivo: ....

12. adjetivo: **tonto/-a**

sustantivo: ....

13. adjetivo: **absurdo/-a**

sustantivo: ....

14. adjetivo: **grave**

sustantivo: ....

15. Completa los cuadros. Puedes buscar las palabras en la unidad.

SUSTANTIVO	ADJETIVO
ecología	....
reciclaje	....
contaminación	....

SUSTANTIVO	VERBO
reciclaje	....
ahorro	....
gasto	....
consumo	....
contaminación	....
producto	....
fabricación	....

16. Escribe qué cosas podemos...

Gastar / ahorrar: ....

....

Reciclar: ....

....

Plantar: ....

....

Compartir: ....

....

Proteger / cuidar: ....

....

Contaminar: ....

....

17. Completa las frases con las siguientes palabras.

1 reciclable | reciclado

a. En un pueblo de Jaén han hecho decoraciones navideñas solo con material .... Por ejemplo, no han usado lámparas ni espejos, que no se pueden reciclar.
b. Yo siempre compro papel .... No tiene un color tan blanco, pero para escribir me sirve...

2 contaminado | contaminante

a. Mi novio nunca usa papel de aluminio. Dice que es un material muy .... y que puede provocar enfermedades graves si entra en contacto con la comida.
b. ¿Sabías que el mar Mediterráneo está muy ....? Como es un mar muy cerrado y hay muchísimo tráfico marítimo...

3 productos | producción

a. ¿Sabes que hay .... de limpieza ecológicos? Detergente para la lavadora, lavavajillas...
b. Ha aumentado mucho la .... de soja transgénica en los últimos años.

4 alimentos | alimentación

a. Últimamente solo compro .... de producción local.
b. Es muy importante llevar una .... sana desde que somos pequeños.

5 fábrica | fabricación

a. ¿Te has enterado de que han cerrado una .... de jabón que estaba aquí al lado?
b. Debería prohibirse la .... y la venta de armas en todos los países del mundo.

18. ¿Cómo traducirías a tu lengua en cada caso las palabras de la actividad anterior? Escríbelas en tu cuaderno.

19. Completa con los adjetivos adecuados. Puedes buscarlos en la unidad.

1. **huerto que se encuentra en una ciudad**:
   huerto ....
2. **agua envasada en botellas**:
   agua ....
3. **personas que realizan su actividad en el lugar en el que viven**:
   productores ....
4. **materias que extraemos de la naturaleza para elaborar bienes de consumo**:
   materias ....
5. **despertador que funciona con la energía del sol**:
   despertador ....
6. **energía que se libera en las reacciones nucleares**:
   energía ....
7. **cuchillas de afeitar que se tiran después de varios afeitados**:
   cuchillas ....
8. **estudios que los niños y jóvenes tienen que cursar obligatoriamente**:
   escuela ....
9. **ropa que no deja pasar el agua**:
   ropa ....
10. **árboles que producen frutas**:
    árboles ....

20. Mi vocabulario. Anota las palabras de la unidad que quieres recordar.

MISTERIOS Y ENIGMAS

1. Lee este texto sobre los moáis de la Isla de Pascua y, luego, marca si las afirmaciones son verdaderas o falsas.

LOS MOÁIS

La Isla de Pascua encierra uno de los grandes misterios de la humanidad: los moáis. Se trata de gigantescas esculturas de piedra de origen volcánico con forma de cabeza y torso humanos, que pesan entre 8 y 20 toneladas. Hay unas 1 000 en toda la isla, todas diferentes, y se cree que representaban a dioses o a miembros destacados de la comunidad.

Aunque las estatuas están ubicadas cerca del mar, todas ellas miran hacia tierra. Las más impresionantes son probablemente las que están situadas en las laderas del volcán Rano Raraku. Estos moáis tienen unas características especiales. La nariz se vuelve hacia arriba y los labios, muy delgados, se proyectan hacia adelante en un gesto de burla. No tienen ojos y, en los lados de la cabeza, parecen tener unas orejas alargadas o algún tipo de prenda para la cabeza. La estatua más grande mide veintidós metros y la más pequeña, tres.

Los moáis constituyen uno de los principales legados de la cultura Rapa Nui. Sin embargo, los pascuenses, a diferencia de otras culturas antiguas, conservan pocas leyendas sobre sus orígenes, por lo que los investigadores no cuentan con la ayuda de la tradición oral para intentar resolver el misterio.

Por el momento, son muchas las preguntas que siguen sin respuesta. ¿Qué representan exactamente los moáis? ¿Cómo consiguió la civilización Rapa Nui llevar a cabo una obra semejante? ¿Qué técnicas utilizaron? ¿Cómo transportaban los inmensos bloques de piedra?

	V	F
1. Parece probable que estas figuras representen a dioses o a miembros de la comunidad.		
2. Todas las estatuas están orientadas hacia tierra.		
3. Los moáis son anteriores a la cultura Rapa Nui.		
4. Todavía quedan muchas cuestiones por aclarar acerca del misterio de los moáis.		

2. Busca en internet las principales hipótesis sobre los siguientes misterios relacionados con los moáis. Anótalas en tu cuaderno.

- ¿Qué representan exactamente los moáis?
- ¿Cómo consiguió la civilización Rapa Nui llevar a cabo una obra semejante?
- ¿Qué técnicas utilizaron?
- ¿Cómo transportaban los inmensos bloques de piedra?

3. Lee los testimonios de estas personas y contéstales, dando posibles explicaciones a sus problemas.

FORO

http://www.experiencias_paranormales.dif/foro

¿QUIÉN HA TENIDO EXPERIENCIAS PARANORMALES?

Esta mañana me he levantado perfectamente, como cualquier otro día, y he hecho mis cosas. Todo como siempre. Pero, al mediodía, he vuelto a casa del trabajo, me he empezado a sentir fatal y me han entrado unas ganas de llorar como jamás había sentido. No entiendo por qué, en el trabajo no me ha pasado nada, he llamado a mi familia y todos están bien... Solo sé que quería irme a la cama, pero no podía. Tengo mucho miedo, todavía me encuentro fatal, con esta angustia insoportable dentro de mí. ¿Qué creéis que me pasa? Espero vuestras respuestas, a ver si me puedo ir a dormir más tranquila.

Carla (Valencia)

Desde hace unas semanas tengo una sensación extrañísima, la de encontrarme en un lugar fuera del mío. Miro a mi alrededor y, a veces, tengo visiones de ese lugar, completamente diferente al lugar donde de verdad me encuentro: hay mucha vegetación y ruinas. No sé, me pasan algunas cosas más, pero son demasiado incomprensibles. ¿Alguien me puede ayudar?

Fernando (Mallorca)

Hace unos meses empecé a practicar yoga y a probar técnicas de meditación. Un día, mi concentración me llevó al recuerdo de una chica que había visto ese día y, de repente, sentí que estaba dentro de ella. Fue una sensación rápida, pero intensa. No le di importancia; pensé que seguramente me lo había imaginado. Sin embargo, al día siguiente noté que la chica estaba dentro de mí. Fue curioso, porque en esos momentos no estaba meditando. Desde entonces, al menos una vez a la semana tengo la misma sensación, siempre en momentos en los que estoy solo y relajado. ¿A alguien le ha pasado algo parecido? ¿A qué pensáis que se debe eso?

Julián (Cáceres)

4. Completa las frases con los elementos de la lista. Justifícalo.

- leer el pensamiento
- adivinar el futuro
- recordar vidas anteriores
- ver un fantasma
- ser inmortal
- tener sueños que se cumplen
- viajar en el tiempo
- hacer magia
- ver un ovni
- leer las manos
- ser invisible
- ser abducido/-a por un extraterrestre

1. Me gustaría ....

....

2. Me daría mucho miedo ....

....

3. Sería interesante ....

....

5. Ahora, escoge uno de los elementos de la lista de la actividad anterior y escribe lo que piensas: si crees que es posible, si tiene una explicación racional, etc.

6. Responde a estas preguntas usando **no creo** o **no me lo creo**.

1
- ¿Sabes que ya ha llegado Juan?
- ....

2
- ¿Sabes si ya ha llegado Juan?
- ....

3
- ¿Sabes si Mario se ha casado?
- ....

4
- ¿Sabes que Mario se ha casado?
- ....

5
- ¿Sabes que ya han publicado mi artículo en el periódico?
- ....

6
- ¿Sabes si ya han publicado mi artículo en el periódico?
- ....

7. Completa estos diálogos con los verbos en indicativo o en subjuntivo.

1
- ¿Y qué significa soñar con famosos?
- Bueno, normalmente suele ser algo positivo. Una persona que ha tenido un sueño de este tipo es probable que (recibir, ella) .... pronto una oferta de trabajo interesante o un aumento de sueldo o que (conocer, ella) .... a alguien especial. Lo más seguro es que esa persona (experimentar, ella) .... cambios positivos, del tipo que sean, y que (empezar) .... a cumplirse sus sueños.

2
- Cuando soñamos algo así, es muy probable que (tener, nosotros) .... miedo de algo que tenemos que afrontar. Quizás (haber) .... obstáculos que impiden que siga su camino y debe vencerlos. O a lo mejor (estar, él) .... intentando evitar a alguien. También puede que (significar) .... que no quiere aceptar algo nuevo en su vida. O que no quiere aceptar una idea o un punto de vista.
- Em... Es decir, que esa persona tiene mucho trabajo que hacer.
- Sí. Normalmente, si soñamos que lo que nos persigue consigue atraparnos, lo más seguro es que todavía (quedar) .... mucho por hacer. Si no nos atrapan, lo más seguro es que ya (estar, nosotros) .... a punto de vencer los obstáculos.

3
- El tercer caso es para los que sueñan que se pierden.
- Sí, este es también un sueño muy recurrente. Y es fácil de interpretar. El que sueña que se pierde se siente perdido en su vida, no sabe qué camino elegir o está preocupado porque no sabe si una decisión que ha tomado es correcta o no. A lo mejor (encontrarse, él) .... en un momento de cambio y (tener, él) .... que acostumbrarse a nuevos lugares, nuevos hábitos y nuevas personas.

118 - 120 **8.** Ahora escucha lo que dice el experto en interpretación de los sueños (página 150) y comprueba tus respuestas de la actividad anterior.

9. Busca en internet información sobre el significado de estos sueños y prepara una presentación.

- Soñar que volamos
- Soñar que nos caemos
- Soñar que estamos en una casa

121 - 123 **10.** Tres personas llaman a un programa de radio y cuentan un problema que tienen. Escucha y completa el cuadro.

	¿QUÉ PROBLEMA TIENEN?	¿QUÉ EXPLICACIÓN DA EL EXPERTO?
1.		
2.		
3.		

11. Completa estos diálogos conjugando en el tiempo verbal adecuado los verbos que están entre paréntesis.

1. • ¿Dónde está Pedro?
   ○ No sé. (estar estudiando) .... en la biblioteca... Es que tiene los exámenes finales dentro de una semana.

2. • ¿Y tu hermano? Hace rato que ha salido de casa y todavía no ha vuelto.
   ○ No sé, (estar) .... en el supermercado. Siempre se pasa mucho tiempo ahí.

3. • María lleva todo el mes insistiendo en invitarme a cenar. No sé qué quiere. Estoy un poco preocupada.
   ○ No (ser) .... nada, mujer. (querer) .... charlar un rato contigo y ya está.

4. • La semana pasada Raúl no vino a clase, ¿no? ¿Sabes qué le pasó?
   ○ (estar) .... con la mudanza. Sé que tenía que cambiarse de piso. Seguramente mañana vendrá.

5. • ¿Qué hace Luis hablando con María? ¿(querer) .... contarle algo malo de nosotros?
   ○ No, mujer, (estar hablando) .... de sus cosas, ¿no ves que son amigos?

6. • Victoria estaba rarísima ayer, ¿no? Normalmente habla mucho y hace bromas y ayer no abrió la boca.
   ○ Sí es verdad. (estar preocupada) .... por algo, ¿no?
   • O triste...

7. • ¿Has visto mis llaves? Llevo media hora buscándolas.
   ○ Las (tener) .... en algún bolsillo, como siempre.

8. • Ayer vi a Sara por la calle, pero pasó de largo y no me saludó. ¡Qué antipática, la tía!
   ○ No, hombre, no, Sara no es así. Hace mucho que no os veis, ¿no? Pues no (reconocerte) .... y por eso no te saludó.

12. Lee estos diálogos y marca para qué se usa el futuro simple en cada caso.

a. para hacer hipótesis sobre el presente
b. para referirse al futuro o hacer predicciones sobre el futuro

1. • No puedo dejar de pensar en él. ¿Me **estaré** volviendo loca? ☐
   ○ No, mujer, pero no te obsesiones...

2. • ¡Qué bien vestido viene Juan! ¿**Vendrá** del trabajo? ☐
   ○ Seguramente. Como trabaja en un banco tiene que ir con traje...

3. • ¿Tú crees que **existirán** algún día los medicamentos contra sentimientos como el miedo o los celos? ☐
   ○ Seguro, ya existen medicamentos parecidos.

4. • ¿Va a venir Juan a la fiesta? ☐
   ○ Sí, pero **llegará** un poco más tarde.

5. • Raquel no me contesta mis mails. ¿Tú crees que **estará** enfadada por algo? ☐
   ○ No, hombre, no. No **podrá** conectarse a internet... Cuando viajas no es fácil.

6. • ¿**Iréis** al Cañón del Colorado? ☐
   ○ Sí, claro, y también **pasaremos** por Las Vegas.

13. María está preocupada porque su novio no ha llegado a casa. Escribe las diferentes hipótesis que baraja María usando el futuro simple o las estructuras del cuadro.

Puede que...	A lo mejor...
Seguramente...	Quizás...
Posiblemente...	Lo más seguro es que...

1. ....

....

2. ....

....

3. ....

....

4. ....

....

5. ....

....

SONIDOS Y LETRAS

14. Fíjate en el uso de las comas en estas frases. Relaciona cada frase con un uso.

◯ Fenómenos paranormales: premoniciones, telepatía y sueños que se hacen realidad.

◯ En la región de Nazca, al sureste del Perú, existen unas espectaculares y misteriosas líneas trazadas en el suelo.

◯ Hay un pájaro de 300 metros de largo, un lagarto de 180, un pelícano, un cóndor y un mono de más de 100 metros.

◯ Luis, lo que dices lo leí hace poco en un artículo.

◯ Paul Kosok, el primero en realizar una observación aérea, dijo que se trataba de caminos o rutas para procesiones rituales.

◯ No creo que sea una teoría científica, pero probablemente sirva para aprender a ser más optimistas y a tener confianza en nosotros mismos.

◯ La Frida de la izquierda lleva un traje europeo y la de la derecha, uno tradicional.

1. antes de determinados conectores (como **pero**, **aunque**, **así que**, **de modo que**, etc.)
2. para separar elementos de una enumeración
3. para separar sustantivos que sirven para llamar o nombrar al interlocutor
4. al principio y al final de expresiones que intercalamos en una frase para dar más información
5. para separar el sujeto de los complementos cuando no aparece el verbo

15. Pon comas en estas frases.

1. Pasa Pablo.
2. Ayer vi a Javi el novio de Yolanda en un bar.
3. Este año Luis va de vacaciones a Cuba. Yo a Tailandia.
4. Mi marido es astrólogo así que estoy familiarizada con esto de los horóscopos.
5. Ayer soñé que vivía en una casa de lujo. Tenía una piscina diez habitaciones un jardín enorme un baño con jacuzzi...

LÉXICO

16. ¿Cómo son estas personas? Completa con los verbos adecuados.

JON

es | ve | se deja llevar por

1. .... el optimismo.
2. .... confiado.
3. .... el lado positivo de las cosas.
4. .... el futuro con optimismo.
5. No .... desconfiado.
6. .... la buena fe.

CÉSAR

se muestra | está | tiene

1. No .... confianza en sí mismo.
2. No .... ganas de hacer nada.
3. .... pensamientos negativos.
4. .... enfadado.
5. .... asustado porque no ve claro su futuro.
6. .... amable solo con quien le interesa.

17. ¿**Sentir** o **sentirse**? Marca la opción correcta.

1

- Últimamente Diego está muy triste, ¿no?
- Sí, **siente / se siente** muy solo desde que se ha separado.

2

- ¿Por qué no viniste ayer al final?
- **Sentía / Me sentía** fatal y preferí quedarme en casa descansando.

3

- ¿Qué tal con David?
- Me encanta, **siento / me siento** que me estoy enamorando.

4

- Ayer vi a Clara. Está muy enfadada con su jefe.
- Sí, pero es normal que **sienta / se sienta** rabia, la han echado injustamente.

5

- Esta mañana he ido a correr una hora antes de venir al trabajo.
- ¿Ah, sí? ¿Y eso?
- No sé, hace tiempo que no hago deporte y **he sentido / me he sentido** la necesidad de salir a correr.

6

- ¿Qué te pasa? Estás muy rara últimamente.
- No sé... **Siento / Me siento** muy perdida, no sé qué decisiones tomar...

18. Relaciona estas experiencias con sus posibles explicaciones.

1. tener pesadillas
2. tener visiones
3. tener una premonición
4. tener telepatía
5. tener un sexto sentido

a. Tener la capacidad de intuir cosas. ☐
b. Soñar cosas que causan sufrimiento. ☐
c. Pensar lo mismo o tener las mismas sensaciones que otra persona con la que no hay ningún tipo de comunicación física. ☐
d. Ver cosas que no existen en la realidad. ☐
e. Creer que algo concreto va a ocurrir. ☐

19. Mi vocabulario. Anota las palabras de la unidad que quieres recordar.

MÁS GRAMÁTICA

Cuando, al realizar una actividad, tengas una duda o quieras entender mejor una regla gramatical, puedes consultar este resumen. Como verás, los contenidos no están ordenados por lecciones sino en torno a las categorías gramaticales.

Además de leer atentamente las explicaciones, fíjate también en los ejemplos: te ayudarán a entender cómo se utilizan las formas lingüísticas en la comunicación real.

MÁS GRAMÁTICA

PRONOMBRES

▶ La forma de los pronombres personales cambia según su función en la oración.

SUJETO	CON PREPOSICIÓN	OD	OI	REFLEXIVO
yo	mí (conmigo)	me	me	me
tú	ti (contigo)	te	te	te
usted	usted	lo / la	le (se)	se
él / ella	él / ella	lo / la	le (se)	se
nosotros/-as	nosotros/-as	nos	nos	nos
vosotros/-as	vosotros/-as	os	os	os
ustedes	ustedes	los / las	les (se)	se
ellos / ellas	ellos / ellas	los / las	les (se)	se

▶ Los pronombres de sujeto se utilizan cuando queremos resaltar la persona por oposición a otras o cuando su ausencia puede llevar a confusión como, por ejemplo, en la tercera persona.

- ***Vosotras** estudiáis Biología, ¿verdad?*
- ○ ***Ella** sí, pero **yo** estoy en cuarto de Filología inglesa.*

▶ Con las preposiciones **entre**, **excepto**, **hasta**, **incluso**, **salvo** y **según** se usan los pronombres de sujeto.

- *Entonces, **según tú**, ¿la policía actuó correctamente?*
- ***Entre tú y yo**, lo que ha hecho Susana no está bien.*

▶ Cuando el complemento de objeto directo (COD) hace referencia a una persona singular de género masculino, se admite también el uso de la forma **le**.

- *A Luis **lo** / **le** veo todos los días.*

▶ La forma **lo**, además de a COD masculinos singulares, sustituye a partes enteras del texto o a predicados de los verbos **ser**, **estar** o **parecer**.

- *Administrar una casa no es tan difícil.*
- ○ *¡Sí que **lo** es!*

- *¿Está enfadada Eva?*
- ○ *No, no **lo** está, tranquilo.*

- *Emilio parece muy buena persona, de veras...*
- ○ ***Lo** parece, pero no **lo** es.*

- *Al final, ¿aprobaste los exámenes?*
- ○ *No **lo** sé. Hasta la semana que viene no salen las notas.*

▶ Los pronombres de COI **le** y **les** se convierten en **se** cuando van acompañados de los pronombres de COD **lo**, **la**, **los**, **las**:

- ***Se lo** pregunto.* ~~*Le lo pregunto*~~.

¡ATENCIÓN!

Con los adverbios **como** y **menos** se usan las formas **yo** y **tú**.

- *Yo, en el fondo, soy **como tú**.*
- ***Menos yo**, todos los de la clase han aprobado.*

REFLEXIVOS

Los pronombres reflexivos tienen varios usos.

– Cuando el sujeto y complemento directo o indirecto coinciden.

- *Pablo **se** está mirando al espejo todo el día.*
- ***Me** preparo la cena cada día.*

– Cuando el COD es una parte del propio cuerpo o un objeto que posee el sujeto.

- *Niños, ¿**os** habéis lavado las manos?*
- *¡Hoy **te** has cambiado de camisa tres veces!*

– Con algunos verbos que se refieren a la consumición o al aprovechamiento de algo, el uso de los pronombres reflexivos es muy frecuente y suele indicar que la acción se realizó completamente, sobre la totalidad de algo. En estos casos, el COD está siempre determinado.

- *Comió tarta.* (= algo de tarta, una cierta cantidad no especificada, etc.)
- ***Se comió** la tarta.* (= toda la tarta)

– Con sujetos inanimados el uso de los reflexivos indica muchas veces la ausencia de un sujeto animado conocido.

- *La puerta **se cerró** de golpe y me dio un susto terrible.*
- *No le riñas, que la botella **se ha caído** pero el niño no ha hecho nada.*

– Algunos verbos cambian de sentido según se usen como reflexivos o no.

- ***Fui** a Madrid el martes.* (= viajé a Madrid)
- ***Me fui** de aquí el martes.* (= abandoné el lugar donde estaba)

- ***He quedado** con Javier.* (= me he citado)
- ***Me he quedado** todo el fin de semana en casa.* (= he permanecido)

- ***He pasado** por la Plaza Mayor.*
- ***Me he pasado**... Tenía que bajar en la parada anterior.* (= he ido más allá de lo conveniente)

– También se usa la serie reflexiva (las formas del plural) con las acciones recíprocas.

- *Las dos* ***nos queremos*** *mucho.* (= yo a ella y ella a mí)
- *Los dos conductores bajaron de los coches y empezaron a* ***insultarse*** *y a* ***pegarse****.* (= el uno al otro)

PRONOMBRES EN CONSTRUCCIONES VALORATIVAS

▶ En español muchos verbos se combinan con la serie **me / te / le / nos / os / les** en construcciones cuyo sujeto es lo que produce el sentimiento o la valoración (subrayado en los ejemplos). Igual que pasa con los pronombres de sujeto, cuando deseamos marcar el contraste con otra persona o evitar la ambigüedad, usamos también los pronombres tónicos **a mí / a ti / a él / a ella / a usted / a nosotros / a nosotras / a vosotros / a vosotras / a ellos / a ellas / a ustedes**.

- ***Me fastidia*** *que no me diga la verdad.*
- ***Te encantan*** *los espectáculos en vivo, ¿verdad?*
- ***A Elisa le dan pánico*** *los aviones, pero a mí no.*
- *¿A usted* ***le interesa*** *el arte?*
- ***Nos horrorizan*** *los grandes almacenes.*
- ***¿A vosotros no os molesta*** *este ruido?*
- ***A ustedes*** *seguramente* ***les apetecerá*** *descansar un rato, ¿no?*
- ***A ellas*** *no* ***les importa*** *esperar un poco.*

POSICIÓN DE LOS PRONOMBRES OBJETO

▶ El orden de los pronombres es: COI + COD + verbo. Con los verbos conjugados, los pronombres se colocan siempre delante del verbo (excepto en el caso del imperativo afirmativo).

- *¿Has visto mi bici nueva?* ***Me la*** *han regalado por mi cumpleaños.*

▶ Con el infinitivo, el gerundio y la forma afirmativa del imperativo, los pronombres se colocan después del verbo y forman una sola palabra.

- *Cuando hay un problema lo mejor es discutir****lo****.*
- *Criticándo****selo*** *todo no arreglarás nada.*
- *¡Dá****melas****! ¡Son mías!*

▶ Con perífrasis y con estructuras como **poder / querer / ir a** + infinitivo, los pronombres pueden ir delante del verbo conjugado o detrás del infinitivo, pero nunca entre ambos.

- *Tengo que contar****te*** *algo.*
  Te *tengo que contar algo.*
  ~~*Tengo que te contar algo.*~~
- *Quiero regalar****le*** *algo a tu madre.*
  Le *quiero regalar algo a tu madre.*
  ~~*Quiero* ***le*** *regalar algo a tu madre.*~~
- *Voy a cambiar****me*** *de casa.*
  Me *voy a cambiar de casa.*
  ~~*Voy a* ***me*** *cambiar de casa.*~~

REDUPLICACIÓN DE PRONOMBRES OBJETO

▶ Cuando el OD o el OI son mencionados antes del verbo, es obligatorio usar también los pronombres.

- *Las zanahorias* ***las*** *he dejado sobre la mesa, y los huevos* ***los*** *he puesto en la nevera.*
- *A tu hermano* ***le*** *he comprado unos discos.*
- *A Marisa, lo del accidente, no* ***se lo*** *voy a decir.*

▶ Normalmente, el pronombre de OI se usa también cuando el OI aparece después del verbo.

- ***Le*** *hemos contado toda la verdad* ***a tu madre****.*

▶ Con los pronombres de COI de tercera persona muchas veces no está claro a quién hacemos referencia. En estos casos, se hace necesario aclarar la identidad del OI.

- *¿Qué ha hecho con el informe?*
- ○ ***Se lo*** *entregué* ***al Sr. Ramírez****.*

PREPOSICIONES Y LOCUCIONES PREPOSICIONALES

REFERENCIAS ESPACIALES

a	
destino	• *El tren* ***a*** *Valladolid sale ahora.*
distancia	• *Estamos* ***a*** *10 km del cortijo.*
a pie	• *Siempre voy a* ***pie*** *al trabajo.*
en	
ubicación	• *Ourense está* ***en*** *Galicia.*
	• *Las llaves están* ***en*** *la mesa.*
medio de transporte	• *Prefiero viajar* ***en*** *avión.*
de	
procedencia	• *Vengo* ***de*** *mi casa.*
lejos / cerca de	• *Eso queda muy* ***lejos de*** *aquí.*

desde punto de partida u origen	• ***Desde** mi casa hasta aquí hay unos 3 km.*
entre ubicación en medio de dos o más cosas	• *León está **entre** Asturias y Zamora.*
hacia dirección	• *Toma el metro **hacia** Plaza de España y bájate en la tercera estación.*
hasta punto de llegada o límite	• *Tomas el metro **hasta** Plaza de España y allí haces transbordo.*
por movimiento dentro o a través de un espacio	• *He dado una vuelta **por** el centro.* • *Yo siempre paso **por** Lleida para ir a Baqueira.*
sobre ubicación superior	• *Las maletas ponlas **sobre** el armario de mi dormitorio.*

debajo (de)	**encima (de)**	**detrás (de)**	**delante (de)**
a la derecha (de)	**a la izquierda (de)**	**al lado (de)**	**en el centro (de)**

REFERENCIAS TEMPORALES

a + hora	• *La clase termina **a** las once.*
por + parte del día	• *Nunca tomo café **por** la noche.*
por + época del año	• *Vendrá **por** Navidad* (= en torno a Navidad, un poco antes o un poco después)
para + fecha límite, plazo	• *Tienes que terminar el trabajo **para** el martes.* (= no más tarde del martes)
de + día / noche	• *Aquí a las cinco ya es **de noche**.*
desde + punto inicial en el tiempo	• *Trabajo aquí **desde** 1998.*
en + mes / estación / año	• *Trabajo aquí **desde** 1998.* • *Vino **en** marzo.* • ***En** 1978 llegaron a España.*
de + inicio ... a + fin	• *Las tiendas abren **de** lunes **a** sábado **de** 9 **a** 20 h.*
hacia + hora aproximada	• *El robo tuvo lugar **hacia** las tres de la madrugada.*
hasta + punto final o límite	• *Tienes tiempo **hasta** octubre para enviar la solicitud.*
sobre + hora aproximada	• *Volveré **sobre** las ocho.*

OTROS USOS

A
modo: *patatas **al** vapor, cita **a** ciegas*
COD (con personas): *¿Por qué no invitas **a** Maite?*

DE
material: ***de** seda*
pertenencia, relación: *la moto **de** Juan, el tío **de** Ana*
género, especie: *un libro **de** historia*
utilidad: *una máquina **de** afeitar, una caña **de** pescar*
algo de, **un poco de**, **nada de** + sustantivo: ***algo de** dinero, **un poco de** leche, **nada de** gracia*

POR / PARA
por + causa: *Están preocupados **por** su hijo.*
para + finalidad: *Se compró un perro **para** no estar tan solo.*
para + destinatario: *Quiero comprar algo **para** mi novia.*

CON
compañía: *¿**Con** quién harás el trabajo? ¿**Con** Amalia?*
modo: *Ábrelo **con** cuidado.* (= cuidadosamente)
acompañamiento: *pollo **con** verduras*
instrumento: *Como el mío estaba estropeado, tuve que hacer el trabajo **con** el ordenador de mi hermana.*
componentes: *una silla **con** apoyabrazos, una maleta **con** ruedas*

SEGÚN
opinión: ***Según** Lucía, Carlos tiene la culpa de todo.*
fuente: ***Según** el periódico, el fin de semana va a hacer buen tiempo.*

SIN
ausencia: *Lo hice **sin** darme cuenta.*

SOBRE
tema: *No tenemos la misma opinión **sobre** este tema.*

SUPERLATIVOS Y OTROS GRADATIVOS

feo	caro	rico	rápido
muy feo	**muy** caro	**muy** rico	**muy** rápido
fe**ísimo**	car**ísimo**	riqu**ísimo**	rapid**ísimo**

RECUERDA
– A veces es necesario realizar cambios ortográficos.
ri**c**o → ri**qu**ísimo lar**g**o → lar**gu**ísimo

▸ Para intensificar un adjetivo, en lengua coloquial, podemos usar el prefijo **super-**.

- *Es un aparato **superpráctico**.*

▸ Con adjetivos que expresan una gran intensidad, no usamos el adverbio **muy**, el sufijo **-ísimo**, ni el prefijo **super-**. En su lugar, utilizamos **realmente** o **verdaderamente**.

- *Es **realmente** / **verdaderamente** fantástico / horrible...*

▸ Otros gradativos:

- *Es **demasiado** / **excesivamente** llamativo.*
- *Es (**muy**) **poco** práctico.*
- *Es **un poco** caro. (= es caro)*
- ***No** es **nada** interesante.*

RECUERDA
– **Poco** se usa solamente con adjetivos de significado positivo.
– **Un poco** se usa solamente con adjetivos de significado negativo.

CONECTORES

CAUSA Y CONSECUENCIA

▸ Presentamos las causas, entre otros, con los conectores **porque**, **ya que**, **dado que**, **como**, **puesto que**, **es que**.

– **Ya que** sirve para presentar causas ya mencionadas anteriormente o que se consideran conocidas por el interlocutor.

- ***Ya que** es tan fácil, habla tú con ella. Yo no sé cómo decírselo.*

– **Como** va siempre al comienzo de la oración; es decir, lo usamos para presentar la causa antes que la consecuencia. **Porque**, en cambio, se usa para citar la causa después de la consecuencia.

- ***Como** no llegabas, me he ido.*
- *He venido **porque** quiero hablar contigo.*

– **Dado que** y **puesto que** se usan sobre todo en registros formales o escritos.

- ***Dado que** ha habido un aumento importante de población, hay un déficit de viviendas.*

– **Es que** sirve para presentar una causa como excusa o disculpa. Se usa en un registro informal.

- *Lo siento, he perdido el autobús... **Es que** no he oído el despertador.*

– Podemos presentar las consecuencias con **así que**, **de modo que**.

- *Estaba muy cansado, **así que** se acostó a las nueve.*

CONCESIÓN Y OPOSICIÓN

▸ **Sino** se utiliza para contraponer dos elementos, de los cuales el segundo anula al primero. Sirve, pues, para corregir una información equivocada.

- *No lo hizo Juan, **sino** Pedro.*

▸ **Aunque, pero** y **sin embargo** introducen una concesión, un elemento que es aparentemente contradictorio con el enunciado anterior.

- *No son españoles, **pero** hablan muy bien español.*
- *No son españoles. **Sin embargo**, hablan muy bien español.*
- ***Aunque** no son españoles, hablan muy bien español.*

▸ **Pero si** se utiliza en la lengua oral para presentar las razones de nuestro desacuerdo.

MÁS GRAMÁTICA

- *Ponte una chaqueta, Paco.*
- *Pero si hace un calor tremendo...*

▸ **Pues** se utiliza en un lenguaje coloquial para presentar un enunciado que considera lo anteriormente dicho y, en algunas ocasiones, para dar una información contradictoria o una opinión opuesta.

- *Tomás no ha venido.*
- ***Pues** es verdad. No me había dado cuenta.*

- *Me encanta el jazz.*
- ***Pues** yo lo encuentro un poco aburrido.*

RELACIONES TEMPORALES

ANTERIORIDAD

antes (de)

- ***Antes** llevaba lentillas, pero se me cansaban los ojos. Ahora llevo gafas.*
- *Lávate las manos **antes de** comer.*

POSTERIORIDAD

luego
después (de)
más tarde
... minutos / un rato / ... días / años **después**
... minutos / un rato / ... horas **más tarde**
al cabo de

- *Primero se pican las cebollas, **luego** se fríen y **después** se mezclan con las patatas.*
- *Laura llegó a la una y Tomás cinco **minutos después**.*
- *Me llamó a las cinco y **dos horas más tarde** me volvió a llamar.*
- *Se conocieron en marzo del 90 y, **al cabo de** seis meses, se casaron.*

SIMULTANEIDAD O INMEDIATEZ

al + infinitivo

- ***Al acabar** la carrera, se fue a África para colaborar con una ONG.* (= inmediatamente después de acabar la carrera)
- *Cometo demasiados errores **al hablar**.* (= cuando hablo)

HABLAR DE LA DURACIÓN

hace + cantidad de tiempo + **que** + verbo

- ***Hace** más de tres años **que** vivo en España. ¿Y tú?*
- *Yo, **hace** ocho años.*

desde hace + cantidad de tiempo

- *No veo a Carlos **desde hace** un año.*

MARCAR EL INICIO DE UNA ACCIÓN

desde + fecha
desde que + verbo

- *¿Desde cuándo estudias español?*
- ***Desde** enero.*

- ***Desde que** empezó el curso, está en Granada.*
- ***Desde que** aprobó el examen, está más tranquila.*

EL VERBO

FORMAS NO PERSONALES

▸ Los verbos tienen tres formas no personales, es decir, formas que no se conjugan: **el infinitivo**, **el participio** y **el gerundio**. Estas formas tienen dos funciones: combinadas con otro verbo (conjugado) forman los tiempos compuestos y las perífrasis; por sí solas, tienen diversas funciones.

INFINITIVO

▸ Forma parte de numerosas perífrasis (Ver el apartado *Perífrasis verbales*).

▸ Por sí solo, funciona como un sustantivo y, por lo tanto, puede ser sujeto o complemento directo de una oración.

- ***Fumar** es malo para la salud.* (sujeto)
- *Odio **estudiar** por la noche.* (COD)

▸ Incluso en estos casos, puede tener complementos propios del verbo.

- ***Estudiar idiomas** es necesario hoy en día.* (COD)
- *Es fundamental **explicarles claramente las cosas a los niños**.* (complemento de modo, COD y CI)

PARTICIPIO

▸ Forma los tiempos compuestos junto con el verbo auxiliar **haber** conjugado. En estos casos, el participio es invariable.

▸ Por sí solo, funciona como adjetivo y concuerda en género y en número con el sustantivo al que se refiere. Cuando queremos presentar este adjetivo como el resultado de una acción, lo usamos con el verbo **estar**.

- *La impresora **está rota**.* (= alguien la ha roto)
- *¿Por qué **están todas las ventanas abiertas**?* (= alguien las ha abierto)

GERUNDIO

▸ En perífrasis con el verbo **estar**, el gerundio, con todos los tiempos, presenta una acción en desarrollo.

- ***Estoy leyendo** las notas de gramática.*
- *Cuando llamaste, **estábamos durmiendo**.*
- *A las nueve **estaremos volando** hacia Moscú.*

▸ Con otros verbos forma diferentes perífrasis que tienen siempre un sentido de acción en desarrollo. (Ver el apartado *Perífrasis verbales*)

- ***Llevo** diez años **estudiando** violín.*

▸ Por sí solo expresa el modo en que alguien hace algo o la simultaneidad de dos acciones.

- *Se marchó **corriendo**.*
- *Suelo estudiar **escuchando** música.*

▸ En esta función de adverbio, el gerundio también admite complementos.

- *Entró **tarareando** muy bajito una canción de cuna.*

¡ATENCIÓN!

No podemos usar el gerundio en forma negativa. En estos casos, utilizamos siempre **sin** + infinitivo:

- *Díselo **sin enfadarte**.*
- ~~*Díselo no enfadándote*~~.

EL INDICATIVO

PRESENTE

▸ Usamos el presente de indicativo para:

- hacer afirmaciones atemporales: *El agua **es** H_2O.*
- hablar de hechos habituales: ***Visito** a mis padres todos los domingos.*
- hablar del presente cronológico: ***Hace** mucho frío esta mañana, ¿verdad?*
- pedir cosas y acciones en preguntas: *¿Me **dejas** cincuenta euros?*
- hablar de acciones futuras cuando hablamos de intenciones firmes: *Esta noche **te llamo** y **te digo** algo.*
- relatar en presente histórico: *Tras la invasión napoleónica, las colonias de ultramar **se independizan**.*
- dar instrucciones: *Primero **cortas** los ingredientes y luego los **fríes** todos al mismo tiempo.*

PRETÉRITO PERFECTO

▸ Usamos el pretérito perfecto para referirnos a acciones o acontecimientos ocurridos en un momento pasado no definido. No se dice cuándo ha ocurrido la acción porque no interesa o no se sabe. En estos casos, puede ir acompañado de marcadores como **ya / todavía no**; **siempre / nunca / alguna vez / una vez / dos veces / muchas veces**.

- *¿Ya **has pagado** la cuenta de la luz?*
- *No, es que **todavía no he cobrado**.*

- ***Nunca he montado** a caballo.*
- *¿**Has estado alguna vez** en el extranjero?*
- ***Siempre me ha gustado** leer antes de dormir.*

▸ También usamos el pretérito perfecto para situar una acción en un tiempo que tiene relación con el presente.

- ***Este año ha hecho** muy mal tiempo.* ("ahora" está dentro de "este año")
- ***Esta semana** me **han propuesto** un empleo muy interesante.* ("ahora" está dentro de "esta semana")

▸ Y para referirnos a acciones muy vinculadas al momento actual.

- ***Hace un rato he visto** a tu marido.*

MÁS GRAMÁTICA

PRETÉRITO INDEFINIDO

	HABLAR	BEBER	ESCRIBIR
(yo)	habl**é**	beb**í**	escrib**í**
(tú)	habl**aste**	beb**iste**	escrib**iste**
(él/ella/usted)	habl**ó**	beb**ió**	escrib**ió**
(nosotros/nosotras)	habl**amos**	beb**imos**	escrib**imos**
(vosotros/vosotras)	habl**asteis**	beb**isteis**	escrib**isteis**
(ellos/ellas/ustedes)	habl**aron**	beb**ieron**	escrib**ieron**

▶ El pretérito indefinido se usa para relatar acciones ocurridas en un pasado concreto, no relacionado con el presente, que se presentan como concluidas. Puede aparecer, por lo tanto, acompañado de marcadores como:

- fechas (en 1990, en 2003, el 8 de septiembre, en enero...)
- ayer, anoche, anteayer...
- el lunes, el martes...
- el mes pasado, la semana pasada, etc.

- *Anoche **cené** con unos amigos.*
- *El mes pasado **descubrí** un restaurante genial.*

IRREGULARIDADES EN EL PRETÉRITO INDEFINIDO

CIERRE VOCÁLICO: E > I, O > U

El cambio de **e** por **i** se produce en muchos verbos de la tercera conjugación en los que la última vocal de la raíz es **e**, como **pedir**. La **e** se convierte en **i** en las terceras personas del singular y del plural. Sucede lo mismo con los verbos de la tercera conjugación en los que la última vocal de la raíz es **o**, como **dormir**. En estos casos, la **o** se convierte en **u** en las terceras personas del singular y del plural.

	PEDIR	DORMIR
(yo)	pedí	dormí
(tú)	pediste	dormiste
(él/ella/usted)	pidió	durmió
(nosotros/nosotras)	pedimos	dormimos
(vosotros/vosotras)	pedisteis	dormisteis
(ellos/ellas/ustedes)	pidieron	durmieron

RUPTURA DEL TRIPTONGO

▶ Cuando la raíz de un verbo en **-er** / **-ir** termina en vocal, en las terceras personas la **i** se convierte en **y**.

caer → **cayó / cayeron**
huir → **huyó / huyeron**
construir → **construyó / construyeron**

CAMBIOS ORTOGRÁFICOS

▶ Atención a los verbos que terminan en **-car**, **-gar**, **-guar** y **-zar**. Hay que tener en cuenta las reglas ortográficas al conjugarlos.

acercar → **acerqué**
llegar → **llegué**
averiguar → **averigüé**
almorzar → **almorcé**

VERBOS CON TERMINACIONES IRREGULARES

▶ Los siguientes verbos presentan irregularidades propias en la raíz y tienen unas terminaciones especiales independientemente de la conjugación a la que pertenezcan.

andar	→	**anduv-**		
conducir	→	**conduj-**		
decir	→	**dij-**		
traer	→	**traj-**		**-e**
estar	→	**estuv-**		**-iste**
hacer	→	**hic-/hiz-**	+	**-o**
poder	→	**pud-**		**-imos**
poner	→	**pus-**		**-isteis**
querer	→	**quis-**		**-ieron**
saber	→	**sup-**		
tener	→	**tuv-**		
venir	→	**vin-**		

▶ Cuando la raíz de un verbo irregular acaba en **j** (**traer**, **decir** y casi todos los verbos acabados en **-cir**) la tercera persona del plural se forma con **-eron** y no con **-ieron** (**conduj**eron, **dij**eron, **traj**eron). Se conjugan así todos los verbos terminados en **-ucir**.

¡ATENCIÓN!

En la primera y en la tercera personas del singular de los verbos regulares, la última sílaba es tónica; en los irregulares, en cambio, la sílaba tónica es la penúltima.

compré, **compró**...
hice, **hizo**...

VERBOS IR **Y** SER

▸ Los verbos **ir** y **ser** tienen la misma forma en indefinido.

	IR / SER
(yo) (tú) (él/ella/usted) (nosotros/nosotras) (vosotros/vosotras) (ellos/ellas/ustedes)	**fui** **fuiste** **fue** **fuimos** **fuisteis** **fueron**

PRETÉRITO IMPERFECTO

	HABLAR	BEBER	VIVIR
(yo)	habl**aba**	beb**ía**	viv**ía**
(tú)	habl**abas**	beb**ías**	viv**ías**
(él/ella/usted)	habl**aba**	beb**ía**	viv**ía**
(nosotros/nosotras)	habl**ábamos**	beb**íamos**	viv**íamos**
(vosotros/vosotras)	habl**abais**	beb**íais**	viv**íais**
(ellos/ellas/ustedes)	habl**aban**	beb**ían**	viv**ían**

▸ No hay irregularidades en el pretérito imperfecto, a excepción de los verbos **ir** y **ser**, y del verbo **ver**.

	IR	SER	VER
(yo)	iba	era	veía
(tú)	ibas	eras	veías
(él/ella/usted)	iba	era	veía
(nosotros/nosotras)	íbamos	éramos	veíamos
(vosotros/vosotras)	ibais	erais	veíais
(ellos/ellas/ustedes)	iban	eran	veían

▸ Usamos el pretérito imperfecto para describir las circunstancias que rodean a un acontecimiento pasado, presentándolas como hechos no terminados.

- *Como no **teníamos** dinero, nos quedamos en casa.*
- *Ayer me **sentía** mal y me acosté a las ocho.*

▸ También lo usamos para realizar descripciones en pasado.

- *Mi padre **era** alto, muy delgado y **llevaba** bigote.*
- *Cuando era pequeño, este barrio **era** muy tranquilo y **tenía** muchos árboles.*

▸ Lo empleamos, asimismo, para hablar de costumbres en el pasado.

- *De soltero, **salía** todas las noches hasta las tantas.*
- *En mi época de estudiante, los profesores **llevaban** corbata.*

▸ Lo usamos en peticiones, cuando queremos ser corteses.

- ***Quería** una camiseta negra de manga corta.*
- ***Venía** a verte para hablar de lo de Elisa.*

PRETÉRITO PLUSCUAMPERFECTO

	IMPERFECTO DE HABER **+ PARTICIPIO**	
(yo) (tú) (él/ella/usted) (nosotros/nosotras) (vosotros/vosotras) (ellos/ellas/ustedes)	**había** **habías** **había** **habíamos** **habíais** **habían**	hablado comido escrito

▸ Usamos este tiempo para marcar que una acción pasada es anterior a otra acción ya mencionada.

- *Cuando llegamos al teatro, ya **había empezado** la función.* (= la segunda acción es anterior a la primera, no pudimos entrar al teatro o nos perdimos la primera parte de la obra)

ALTERNANCIA DE LOS TIEMPOS DEL PASADO EN EL RELATO

▸ En un relato podemos utilizar varios tiempos del pasado. Hacemos avanzar la historia con cada nuevo hecho que presentamos en pretérito perfecto o en pretérito indefinido.

- *Aquel día Juan no **oyó** el despertador y **se despertó** media hora tarde. **Salió** de casa sin desayunar y **tomó** un taxi. Por suerte, **consiguió** llegar a tiempo al aeropuerto.*

- *Hoy Juan no **ha oído** el despertador y **se ha despertado** media hora tarde. **Ha salido** de casa sin desayunar y **ha tomado** un taxi. Por suerte, **ha conseguido** llegar a tiempo al aeropuerto.*

▸ En cada hecho podemos "detener la acción" y "mirar" las circunstancias que lo rodean. Para ello, usamos el imperfecto.

MÁS GRAMÁTICA

- *Aquel día Juan **estaba** muy cansado y no oyó el despertador, así que se despertó media hora tarde. Como no **tenía** tiempo, salió de casa sin desayunar y tomó un taxi. Por suerte, no **había** mucho tráfico y consiguió llegar al aeropuerto a tiempo.*

- *Hoy Juan **estaba** muy cansado y no ha oído el despertador y se ha despertado media hora tarde. Como no **tenía** tiempo, ha salido de casa sin desayunar y ha tomado un taxi. Por suerte, no **había** mucho tráfico y ha conseguido llegar a tiempo al aeropuerto.*

▶ Con el pluscuamperfecto, marcamos que una acción es anterior a otra acción pasada ya mencionada. De nuevo, el relato no avanza: damos un salto atrás, en general para explicar las circunstancias pasadas.

- *Aquel día Juan estaba muy cansado porque **había estado estudiando** hasta la madrugada y no oyó el despertador, así que se despertó media hora tarde...*

▶ La elección que hacemos entre perfecto / indefinido e imperfecto no depende de la duración de las acciones, sino de la manera en la que queremos presentarlas y de su función en el relato.

- *Ayer, como **estaba lloviendo**, no **salí**.* (= no interesa el fin de la lluvia; presentamos el hecho de "llover" como una circunstancia no teminada de "no salir")

- *Ayer, **estuvo lloviendo** todo el día y no **salí**.* (= informo de la duración de la lluvia y del hecho de "no salir")

FUTURO SIMPLE

▶ El futuro se forma añadiendo al infinitivo las terminaciones **-é**, **-ás**, **-á**, **-emos**, **-éis** y **-án**.

	HABLAR	BEBER	VIVIR
(yo)	hablar**é**	beber**é**	vivir**é**
(tú)	hablar**ás**	beber**ás**	vivir**ás**
(él/ella/usted)	hablar**á**	beber**á**	vivir**á**
(nosotros/nosotras)	hablar**emos**	beber**emos**	vivir**emos**
(vosotros/vosotras)	hablar**éis**	beber**éis**	vivir**éis**
(ellos/ellas/ustedes)	hablar**án**	beber**án**	vivir**án**

▶ Hay muy pocos verbos irregulares. Estos presentan un cambio en la raíz, pero tienen las mismas terminaciones que los verbos regulares.

tener	→	**tendr-**	
salir	→	**saldr-**	
haber	→	**habr-**	
poner	→	**pondr-**	**-é**
poder	→	**podr-**	**-ás**
venir	→	**vendr-**	**-á**
hacer	→	**har-**	**-emos**
decir	→	**dir-**	**-éis**
querer	→	**querr-**	**-án**
saber	→	**sabr-**	
caber	→	**cabr-**	

▶ Usamos el futuro para hacer predicciones o para expresar que algo ocurrirá inexorablemente.

- *Mañana **lloverá** en la costa norte.*
- *Veo en las líneas de tu mano que **vivirás** muchos años.*
- *En breves instantes, **aterrizaremos** en el aeropuerto de Barajas.*
- *El sol **saldrá** mañana a las 7 h.*

▶ También usamos este tiempo para formular hipótesis sobre el futuro, normalmente acompañado por marcadores como **seguramente**, **probablemente**, **posiblemente**, **seguro que**, **creo que**, etc.

- *¿Qué vas a hacer este fin de semana?*
- ○ *Pues seguramente **iré** al campo. ¿Y tú?*
- *Yo creo que **me quedaré** en casa.*

▶ Asimismo, podemos formular hipótesis sobre el presente utilizando el futuro simple.

- *No sé dónde he dejado las llaves del coche.*
- ○ *Las **tendrás** en la mesilla, como siempre.*

RECUERDA

Afirmamos algo:
- *Pepe está trabajando.*

Planteamos una hipótesis:
- *Estará trabajando.*

Invitamos al interlocutor a especular:
- *¿Dónde estará Pepe?*

EL CONDICIONAL

▶ El condicional se forma agregando al infinitivo las terminaciones de la segunda y tercera conjugaciones del imperfecto.

	ESTUDIAR	ENTENDER	VIVIR
(yo)	estudiar**ía**	entender**ía**	vivir**ía**
(tú)	estudiar**ías**	entender**ías**	vivir**ías**
(él/ella/usted)	estudiar**ía**	entender**ía**	vivir**ía**
(nosotros/nosotras)	estudiar**íamos**	entender**íamos**	vivir**íamos**
(vosotros/vosotras)	estudiar**íais**	entender**íais**	vivir**íais**
(ellos/ellas/ustedes)	estudiar**ían**	entender**ían**	vivir**ían**

▶ Usamos el condicional para expresar deseos difíciles o imposibles de realizar.

- *¡Qué sueño! **Me iría** a dormir ahora mismo.* (pero estoy en la oficina y todavía no he terminado de trabajar, por ejemplo)

▶ Para aconsejar.

- ***Deberías** empezar a estudiar. Falta muy poco para los exámenes.*

▶ Para pedir de manera cortés que alguien haga algo.

- *¿**Te importaría** ayudarme con los deberes?*
- *¿**Podrías** sujetar esto un momento, por favor?*

▶ Para evocar situaciones hipotéticas.

- *Si supiera tocar un instrumento, **tocaría** en un grupo.*

▶ Para opinar sobre acciones y conductas.

- *Yo nunca **me casaría** por dinero.*

IMPERATIVO

IMPERATIVO AFIRMATIVO

▶ El imperativo afirmativo en español tiene cuatro formas: **tú** y **vosotros/-as** (más informal), **usted** y **ustedes** (más formal).

	DEJAR	ROMPER	VIVIR
(tú)	dej**a**	romp**e**	viv**e**
(vosotros/vosotras)	dej**ad**	romp**ed**	viv**id**
(usted)	dej**e**	romp**a**	viv**a**
(ustedes)	dej**en**	romp**an**	viv**an**

▶ La forma para **tú** se obtiene eliminando la **-s** final de la forma correspondiente del presente:

compra**s** → **compra** come**s** → **come** duerme**s** → **duerme**

¡ATENCIÓN!

Algunos verbos irregulares no siguen esta regla.

poner → **pon** venir → **ven** tener → **ten**
hacer → **haz** salir → **sal** decir → **di**

▶ La forma para vosotros se obtiene sustituyendo la **-r** final del infinitivo por una **-d**.

estudia**r** → **estudiad** come**r** → **comed** dormi**r** → **dormid**

▶ Las formas para **usted** y **ustedes** se obtienen cambiando la vocal temática de la forma correspondiente del presente.

estudi**a** → **estudie** estudi**an** → **estudien**
com**e** → **coma** com**en** → **coman**
duerm**e** → **duerma** duerm**en** → **duerman**

¡ATENCIÓN!

Los verbos que son irregulares en la primera persona del presente tienen en imperativo negativo una raíz irregular para todas las personas.

pongo → **ponga/n** vengo → **venga/n**
hago → **haga/n** digo → **diga/n**
salgo → **salga/n** traigo → **traiga/n**
tengo → **tenga/n** conogo → **conozca/n**

▶ Los verbos **ser** e **ir** presentan formas especiales.

	SER	IR
(tú)	sé	ve
(vosotros/as)	sed	id
(usted)	sea	vaya
(ustedes)	sean	vayan

RECUERDA

– Con el imperativo afirmativo, los pronombres van después del verbo y forman una sola palabra.

- ***Devuélveme** las llaves y **vete**.*

¡ATENCIÓN!

En los verbos reflexivos, cuando combinamos la forma de vosotros con el pronombre **os** desaparece la -**d** final.

- *Niños, senta**os** y toma**os** la sopa*

IMPERATIVO NEGATIVO

	DEJAR	ROMPER	VIVIR
(tú)	no dejes	no rompas	no vivas
(vosotros/as)	no dejéis	no rompáis	no viváis
(usted)	no deje	no rompa	no viva
(ustedes)	no dejen	no rompan	no vivan

▸ Fíjate en que las formas para **usted** y **ustedes** son las mismas que las del imperativo afirmativo.

▸ Para los verbos en **-ar**, el imperativo negativo se obtiene sustituyendo la **a** de las terminaciones del presente de indicativo por una **e**.

PRESENTE		IMPERATIVO
hablas	→	**no hables**
habla	→	**no hable**
habláis	→	**no habléis**
hablan	→	**no hablen**

▸ Para los verbos en **-er** / **-ir**, el imperativo negativo se obtiene sustituyendo la **e** de las terminaciones del presente de indicativo por una **a** (excepto para la forma vosotros de los verbos en **-ir**: **-ís** → **-áis**).

PRESENTE		IMPERATIVO	PRESENTE		IMPERATIVO
bebes	→	**no bebas**	vives	→	**no vivas**
bebe	→	**no beba**	vive	→	**no viva**
bebéis	→	**no bebáis**	vivís	→	**no viváis**
beben	→	**no beban**	viven	→	**no vivan**

▸ Presentan formas especiales los verbos **ser**, **estar** e **ir**.

ser	→	**no seas, no sea, no seáis, no sean**
estar	→	**no estés, no esté, no estéis, no estén**
ir	→	**no vayas, no vaya, no vayáis, no vayan**

RECUERDA

– Con el imperativo negativo, los pronombres van delante del verbo.

- *¡No me **digas** lo que tengo que hacer!*

▸ Usamos el imperativo para dar instrucciones.

- ***Retire** el plástico protector y **coloque** el aparato sobre una superficie estable.*

▸ Para conceder permiso.

- *¿Puedo entrar un momento?*
- *Sí, claro. **Pasa**, **pasa**.*

▸ Para ofrecer algo.

- ***Toma**, **prueba** estas galletas. Están buenísimas.*

▸ Para aconsejar.

- *No sé qué hacer. Esta noche tengo una cena de trabajo y no sé qué ponerme.*
- ***Ponte** el vestido azul, ¿no? Te queda muy bien.*

¡ATENCIÓN!

A veces usamos el imperativo para dar órdenes o pedir acciones, pero solo en situaciones muy jerarquizadas o de mucha confianza. Solemos suavizar este uso con elementos como **por favor**, **venga**, **¿te importa?**, etc., o justificando la petición.

- ***Por favor**, Gutiérrez, hágame diez copias de estos documentos.*
- *Ven conmigo a comprar, **venga**, que yo no puedo con todas las bolsas.*

EL SUBJUNTIVO

▸ Este modo presenta seis tiempos, de los cuales, por el momento, veremos, el presente, el pretérito perfecto y el pretérito imperfecto.

▸ En el subjuntivo, la noción temporal de presente, pasado o futuro no depende de la forma verbal como tal, sino, en muchos casos, de la estructura en la que aparece. Por ejemplo, el presente de subjuntivo puede referirse al presente o al futuro, y el imperfecto, al pasado, al presente o al futuro.

- *Cuando **vengas**, hablaremos.* (sucederá en el futuro)
- *No quiero que lo **tomes** mal.* (ahora)

▸ Salvo en contadas ocasiones, el subjuntivo aparece en oraciones subordinadas. Consulta el apartado *La subordinación* para repasar los usos del subjuntivo.

PRESENTE DE SUBJUNTIVO

▸ La conjugación es casi idéntica a la del presente de indicativo: solo se invierte la vocal temática.

- ar	→	**e**
- er / -ir	→	**a**

VERBOS REGULARES

	ESTUDIAR	COMER	ESCRIBIR
(yo)	estudi**e**	com**a**	escrib**a**
(tú)	estudi**e**s	com**a**s	escrib**a**s
(él/ella/usted)	estudi**e**	com**a**	escrib**a**
(nosotros/nosotras)	estudi**e**mos	com**a**mos	escrib**a**mos
(vosotros/vosotras)	estudi**é**is	com**á**is	escrib**á**is
(ellos/ellas/ustedes)	estudi**e**n	com**a**n	escrib**a**n

ALGUNOS VERBOS IRREGULARES

	SABER	SER	IR
(yo)	**sepa**	**sea**	**vaya**
(tú)	**sepas**	**seas**	**vayas**
(él/ella/usted)	**sepa**	**sea**	**vaya**
(nosotros/nosotras)	**sepamos**	**seamos**	**vayamos**
(vosotros/vosotras)	**sepáis**	**seáis**	**vayáis**
(ellos/ellas/ustedes)	**sepan**	**sean**	**vayan**

	ESTAR	DAR	VER	HABER
(yo)	**esté**	**dé**	**vea**	**haya**
(tú)	**estés**	**des**	**veas**	**hayas**
(él/ella/usted)	**esté**	**dé**	**vea**	**haya**
(nosotros/nosotras)	**estemos**	**demos**	**veamos**	**hayamos**
(vosotros/vosotras)	**estéis**	**deis**	**veáis**	**hayáis**
(ellos/ellas/ustedes)	**estén**	**den**	**vean**	**hayan**

▶ Los verbos que tienen irregularidades **e** > **ie** / **o** > **ue** en presente de indicativo también las presentan en presente de subjuntivo en las mismas personas.

	E > IE	E > IE	O > UE
	CERRAR	QUERER	PODER
(yo)	cierre	quiera	pueda
(tú)	cierres	quieras	puedas
(él/ella/usted)	cierre	quiera	pueda
(nosotros/nosotras)	cerremos	queramos	podamos
(vosotros/vosotras)	cerréis	queráis	podáis
(ellos/ellas/ustedes)	cierren	quieran	puedan

▶ Muchos verbos que presentan una irregularidad en la primera persona del presente de indicativo tienen esa misma irregularidad en todas las personas del presente de subjuntivo. Esto incluye los verbos con cambio vocálico **e** > **i** (**pedir**, **seguir**, **reír**...).

hacer	→	**haga...**
conocer	→	**conozca...**
tener	→	**tenga...**
poner	→	**ponga...**
salir	→	**salga...**
vives	→	**venga...**
vive	→	**diga...**
vivís	→	**oiga...**
viven	→	**pida...**

▶ Algunos verbos de la tercera conjugación presentan una doble irregularidad.

	SENTIR	DORMIR
(yo)	sienta	duerma
(tú)	sientas	duermas
(él/ella/usted)	sienta	duerma
(nosotros/nosotras)	sintamos	durmamos
(vosotros/vosotras)	sintáis	durmáis
(ellos/ellas/ustedes)	sientan	duerman

▶ Puedes encontrar usos de este tiempo en el apartado *La subordinación*.

ESTAR + GERUNDIO

PRESENTE

▶ Usamos **estar** + gerundio en presente cuando presentamos una acción o una situación presente como algo temporal o no definitivo.

- *Hugo **está trabajando** en el Ministerio de Educación.* (= trabaja en el Ministerio de Educación)

▶ A veces, podemos expresar lo mismo usando solamente un verbo en presente y un marcador temporal (**últimamente**, **desde hace algún tiempo**...).

- ***Desde hace algún tiempo salgo*** *a correr por las mañanas.*

▶ Cuando queremos marcar que la acción se está desarrollando en el momento preciso en el que estamos hablando, solo podemos usar **estar** + gerundio.

- *Ahora no puede ponerse, **se está bañando**.*
- ~~*Ahora no puede ponerse, se baña*~~.

PASADO

▸ Usamos **estar** + gerundio en pretérito perfecto, indefinido, pluscuamperfecto o imperfecto para presentar las acciones pasadas en su desarrollo. Las reglas de uso son las de los tiempos correspondientes.

PRETÉRITO PERFECTO

- *Esta mañana **hemos estado limpiando** el trastero.*
- *Estos días **han estado haciendo** obras en nuestra calle.*
- ***He estado** tres semanas **preparándome** para este examen.*

PRETÉRITO INDEFINIDO

- *Ayer **estuvimos limpiando** el trastero.*
- *El otro día **estuvieron haciendo** obras en nuestra calle.*
- ***Estuve** tres semanas **preparándome** para aquel examen.*

PRETÉRITO IMPERFECTO

- *Esta mañana **estábamos limpiando** el trastero y, de repente, se ha ido la luz.*
- *Cuando nos conocimos, **estaba preparándome** para un examen.*

PRETÉRITO PLUSCUAMPERFECTO

- *Aquella mañana Javier estaba agotado: **había estado estudiando** toda la noche.*
- *Cuando nos levantamos todo estaba blanco: **había estado nevando** durante horas.*

> **¡ATENCIÓN!**
> Para expresar la ausencia total de una acción durante un periodo de tiempo, podemos usar **estar sin** + infinitivo.
>
> - *Laurita **ha estado** dos días **sin** probar bocado. No sé qué le pasa.*

PERÍFRASIS VERBALES

▸ Las perífrasis verbales son construcciones que se forman con dos o más verbos: uno conjugado (cuyo significado se ve modificado) y otro en forma no personal (infinitivo, gerundio o participio). Estos verbos pueden estar conectados por una preposición o por un nexo.

- *Aunque es muy mayor, **sigue trabajando**.*
- ***Vamos a estudiar** las perífrasis.*
- ***Tienes que dormir** más.*

▸ Los verbos que forman la perífrasis funcionan como una unidad, y los pronombres personales átonos pueden ir delante del verbo conjugado o después del verbo principal (impersonal) formando una única palabra.

- ***Se lo tengo que decir**. / **Tengo que decírselo**.*

> **¡ATENCIÓN!**
> En ningún caso colocamos pronombres entre los verbos que forman la perífrasis.
>
> - ~~*Tengo que se lo decir*~~.
> - ~~*Téngoselo que decir*~~.

▸ Las perífrasis pueden encadenarse.

- ***Está dejando de fumar**.* (**estar** + gerundio / **dejar de** + infinitivo)
- *¿**Vais a seguir yendo** a ese restaurante, después de lo que pasó?* (**ir** + **a** + infinitivo / **seguir** + gerundio)

COMENZAR A + INFINITIVO / EMPEZAR A + INFINITIVO

▸ Se utilizan para indicar el comienzo de una acción.

- *El partido se suspendió porque **empezó a nevar**.*
- *¿Cuándo **empezaste a estudiar** español?*

IR A + INFINITIVO

▸ Se utiliza para hablar de acciones futuras vinculadas al momento presente o que planteamos como una intención.

- ***Vas a mudarte** en estos días, ¿verdad?*
- ***Voy a llamarlo** ahora mismo y **voy a contarle** todo lo que ocurrió.*

VOLVER A + INFINITIVO

▸ Indica que una acción se repite.

- *Cuando se jubiló, **volvió a estudiar** idiomas.*
- *Pienso **volver a llamarlo** la semana próxima.*

LLEVAR + CANTIDAD DE TIEMPO + GERUNDIO

▸ Expresa el tiempo que ha pasado desde el comienzo de una acción que aún continúa.

- ***¡Llevo una hora esperándote!***

(= Hace una hora que te espero.)
(= Te espero desde hace una hora.)

- ***Llevan más de una semana preparando el examen.***

(= Están preparando ese examen desde hace más de una semana.)
(= Hace más de una semana que preparan el examen.)

¡ATENCIÓN!

Esta perífrasis no admite el uso del perfecto ni del indefinido.

- *Llevo dos años haciendo karate.*
  ~~*He llevado dos años haciendo karate*~~.
  ~~*Llevé dos años haciendo karate*~~.

SEGUIR + **GERUNDIO**

▸ Indica que una acción no se ha interrumpido.

- *Ya no compito, pero* ***sigo entrenando*** *tres veces por semana.*

¡ATENCIÓN!

En los dos últimos casos, no es posible expresar la ausencia de la acción con el gerundio. En su lugar se usa **sin** + infinitivo:

- ***Llevo*** *cinco semanas* ***sin fumar****.*
  ~~***Llevo cinco semanas no fumando***~~.

- *Luis y Ana* ***siguen sin hablarse****.*
  ~~***Luis y Ana siguen no hablándose***~~.

DEJAR DE + **INFINITIVO**

▸ Indica la interrupción de una acción.

- *¡Mira!* ***¡Ha dejado de llover!*** (= ya no llueve)
- ***¡Deja*** *ya* ***de preocuparte*** *por todo!* (= no te preocupes más)

ACABAR DE + **INFINITIVO** / TERMINAR DE + **INFINITIVO**

▸ Indican el final de una acción.

- *¡Por fin* ***han terminado de poner*** *el pavimento!*
- *Aún no* ***he acabado de leer*** *el libro que me prestaste.*

¡ATENCIÓN!

Acabar de + infinitivo (en presente o en imperfecto) se usa también para referirse a una acción reciente o inmediatamente anterior a otra pasada.

- ***Acabo de llamar*** *a Eduardo. Me ha dicho que ya ha corregido los borradores. (= he llamado a Eduardo hace un momento y...)*
- ***Acababas de salir*** *cuando te llamaron. (= saliste y justo después te llamaron)*

TENER QUE + **INFINITIVO** / DEBER + **INFINITIVO** / HAY QUE + **INFINITIVO**

▸ Indican la obligación o la necesidad de hacer algo. Según el contexto, la forma negativa (**no hay que**...) puede interpretarse como "no se debe" o como "no es necesario".

- ***Tenemos que acabar*** *el informe antes de las seis.*
- ***Debes pensar*** *más antes de actuar.*
- ***Hay que llamar*** *a la puerta antes de entrar.*
- ***No hay que exigir*** *tanto a los estudiantes.* (= no se debe)
- ***No hay que entregar*** *la solicitud personalmente: se puede hacer el trámite por internet.* (= no es necesario)

IMPERSONALIDAD

▸ La impersonalidad se puede expresar de varias maneras.

SE + VERBO EN TERCERA PERSONA DEL SINGULAR / PLURAL

▸ Solemos usar esta forma cuando damos instrucciones o cuando nos referimos a cosas que son válidas para todo el mundo.

- ***Se debe*** *pedir permiso antes de entrar.*
- *Primero* ***se fríen*** *las patatas...*

VERBO EN TERCERA PERSONA DEL PLURAL

▸ La acción la realiza una persona concreta (o varias), pero la identidad del sujeto no tiene importancia para quienes están hablando: la atención se centra en la acción y no en el agente.

- *¿Qué película* ***ponen*** *en el cine Lux?*
- ***Han abierto*** *un nuevo centro comercial en el barrio.*
- ***Dicen*** *que habrá elecciones anticipadas.*

MÁS GRAMÁTICA

VERBO EN SEGUNDA PERSONA DEL SINGULAR

▶ Se trata de acciones que afectan a todo el mundo, incluidos los interlocutores. Utilizamos la forma **tú** como un generalizador; no nos referimos directamente a nuestro interlocutor. Es una forma propia de la lengua oral que equivale a **uno** + tercera persona del singular.

- *Con este tráfico, **sabes** a qué hora **sales**, pero no a qué hora **llegas**.*
- *Con este tráfico, **uno sabe** a qué hora **sale** pero no a qué hora **llega**.*

LA SUBORDINACIÓN

SUBORDINADAS DE RELATIVO

▶ Las subordinadas de relativo nos dicen algo acerca de un elemento de la oración principal al que llamamos "antecedente" y van unidas a la oración principal por un pronombre relativo (**que**, **quien**, **cuando**, **donde**, **como**, **cuyo**...).

- *He leído un artículo **que** habla del cambio climático.* (= He leído un artículo. Ese artículo habla de las nuevas tecnologías de la información).

▶ **Que** puede referirse a cosas o a personas y desempeñar diversas funciones en la frase relativa.

- *Conozco a **una chica que** sabe mucho del tema.*
- *¡Mira **el ordenador que** me compré!*
- *Esta es **el arma con la que** se cometió el crimen.*
- *¿Conoces al **profesor para el que** hice la traducción?*

> **¡ATENCIÓN!**
> Cuando las frases relativas llevan preposición, el artículo (**el** / **la** / **lo** / **los** / **las**), que va situado entre la preposición y el pronombre **que**, concuerda en género y en número con el antecedente.

▶ **Quien** solamente puede referirse a personas. Equivale a **el** / **la** / **los** / **las que**.

- *Te apuntaré aquí el nombre de **la persona a quien** debes ver.*

▶ **Quien** y **el que** pueden aparecer sin antecedente, como sujeto de frases de sentido generalizador.

- ***Quien** conteste bien a la pregunta, recibirá un premio.*
- ***El que** no esté de acuerdo, que se vaya.*

▶ **Donde** se refiere a lugares.

- *Esta es la casa **donde** nació Lucas.* (= esta es la casa en la que nació Lucas.)
- *Este es el lugar **por donde** entró el ladrón.* (= el lugar por el que entró el ladrón)

INDICATIVO / SUBJUNTIVO EN FRASES RELATIVAS

▶ Cuando conocemos la identidad del antecedente o sabemos que existe, en la oración subordinada utilizamos el indicativo.

- *Mis primos tienen un vecino **que** toca la trompeta por las noches.*
- *Es un país **donde** las mujeres aún no tienen derecho a votar.*
- *Es una persona **que** ha hecho mucho por su pueblo.*
- *Tiene una secretaria **que** habla cinco idiomas.*

▶ Pero si desconocemos la existencia o la identidad concreta del antecedente, la subordinada va en subjuntivo.

- *No conozco a nadie **que** toque la trompeta por las noches.*
- *¿Hay algún país en el **que** las mujeres aún no tengan derecho a votar?*
- *Necesita una secretaria **que** hable cinco idiomas.*

CUANDO

▶ Las subordinadas introducidas por **cuando** unen acciones simultáneas o consecutivas, en el presente, en el pasado o en el futuro cronológicos.

- ***Cuando** llegó, se fue a la cama.*
- ***Cuando** llegaba, se iba a la cama.*
- ***Cuando** llega, se va a la cama.*
- ***Cuando** llegue, se irá a la cama.*

> **¡ATENCIÓN!**
> La frase introducida por **cuando** va siempre en subjuntivo cuando se refiere al futuro.
>
> - ~~Cuando llegará, se irá a la cama.~~

SUBORDINADAS SUSTANTIVAS

Existe un grupo de oraciones subordinadas en las que el sujeto del verbo principal expresa algún tipo de influencia sobre el sujeto de la frase subordinada: se emite un juicio, se expresa un sentimiento, una orden, se manifiesta un deseo, una prohibición, etc. En estos casos, el verbo de la frase subordinada va en subjuntivo.

- *Mi padre **quiere que estudie** (yo) Medicina.*

- *Te* ***prohíbo*** *(yo)* ***que sigas viendo*** *(tú) a ese chico.*
- *A algunas personas* ***les molesta que tengamos*** *(nosotros) éxito.*
- *Al ministro* ***no le importa que*** *miles de familias* ***pierdan*** *su única fuente de ingresos.*

▸ Pero cuando el sujeto de ambas acciones es el mismo, utilizamos el infinitivo.

SUJETO (gramatical o real) del V1 = SUJETO del V2

- ***Quiero*** *(yo)* ***estudiar*** *(yo) Filosofía.*
- *A muchos hombres* ***les molesta*** *(a ellos)* ***tener*** *que* ***ocuparse*** *(a ellos) de las tareas domésticas.*
- *No* ***me importa perder*** *(yo) este puesto de trabajo,* ***prefiero*** *(yo)* ***dormir*** *(yo) tranquilo.*

▸ Cuando en la oración principal se emite un juicio o una valoración sobre una acción que realiza un sujeto determinado, el verbo de la oración subordinada va en subjuntivo.

- ***Es normal que estéis*** *un poco nerviosos.*
- ***Es lógico que*** *la gente* ***espere*** *un cambio positivo.*
- ***Es probable que vuelvan*** *a ganar las elecciones.*
- ***No parece posible que*** *la gente* ***acepte*** *semejantes medidas.*

▸ Pero cuando en la oración principal se emite un juicio válido para cualquier individuo, el segundo verbo va en infinitivo.

- ***Es normal no querer*** *quedarse sin trabajo.* (= es normal para todo el mundo)
- ***Es triste tener que emigrar*** *por razones económicas.* (= es triste para todo el mundo)

▸ Cuando en la oración principal afirmamos que un hecho es verdad, en la oración subordinada utilizamos el indicativo.

- ***Creo que*** *los animales* ***pueden*** *pensar y sentir.*
- ***Dicen que*** *algo* ***va a cambiar****.*
- ***Estoy convencido de que aprobará*** *el examen.*
- ***Pensamos que estáis*** *equivocados.*

▸ En cambio, cuando en la oración principal negamos o cuestionamos la veracidad de lo expresado, en la oración subordinada utilizamos el subjuntivo.

- ***No creo que*** *los animales* ***puedan*** *pensar ni sentir.*
- ***No digo que*** *la situación* ***vaya*** *a cambiar.*
- ***Dudo que apruebe*** *el examen.*

EL DISCURSO REFERIDO

▸ El discurso referido, también llamado estilo indirecto, es la transmisión, por lo general en un nuevo contexto espacial o temporal, de las palabras dichas por otros o por nosotros mismos.

● *Tengo mucho sueño.*
○ *Perdona, ¿qué has dicho?*
● ***Que tengo mucho sueño****.*

● *Mañana iré a tu casa para llevarte los apuntes.* (hoy por la mañana, en clase)
→ ***Me ha dicho que*** *mañana* ***vendrá*** *a traerme los apuntes.* (ese mismo día, por la tarde, en casa)
● *Llámame el jueves por la mañana.*
→ ***Me ha dicho que lo llame*** *el jueves por la mañana.*

▸ Si lo que referimos indirectamente es una pregunta, utilizamos la partícula interrrogativa.

● *¿Dónde has aprendido alemán?*
→ ***Me preguntó dónde*** había aprendido alemán.

▸ Pero cuando se trata de una pregunta de respuesta cerrada (**sí** / **no**) la introducimos con **si** en el estilo indirecto:

● *¿Tienes la dirección de Analía?*
○ ***Me preguntó si*** *tenía la dirección de Analía.*

¡ATENCIÓN!
Lógicamente, al cambiar las coordenadas espacio-temporales, es decir, la situación en la que se habla, se producen muchos cambios: desaparecen elementos, cambian las palabras con marca de persona (como los posesivos y los pronombres) se modifican las referencias temporales y los tiempos verbales, etc.

● *Cariño, estoy en mi oficina. ¿Me puedes traer una carpeta que me he olvidado ahí?*
→ Lo llamó desde su oficina para ***pedirle si le podía llevar una carpeta que se había olvidado en casa****.*

▸ Las acciones que se expresan en presente en estilo directo se transmiten, en muchas ocasiones, en imperfecto.

el lunes a las 14 h	*el día siguiente a las 10 h*
Alba: **Ahora estoy comiendo**.	**Alba me dijo que estaba comiendo en aquel momento**. (= ya no está comiendo)
el lunes a las 14 h	*el día siguiente a las 10 h*
Ramón: **Estudio chino**.	**Ramón me dijo que estudia chino**. (= todavía estudia chino)

▶ El verbo más frecuente para introducir el discurso indirecto es **decir**. Sin embargo, disponemos de muchos otros verbos.

afirmar	**negar**	**recomendar**
comentar	**ordenar**	**recordar**
contar	**pedir**	**repetir**
explicar	**preguntar**	**sugerir**
invitar	**proponer**	

▶ Hay verbos que por sí solos bastan para resumir toda una frase: **agradecer**, **alegrarse**, **despedirse**, **disculparse**, **felicitar**, **protestar**, **saludar**, etc.

EXPRESIÓN DE LA CONJETURA

▶ Existen varios recursos para hacer suposiciones.

- **suponer que** + indicativo
- **quizás / tal vez** + indicativo/subjuntivo
- **a lo mejor / igual** + indicativo
- **es probable que / es posible que / puede (ser) que** + subjuntivo
- **lo más seguro / lo más posible es que** + subjuntivo
- **seguramente / probablemente / posiblemente** + indicativo
- **seguro que / estoy seguro de que** + indicativo

▶ También podemos utilizar el futuro simple para hacer suposiciones sobre el presente.

● *¿Sabes dónde está Pablo? No lo he visto en todo el día.*
○ ***Estará trabajando**, como siempre. (= supongo que está trabajando)*

SI QUIERES CONSOLIDAR EL NIVEL B1, TE RECOMENDAMOS:

PREPARACIÓN PARA EL DELE

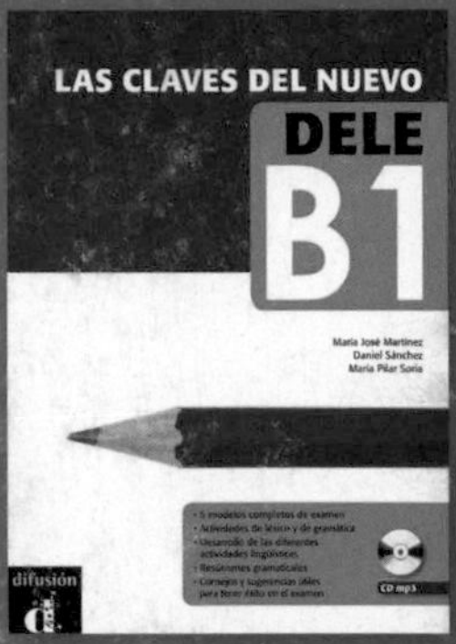

Las claves del nuevo DELE B1

SI QUIERES EMPEZAR CON EL NIVEL B2, TE RECOMENDAMOS:

PREPARACIÓN PARA EL DELE

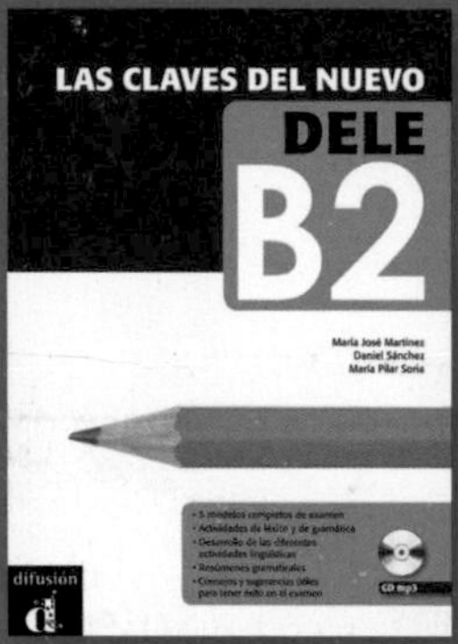

Las claves del nuevo DELE B2

Y ADEMÁS:

http://appdegramatica.difusion.com

Mejora fácilmente tu español

Gramática Española es la *app* que te ayudará a dominar la gramática española

Disponible en el App Store

DISPONIBLE EN Google play

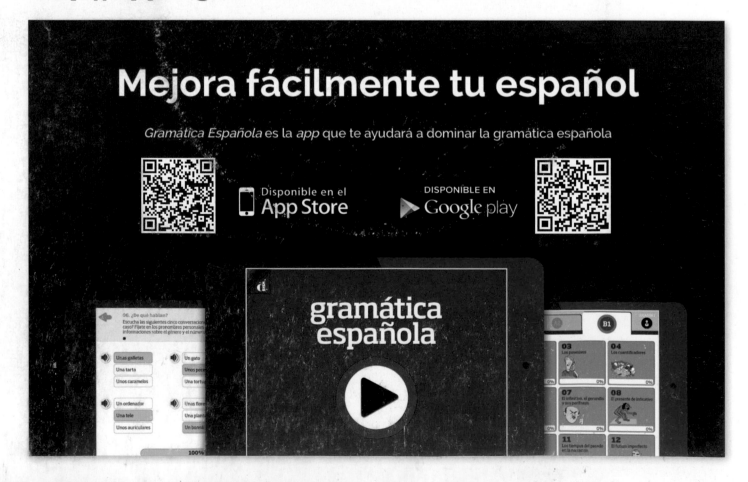

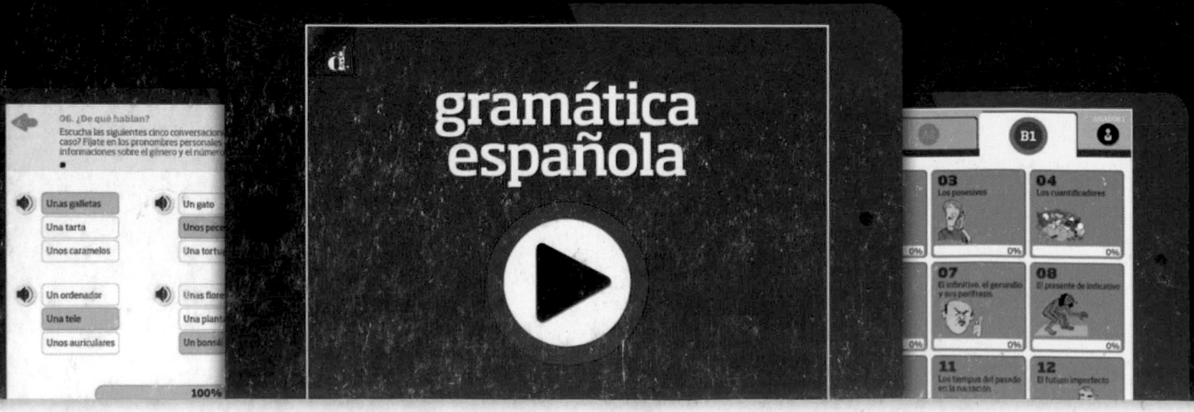